大學順逆

대학순역

大學順逆

대학순역

발행일 2010년 12월 31일 발행인 송용호 지은이 이현중
펴낸곳 충남대학교출판부 주소 대전광역시 유성구 대학로 79
전화 042-821-6045 홈페이지 cnupress.cnu.ac.kr E-mail cnupress@cnu.ac.kr

ISBN 978-89-7599-376-3 93150
값 : 15,000원

大學順逆

대학순역

이현중 지음

충남대학교출판부

머리말

오늘날 우리는 정보(情報)의 홍수 속에서 살고 있다. 그 가운데는 하나의 사건이나 물건에 관한 단편적인 지식(知識)에서부터 다양한 주장이나 정교한 이론 체계를 갖춘 철학(哲學), 우리 자신과 세계 그리고 삶에 관한 총체적인 종교적 가르침도 있다.

그런데 다양한 지식, 주장, 원리, 가르침에 대하여 서로 시비(是非)를 주장할 때 지식과 지식, 주장과 주장, 가르침과 가르침이 모순(矛盾) 관계를 형성하여 갈등(葛藤)을 일으킨다. 갈등의 결과는 다양한 형태로 나타나지만 그것이 어떤 형태로 표출되거나를 막론하고 시비(是非)를 주장하는 당사자들뿐만 아니라 주위에 마음의 고통을 주는 것만은 틀림이 없다.

예로부터 유가(儒家)와 불가(佛家) 그리고 노장(老莊)을 연구하는 사람들은 자가(自家)의 이론은 옳고 다른 학파의 이론은 그르다고 주장하였다. 그리고 같은 유가(儒家) 안에서도 학파 간에 서로 자기의 학파(學派)의 이론이 정통(正統)이고 다른 학파의 이론은 이단(異端)이라고 하여 정통론(正統論)을 제기하였다.

그러나 『논어(論語)』에서는 "군자(君子)는 모든 문제의 답을 자신으로부터 찾고, 소인(小人)은 모든 문제의 답을 남으로부터 찾는다."고 하였다. 이는 소인이 어떤 주장이나 생각, 이론, 원리에 매몰되어 자신의 중심을 잃어버리고 시비(是非), 정사(正邪)의 문제에 끌려 다니는 것과 달리 군자는 자기의 중심을 세워서 어떤 상황에도 흔들림이 없음을 뜻한다.

그리고 학문의 방법에 대하여 "널리 문장을 배워서 예(禮)로 묶는다." 고 하여 학문을 통하여 배운 이치를 예(禮)로 표현된 인간 본성과 일체화시켜서 주체적(主體的)으로 체득(體得)하는 회통(會通)과 합덕(合德)의 과정을 거쳐야함을 밝히고 있다.

문장의 내용인 이치와 내 본성이 회통(會通)되어 합덕(合德)된 상태는 옳음과 그름, 선(善)과 악(惡), 아름다움과 추함, 나와 남의 어느 일면에 사로잡힘이 없는 상태로 그것을 『논어』에서는 집중(執中)으로 규정하고, 집중(執中)의 상태를 분별지가 없는 무지(無知), 나와 남의 구분이 없는 무아(無我)로 규정하고 있다. 그리고 『대학(大學)』에서는 무지(無知)와 더불어 무분별지(無分別智)의 측면에서 지지(至知)를 논하고 있고, 『주역(周易)』에서는 나와 남의 구분이 없는 도덕아(道德我)로서의 성명(性命), 성명지리(性命之理) 또한 언급하고 있다.

집중(執中)은 본성(本性)을 주체로 할 때 비로소 가능하다. 그것은 집중이 인간 자신의 문제임을 뜻한다. 집중을 실천을 중심으로 나타내면 중용(中庸)이 된다. 유가(儒家)에서는 집중(執中)하여 중용(中庸)하는 존재를 이상적 인격체인 군자(君子)로 규정하고 있다. 그러므로 군자(君子)의 삶의 원리인 군자(君子)의 도(道)는 집중(執中)과 중용(中庸)이라고 할 수 있다.

이 책에서는 유학(儒學)에서 밝히고 있는 집중(執中)과 중용(中庸)을 중심으로 그 어느 것에도 걸림이 없이 자유로운 삶의 원리로서의 군자(君子)의 도(道)에 관하여 고찰하였다. 다만 직접 집중(執中)을 논하고 있는 『논어』에 관한 상세한 고찰은 다음 기회로 미루고 『대학』을 중심으로 군자의 도(道)에 대하여 고찰하였다.

그런데 인도(人道)인 집중(執中)과 중용(中庸)의 근거는 천도(天道)인 역수원리(曆數原理)에 있다. 천도(天道)인 역수원리(曆數原理)는 중국

유가(儒家)의 어떤 전적에서도 밝히고 있지 않으며, 오직 한국 유학자(儒學者)인 김항(金恒)에 의하여 저작된 『정역(正易)』에서 밝히고 있다. 그러므로 이 책에서는 『정역』에서 밝히고 있는 역수원리(曆數原理)를 바탕으로 『주역』에서 밝히고 있는 인도(人道)에 의하여 『대학』에서 밝히고 있는 군자(君子)의 도(道)를 고찰하였다.

그 구체적인 방법은 『주역(周易)』의 세계관인 삼재(三才)를 중심으로 형이상(形而上)과 형이하(形而下)라는 상하(上下)의 구조를 통하여 원문의 내용을 여러 이치로 해석하는 이해(理解)와 『정역(正易)』의 삼극(三極)을 중심으로 선천(先天)과 후천(後天)이라는 선후(先后)의 관계를 통하여 양자를 회통(會通)하여 나타냄으로서 본래의 세계를 밝히는 설명(說明)이다.

먼저 오늘날 우리에게 『대학』이 어떤 의미를 갖는지를 살펴보았고, 이어서 『대학』을 비롯하여 사서(四書)에서 밝히고 있는 인도(人道)인 군자의 도가 그 존재근거인 천도(天道)를 바탕으로 고찰되어야 할 필요가 있음을 논하였다. 다음에는 천도인 역수원리를 바탕으로 『대학』을 이해할 수 있는 구체적인 방법에 대하여 살펴보았으며, 그것을 통하여 상반된 것처럼 보이는 주회암(朱晦菴)과 왕양명(王陽明)의 주장이 회통(會通)하여 합덕(合德)될 수 있음을 살펴보았다. 마지막으로 앞에서 살펴본 역수원리에 근거한 회통과 합덕의 방법을 바탕으로 『대학』을 고찰하였다.

『정역』에서 밝히고 있는 역수원리(曆數原理)를 바탕으로 『대학』에서 밝히고 있는 군자의 도를 고찰하는 것은 한국역학(韓國易學)의 패러다임을 통하여 유학을 현대적 관점에서 재해석하는 유학(儒學)의 현대화(現

代化) 작업인 동시에 한국유학을 통하여 중국유학과 한국유학을 회통(會通)하는 작업이기도 하다. 이러한 작업을 단초로 하여 한국사상(韓國思想), 한국철학(韓國哲學)의 현대화가 이루어지기를 기대한다.

그러나 비록 하나의 일정한 원리를 중심으로 글을 쓰지만 오직 이 책의 내용만이 옳다거나 기존에 이루어진 『대학』의 연구 성과들이 모두 그르다는 등의 시비(是非)를 논하려는 생각은 없다. 다만 선천(先天)과 후천(先后)의 구분이 없는 본래 세계인 원천(原天)의 관점에서 집중(執中)과 중용(中庸)을 중심으로 기존의 『대학』에 관한 해석이나 주장들이 모두 각각의 존재의의가 있음을 드러내고자 하였을 따름이다.

사실 시비(是非) 자체를 논하기 위하여 시비(是非)를 문제로 삼는 것은 삶 자체와는 아무런 관계가 없을 뿐만 아니라 오히려 삶을 망치는 결과를 초래한다. 본래 도(道) 자체는 유무(有無)를 벗어난 중도(中道)일 뿐만 아니라 중도라는 규정마저도 붙일 수 없는 자리이기 때문에 때와 장소에 따라서 다양하게 드러낼 수 있다. 이처럼 시비(是非) 자체는 그것을 문제로 삼는 사람의 차원의 문제일 뿐 도(道) 자체의 문제가 아니기 때문에 시비(是非)를 위한 시비(是非)에 얽매이면 도(道)와 점점 멀어지게 되는 것이다.

그리고 과거가 없다면 현재가 존재할 수 없으며, 현재가 없다면 미래 또한 존재할 수 없다. 만약 선성(先聖)과 선현(先賢)들의 삶이 없었다면 오늘날의 우리가 어떻게 존재하겠는가? 그런 점에서 보면 과거의 모든 학문적 성과는 곧 오늘날의 학문 활동의 모태(母胎)라고 하지 않을 수 없다. 따라서 이 글 자체도 특정한 개인의 글이라기보다는 마치 하나의 위패(位牌)와 같이 과거와 미래의 모든 인연들이 오늘의 글쓴이를 매개로 하나로 집합되어 나타난 결과라고 할 수밖에 없다.

또한 선천과 후천을 구분하여 이해하면 시비(是非)와 정통(正統), 이단(異端)을 논함은 학문(學問)을 하는 과정으로 선천(先天)의 일이지만 선천과 후천이 없는 원천(原天)의 관점에서 보면 학문(學問) 역시 후천(后天)의 일이다. 그렇기 때문에 시비가 없다고 할 수도 없지만 그렇다고 하여 시비가 둘이라고 할 수도 없다. 다만 인간의 본성(本性)인 지성(智性)과 인성(仁性)을 바탕으로 언제 어디서나 시의성(時義性)에 맞게 사용하여 모든 존재를 이롭게 하고, 모든 존재의 가치를 높이는 지혜로운 언행(言行)을 행하면 된다.

그동안 살아오면서 일상의 모든 갈등(葛藤)이 나와 남을 구분하여 탐착(貪着)함으로써 발생하는 시비(是非) 다툼으로부터 야기(惹起)되었음을 수없이 보았을 뿐만 아니라 그것으로 인하여 서로 상처를 주고받으며 살아가는 것을 보고 너무나 가슴이 아팠다. 한때는 만약 할 수만 있다면 저 아픔이 모두 나에게 오고 다른 사람들이 행복하기를 수없이 기도(祈禱)하기도 하였다. 그러나 그것도 한 때의 생각이었을 뿐 고통스럽고 힘들어서 피하고 싶은 일상의 삶 그 자체가 바로 자신을 한 차원(次元) 고양(高揚)시켜주는 수행(修行)의 자료(資料)이기 때문에 그 누구도 대신해줄 수 없음을 알게 되었다.

사실 본래 이 세계는 실다움이 그대로 드러난 현실(現實)이기 때문에 이미 모든 존재가 회통(會通)되어 있고, 합덕(合德)하여 모두가 서로를 위하여 살아가고 있다. 집중과 중용 역시 하나의 표현일 뿐으로 새삼스

렵게 그러한 경지에 도달해야 한다고 하거나 집중과 중용에 관한 새로운 이론 체계를 구축하려는 것이 아니다. 단지 유가(儒家)의 경전에서 본래 모든 존재가 그렇게 살아가고 있음을 밝히고 있음을 드러내려는 것일 따름이다.

이 책을 매개로 하여 『정역』과 『주역』 그리고 『대학』과 『중용』을 비롯한 유가(儒家)의 전적(典籍)들 속에서 한 말씀으로 밝히고 있는 내용이 집중(執中)과 중용(中庸)이며, 자타(自他)가 본래 자유인(自由人)으로서의 군자(君子)임을 믿고 군자로 살고자 하는 뜻을 세워 삶의 여정에서 만나는 어떤 사물(事物)에도 얽매이지 않고 항상 모든 존재를 사랑하여 온 우주를 이롭게 하는 아름답고 당당한 삶을 살아가기 바란다.

글쓴이는 관중(觀中) 유남상(柳南相) 선생님의 가르침을 통하여 『정역(正易)』에서 천명(闡明)된 역수원리(曆數原理)를 바탕으로 『주역』을 연구하고, 『정역』과 『주역』을 바탕으로 유가(儒家)의 경전(經典)을 연구하는 학문적 전통(傳統)에 참여하게 되었으며, 지금도 선생님께서 손수 마련하신 역학(易學)의 연구기관인 연경원(硏經院)에서 가르침을 받고 있다.

이 글에 역도(易道)와 부합(符合)되는 부분이 있다면 공자(孔子)와 김일부(金一夫)선생님을 비롯한 성인(聖人)들과 수많은 선현(先賢)들 그리고 은사(恩師)이신 관중(觀中) 유남상(柳南相) 선생님을 비롯하여 삶의 과정에서 가르침을 베풀어준 모든 선생님들의 덕택(德澤)으로 여기고 그분들에게 공(功)을 돌리고자 하며, 글의 내용 가운데서 조금이라도 잘못이 있다면 선성(先聖)과 선현(先賢) 그리고 은사(恩師)님들께 누가 되지 않도록 용서(容恕)를 빈다.

모든 것은 근본에서 나와서 근본으로 돌아가는 역(易: 變化)일 따름이니 선(善)도 불선(不善)도 한자리이다. 그러나 그렇기 때문에 삶의 과정에서 만나는 인연(因緣)이 소중하지 않을 수 없다. 지금까지 살아오면서 삶의 과정에서 만난 유형(有形), 무형(無形), 유생(有生), 무생(無生)의 모든 존재가 항상 베풀어 주는 형언(形言)할 수 없는 덕택(德澤)에 진심으로 감사하며, 모두 존재가 자유인(自由人)이 되기를 간절(懇切)하게 바란다.

공기(孔紀) 이천오백육십년(二千五百六十年) 기축(己丑)
칠월(七月) 겸산재(謙山齋)에서

이정(以正) 이현중(李鉉中) 근서(謹書)

목차

제일부

현대사회와 『대학』

- 제일부 -

현대사회와 『대학』

예로부터 동북아(東北亞) 사회에서 『시경(詩經)』과 『서경(書經)』 그리고 『역경(易經)』은 삼경(三經)으로 불리면서 『논어(論語)』, 『맹자(孟子)』, 『대학(大學)』, 『중용(中庸)』의 사서(四書)와 더불어 유학(儒學)의 중요한 경전으로 인식되어 왔다.

그러나 성리학(性理學)이 치국(治國)의 이념이었던 조선시대와 오늘날의 우리사회의 구성원들의 유학에 대한 관심을 비교하여 보면 비록 일각에서 유학에 대한 관심을 갖고 있는 사람들도 있지만 일반적으로 유학(儒學)을 보는 시선은 곱지 않다. 심지어는 유학을 타도(打倒)해야 할 봉건적(封建的) 잔재로 여기는 사람들도 있다.

오늘날 유학에 대한 관심이 줄어들면서 소의(所依) 경전인 삼경과 사서에 대한 관심이 줄어든 것은 사실이다. 그러나 이는 오늘날의 우리사회에서 유학(儒學)이 처한 시대적 상황이 다르기 때문에 나타나는 현상일 뿐으로 그것이 삼경과 사서의 가치 자체를 소멸시키는 것은 아니다. 왜냐하면 우리가 유학을 이해할 때 시대를 따라서 변화하고 발전하는 가변적인 요소가 있지만 그 가치는 일차적으로는 시대와 상황에 따라서 변하지 않는 유학의 본성을 통하여 밝혀지기 때문이다.

삼경과 사서의 가치는 본질적으로 그것이 경전이라는데 있다. 경전이라는 전적의 특성은 현상 사물의 법칙을 밝히는 것이 아니라 현상의 근저에 있는 근원적 존재를 밝히고 있다는 점이다. 그것은 경전의 내용이 형이하적 관점에서 만물의 존재 법칙을 밝힌 것이 아니라 만물의 존재근거가 되는 형이상적 존재의 존재 원리를 밝히고 있다는 점이다.

삼경과 사서와 같은 경전에서 밝히고 있는 형이상적 존재는 현상 세계에서 아무리 많은 사건이 일어났다가 사라지고, 아무리 많은 물건이 생겼다가 변화하고 없어지더라도 그 모든 현상을 이해하고 설명할 수 있는 근본적 존재이다. 그러므로 삼경과 사서를 통하여 세계의 구조와 본성, 사람의 본성과 세계와의 관계 등을 밝힐 수 있다.

삼경과 사서에서는 세계의 구조를 천(天)과 지(地) 그리고 인(人)의 삼재적(三才的) 구조를 통하여 밝히고 그것을 다시 형이상과 형이하를 통하여 구분하고 있다. 그리고 형이상적 존재를 도(道)로 그리고 형이하적 존재를 기(器)로 규정하고 있다.[1] 그러므로 삼재적 구조를 통하여 도(道)를 나타내면 그 구조는 천도(天道)와 지도(地道) 그리고 인도(人道)이다.[2]

인도는 사람의 본성과 삶의 원리를 가리킨다. 삼경과 사서에서는 학문을 통하여 도달하고자 하는 이상적인 인격체를 군자(君子)로 제시하고 군자의 삶의 원리를 군자의 도(道)로 제시하고 있다. 그리고 『논어』에서는 군자의 도의 내용을 수기(修己)안인(安人), 수기(修己)안백성(安百姓)[3]으로 밝히고 있으며, 『주역』에서는 인의(仁義)원리로 밝히고 있다.[4] 따라서 인도의 내용은 군자의 도이며, 군자의 도의 내용은 인의원리이다.

---

1 『周易』 繫辭上篇 第十二章, "形而上者謂之道요 形而下者謂之器요"

2 『周易』 繫辭下篇 第十章, "易之爲書也廣大悉備하야 有天道焉하며 有人道焉하며 有地道焉하니 兼三才而兩之라 故로 六이니 六者는 非他也라 三才之道也니"

3 『論語』 憲問, "子路問君子 子曰 脩己以敬 曰 如斯而已乎 曰 脩己以安人 曰 如斯而已乎 曰 脩己以安百姓 脩己以安百姓, 堯舜其猶病諸"

4 『周易』 說卦 第二章, "昔者聖人之作易也는 將以順性命之理니 是以立天之道曰陰與이오 立地之道曰柔與剛이오 立人之道曰仁與義니"

그런데 삼경과 사서가 편집되고 연구되었던 옛날이나 오늘날의 시대적 상황은 서로 다르지만 그 때나 지금이나 삶을 살아가는 주체가 인간임에는 틀림이 없다. 그렇기 때문에 과거의 유학자(儒學者)들이 삼경과 사서를 통하여 인간이 어떤 존재이며, 어떻게 살아야하는지에 대한 답을 찾고자 하였듯이 오늘날의 우리들이 인간답게 살고자하는 뜻을 갖고 있는 한 삼경과 사서를 통하여 인간답게 살아가는 길을 찾는 일은 여전히 가치가 있는 일이다.

그러나 성리학(性理學)을 치국(治國)의 이념(理念)으로 하였던 조선시대와 오늘날은 그 시대적 상황이 다르기 때문에 오늘날에도 조선시대와 같이 유학, 삼경과 사서를 대할 수는 없다. 비록 삼경과 사서가 오늘날에도 여전히 경전적 가치를 갖고 있다고 할지라도 송대(宋代)의 성리학자(性理學者)들이나 조선 시대의 성리학자들의 주장과 같이 지금도 오직 유가(儒家)의 경전만이 진리를 담고 있고 다른 학문은 진리를 담고 있지 않다거나 오직 유학(儒學)만이 정통(正統)이고 다른 학문은 이단(異端)이라고 할 수는 없다.

만약 오늘날에도 여전히 유학만이 정통이며, 다른 학문이 모두 이단이라고 주장을 한다면 그것은 유학의 본질을 파악하지 못한 주장일 뿐만 아니라 시의성(時義性)[5]에도 부합하지 않는 주장이라고 하지 않을 수 없다. 삼경과 사서에서 밝히고 있는 도(道)는 인간이 근원적 존재를 나타내기 위하여 사용한 개념일 뿐 진리 자체는 진리라는 개념도 붙일 수 없는 존재이다. 또한 비록 도라는 존재가 유(有)와 무(無)를 벗어나 있지만 그렇다고 하여 유(有)와 무(無)를 떠나서 존재하는 것도 아니다. 이러한 도의 이중성(二重性)을 나타내기 위하여 중도(中道)라는 개념으로 나타내기도 하지만 중도(中道)라는 개념도 역시 하나의 개념일 뿐 그것 자체는 아니다.

5 時義性은 매 時間이 갖는 의미로 시간의 존재근거인 時間性을 時間의 측면에서 표상한 개념이다.

동양철학의 삼대(三大) 지주(支柱)라고 일컬어지는 유가(儒家)와 불가(佛家) 그리고 도가(道家)의 명칭 역시 후대에 형성된 것으로 도(道) 자체에는 유학(儒學)이나 불가, 도가라는 구분이 있을 수 없다. 유가를 집대성한 공자(孔子)나 노장(老莊)을 집대성한 노자(老子)와 장자(莊子) 그리고 불가를 창시한 석가모니가 도(道)를 깨닫기 이전에도 존재하였을 뿐만 아니라 그들이 도를 깨달았다고 하여 더하여진 것도 없다. 그리고 그들이 없는 오늘날에도 여전히 도는 부족함이 없는 완전한 존재로 존재하며, 미래에도 존재할 것이다.

도(道) 자체를 유무(有無)에 의하여 나타낼 수 없을 뿐만 아니라 그것을 이것과 저것으로 규정할 수 없기 때문에 유가를 논하면 그 가운데 불가와 도가가 함께 있고, 불가를 말하면 그 가운데 유가와 도가가 함께 있으며, 도가를 말하면 그 가운데 유가와 불가가 함께 하게 된다. 그러므로 유가와 불가, 도가를 막론하고 각각의 존재 가치가 있는 것이다.

『정역』[6]에서는 "도(道)가 셋으로 나누어지는 것은 이치(理致)의 자연스러운 것이니 이에 유(儒)도 되고, 불(佛)도 되고, 선(仙)도 된다. 누가 일부(一夫)가 참으로 이 셋을 다 밟았음을 알리오. 사람이 없으면 홀로 지키고, 사람이 있으면 전할 것이다."[7]고 하여 『정역』에서 밝히고 있는 천도의 내용인 역수원리[8] 가운데 유가(儒家)와 불가(佛家) 그리고 도가(道家)의 근거가 내재함을 밝히고 있다.

그런데 형이상의 근원적 존재인 도(道)는 현상을 떠나서 존재하지 않

---

6 『正易』은 韓末의 儒學者인 一夫 金恒에 의하여 저작된 易學 관련 書籍이다. 一夫 金恒은 1826년 忠南 論山郡 陽村面 南山里에서 父親 金麟魯와 母親 大邱徐氏 사이에서 長男으로 태어났다. 어려서는 부친으로부터 受學하였으며, 36세에 蓮潭 李선생을 좇아서 수학하였다. 54세에 「正易八卦圖」를 그었으며, 56세에 『正易』의 序文인 「大易序」를 쓰고, 59세에 『正易』의 上篇인 「十五一言」을 쓰고, 60세에 『正易』의 下篇인 「十一一言」을 써서 『正易』을 완성하고 嶺南 출신의 門徒들이 刊行하였다. 그 후 계속하여 후학들을 가르쳤으며, 73세가 되는 1898년에 夫皇里에 別世하였다. 『正易』은 『論語』와 『書經』에서 "天之曆數 在爾躬"이라고 언급되고 있을 뿐 中國 儒學者들에 의하여 밝혀지지 않았던 曆數原理를 세간에서 六甲으로 불리는 干支度數와 河圖, 洛書를 통하여 밝히고 있다.

7 金恒, 『正易』「无位詩」, "道乃分三理自然이니 斯儒斯佛又斯仙을 誰識一夫眞蹈此오 无人則守오 有人傳을"

8 曆數原理의 구체적인 내용이 무엇이며, 그것과 人道가 어떤 관계인지를 제이부에서 자세하게 언급될 것이다.

는다. 다시 말하면 도(道)는 끊임없이 현상의 사물을 통하여 자기를 드러내는 것이다. 그것을 시간의 측면에서 나타내면 영원한 존재인 도가 매 순간 다양한 모습으로 자기를 드러냄을 뜻한다. 그러므로 도라는 근원적 존재를 드러내는 방법은 현상(現象)의 측면에서 변화(變化)하는 다양한 모습을 드러내어 그 가운데 담긴 의미를 포착하도록 하는 것이다.

형이상적 측면에서 시간과 공간을 초월한 존재로서의 도를 드러내기 위해서 때와 장소에 따라서 변화하는 다양한 모습을 드러내는 일은 삼경(三經)과 사서(四書)라는 전적의 관점에서 보면 오늘날이라는 시대적 상황에 맞게 그 의미를 밝히는 것이다. 삼경(三經)과 사서(四書)가 오늘날에도 경전(經典)으로서의 생명을 갖도록 하기 위해서는 그것을 오늘날이라는 시의성(時義性)에 알맞도록 다시 해석(解釋)하여 인류(人類)에게 올바른 삶의 방향과 방법을 제시하여야 하는 것이다.

현대(現代)라는 시대가 갖는 시의성(時義性)에 맞도록 삼경과 사서를 다시 해석하는 일은 곧 삼경과 사서를 현대화(現代化)하는 일이다. 그것을 위하여 유학(儒學)이 역사적으로 어떻게 변화하고 발전하였는지를 살펴볼 필요가 있다.

공자(孔子)에 의하여 근본유학이 집대성(集大成)된 이래 오늘날에 이르기까지 오랜 시간을 발전하여 왔다. 그런데 근본유학이 공자로부터 맹자(孟子)로 계승된 이후 오늘날에 이르기까지 유학자들은 다른 학문을 이단(異端)으로 규정하면서 그것과 유학(儒學)을 차별화하는 작업을 끊임없이 진행하였다.

맹자(孟子)는 당시에 양주(楊朱)와 묵적(墨翟)의 말이 천하(天下)에 가득 찼음을 한탄하고 그것을 막지 않으면 성인(聖人)의 도(道)가 보존될 수 없다고 여겼다. 그렇기 때문에 그는 성인(聖人)의 도(道)와 이단(異端), 사설(邪說)을 엄격하게 구분하여 성인(聖人)의 도(道)를 보존하는 것을 자신의 학문적 사명으로 여겼다.[9]

그러나 맹자는 "자막(子莫)은 집중(執中)하였으니 집중이 도에 가까우나 집중하면서 권도(權道)가 없으면 하나를 잡고 있는 것과 같다. 하나만을 잡는 것을 싫어하는 것은 도(道)를 해치는 까닭이니 하나를 들어서 백 가지를 폐하기 때문이다."[10]고 하였다. 집중(執中)하였을지라도 권도(權道)가 없으면 하나를 붙들고 모든 것을 폐한다는 것은 오직 하나만을 주장하여 그것에 집착함을 뜻한다. 이를 통하여 그가 비록 성인의 도(道)와 이단(異端), 사설(邪說)을 엄격하게 구분하여 성인의 도를 보존하고자 하였지만 성인의 도(道)에 집착(執着)하여 오직 성인의 도만을 주장한 것이 아님을 알 수 있다.

당말(唐末)에 이르러서 당시 융성한 불교에 비하여 쇠퇴한 유학을 부흥하려는 운동이 한유(韓愈), 이고(李翺) 등에 의하여 전개되고, 송대(宋代)의 소강절(邵康節), 장횡거(張橫渠), 주렴계(周濂溪), 정이천(程伊川), 정명도(程明道)의 사상(思想)을 중심으로 주회암(朱晦菴)에 의하여 성리학(性理學)이 집대성(集大成)되어 유학의 새로운 이론체계가 구축되었으며, 성리학자들은 그것을 바탕으로 성리학과 다른 학문을 엄격하게 구분하여 한층 더 성리학의 정통성을 강하게 주장하고 불교(佛敎)와 노장(老莊)을 이단(異端)으로 배척하였다.[11]

송대의 주회암이 근본유학을 이기론(理氣論)을 중심으로 새로운 이론체계인 성리학으로 집대성하고 유학과 불교, 노장을 엄격하게 구분한 까닭도 역시 당시의 시의성(時義性) 때문이다. 그는 당시에 성행하였던 선종(禪宗)의 이론에 대응할 수 있는 유학의 새로운 이론체계를 구축할 필

---

9 孟子는 "楊墨之道不息, 孔子之道不著, 是邪說誣民, 充塞仁義也. 仁義充塞, 則率獸食人, 人將相食. 吾爲此懼, 閑先聖之道, 距楊墨, 放淫辭, 邪說者不得作. 作於其心, 害於其事, 作於其事, 害於其政. 聖人復起, 不易吾言矣."라고 하여 邪說로부터 聖人의 道를 보존하는 것을 자신의 학문적 사명으로 여겼다.

10 『孟子』 盡心章句上, "子莫執中. 執中爲近之. 執中無權, 猶執一也. 所惡執一者, 爲其賊道也, 擧一而廢百也."

11 唐代의 韓愈는 「原道」에서 "斯道也何道也 日斯吾所謂道也非向所謂老與佛之道也 堯以是傳之舜 舜以是傳之禹 禹以是傳之湯 湯以是傳之文武周公 文武周公傳之孔子 孔子傳之孟軻 軻之死不得其傳"라고 하여 儒學의 道와 老莊, 佛敎의 道가 다름을 논하고 "然則如之何而可也 日不塞不流 不止不行"이라고 하였을 뿐만 아니라 「進學解」에서는 "觝排異端攘斥老佛"이라고 하여 儒學과 老佛이 共存할 수 없음을 밝히고 있다. 또한 주회암(朱晦菴)은 『中庸章句』 序文에서 "而異端之說 日新月盛 以至於老佛之徒出 則彌近理而大亂眞矣"라고 하여 老佛을 異端으로 규정하고 있다.

요성을 절감하였다. 그렇기 때문에 그는 선종(禪宗)의 견성성불(見性成佛)하는 방법으로서의 돈오(頓悟)에 대하여 일종의 점교(漸教)인 격물치지(格物致知)[12]를 주장하고, 성즉리(性卽理)를 주장하여 성(性)과 심(心)을 일체(一體)로 여기는 선불교(禪佛教)에 대응하는 이론[13]을 구축하였던 것이다.

고려말기에 한반도에 유입된 성리학은 조선의 치국이념이 되면서 발전을 해왔다. 그 과정에서 성리학자들은 성리학을 정통(正統)의 학문으로 규정하고 불교(佛教)와 노장(老莊)을 이단(異端)으로 규정하여 철저하게 배척하였다. 태조(太祖)와 더불어 조선의 개국에 많은 역할을 한 정도전(鄭道傳)은 "내가 어리석고 용렬(勇烈)하여 힘이 부족함을 알지 못하고 이단(異端)을 막는 것을 임무로 자임(自任)한 것은 위로 여섯 성인과 한 현인(賢人)의 마음을 계승하고자 한 것이 아니라 세상의 사람들이 그 설(說)에 미혹되어 모두 빠져서 사람의 도(道)가 없어지는 지경에 이르는 것을 두려워하기 때문이다."[14]고 하였다.

16세기에 이르면서 성리학의 연구가 심화되면서 한국화(韓國化)하였다. 그 과정에서 유가(儒家)의 경전(經典)을 주체적으로 해석하려는 경향

---

12 『晦菴朱文公文集』 卷七十二 「雜學辨」 呂氏大學解에서는 "一物格則一知至 其功有漸 積久貫通 然後胸中判然 不疑所行而意誠心正矣 然則所致之知固有淺深 豈遽以爲與堯舜同者一旦忽然而見之也哉 此殆釋氏 一聞千悟 一超直入之虛談 非聖門明善誠身之實務也"라고 하여 禪佛教의 頓悟를 부정하고 『大學』의 格物致知와 『周易』의 "敬以直內 義以方外"를 통하여 未發과 已發을 일관하여 안으로 주체성을 함양하는 居敬과 사물을 통하여 物理를 知覺하는 格物致知를 내용으로 하는 知覺論을 이론 체계화하였다.

13 禪宗에서는 性과 心을 구분하지 않고 心을 性의 作用으로 그리고 性을 心의 本體로 보아 性과 心을 體用의 관계로 보기 때문에 心을 통하여 本體인 性品을 자각할 수 있다고 주장한다. 그러나 『朱子語類』 卷第一百二十六 「釋氏」 52에서는 "徐子融有"枯槁有性無性之論 先生曰 性只是理, 有是物斯有是理. 子融錯處是認心爲性, 正與佛氏相似. 只是佛氏磨擦得這心極精細, 如一塊物事, 剝了一重皮, 又剝一重皮, 至剝到極盡無可剝處, 所以磨弄得這心精光, 它便認做性, 殊不知此正聖人之所謂心. 故上蔡云: '佛氏所謂性, 正聖人所謂心; 佛氏所謂心, 正聖人所謂意.' 心只是該得這理. 佛氏元不曾識得這理一節, 便認知覺運動做性. 如視聽言貌, 聖人則視有視之理, 聽有聽之理, 言有言之理, 動有動之理, 思有思之理, 如箕子所謂 '明 · 聰 · 從 · 恭 · 睿' 是也. 佛氏則只認那能視 · 能聽 · 能言 · 能思 · 能動底, 便是性. 視明也得, 不明也得; 聽聰也得, 不聰也得; 言從也得, 不從也得; 思睿也得, 不睿也得, 它都不管, 橫來豎來, 它都認做性. 它最怕人說這'理'字, 都要除掉了, 此正告子生之謂性之說也."라고 하여 佛教가 性과 心을 混同하고 있다고 하였다.

14 『三峰集』 卷之九 「佛氏雜辨篇」 闢異端之辨, "以予惛庸 不知力之不足 而以闢異端爲己任者 非欲上繼六聖一賢之心也 懼世之人惑於其說 而淪胥以陷 人之道至於滅矣."

도 있었다. 그러나 주회암(朱晦菴)의 주석(註釋)을 중심으로 사서(四書)를 이해하고 더불어 유가(儒家)의 경전을 이해하려는 경향이 대세(大勢)를 이루면서 심지어 주회암(朱晦菴)(朱子)의 도(道)가 곧 공자(孔子)의 도(道)라고 여기게 되었다. 정약용(丁若鏞)은 이러한 세태(世態)를 한탄하여 다음과 같이 말하였다.

> 칠서대전(七書大全)[15]만이 세상에 유행된 뒤로부터 이 세상에 태어난 사람들은 어린이에서 늙은이에 이르기까지 이 50권의 테두리를 벗어나지 못하여 반점이나 한 획도 마치 하늘이 만들어 낸 것으로 여기고 한 글자나 한 구절도 철칙으로 알아 스스로의 영명(靈明)한 지혜를 폐쇄하고, 감히 달리 생각하거나 의논하지 못하게 됨으로써 선유(先儒)들의 주(注)와 소(疏)가 이미 기벽(奇僻)한 글로 되어버리고 후세 선비들의 논변이 모두 사문난적(斯文亂賊)으로 몰렸다.[16]

위의 내용을 보면 주회암(朱晦菴)의 도(道)를 공자(孔子)의 도(道)로 여겼기 때문에 주회암(朱晦菴)의 도(道)를 지키는 것이 유학(儒學)을 지키는 것이며, 성인의 도(道)를 지키는 것이 되어 주회암(朱晦菴)의 주석(註釋)에 어긋나는 것을 모두 사문난적(斯文亂賊)으로 여겼음을 알 수 있다.

성리학 그것도 주회암(朱晦菴)의 주석(註釋)을 중심으로 한 주자학을 굳게 지키려는 경향은 조선의 말기에 이르러 실학적인 학풍이 형성되면서 고증학(考證學), 서학(西學), 양명학(陽明學)과 같은 성리학 밖의 학문을 적극적으로 수용하여 유학의 새로운 지평을 개척하고자 시도했던 때까지 계속되었다.

조선 말기의 성리학자(性理學者)인 송병선(宋秉璿)이 "옛 성인(聖人)의 가르침은 사서(四書)보다 상세한 것이 없고, 사서(四書)의 뜻은 주자(朱子)의 주(註)보다 실다운 것이 없다. 주자의 도(道)가 곧 선성(先聖)의

15 호광(胡廣)이 편찬한 영락본(永樂本)을 말한다.

16 『茶山詩文集』 第八卷 孟子策, "自夫七書大全之單行 生斯世者 童習白紛 不出乎五十卷圈套之中 一點半畫 認爲天造 隻字片句 看作鐵案 自鑽靈明 不敢思議 先儒注疏 已成奇僻 後儒辨駁 咸驅亂賊"

도(道)이다… 진실로 선성(先聖)의 학문을 하고자 하면 먼저 주자(朱子)를 배우는 것이 옳다."[17]고 한 것을 보면 이 점을 알 수 있다.

앞에서 살펴본 바와 같이 공자로부터 오늘에 이르기까지 많은 유학자들이 스스로 공맹(孔孟)의 후예(後裔)임을 자처하면서 내적으로는 유학의 새로운 이론체계를 구축하고, 외적으로는 유학을 다른 학문과 구분하여 차별성을 부각시켜서 그 정통성을 지키고자 하였던 것은 그 때가 유학이라는 학문이 시생(始生)하여 생장(生長)하는 과정이었기 때문이다.

오늘날 유학이 전공하는 소수의 학자들의 관심의 대상이 될 뿐 세간의 관심 밖에 있는 현상은 유학 자체의 관점에서 보면 하나의 시대적인 마디가 끝나고 새로운 마디가 시작되어야할 시기임을 뜻한다. 새로운 시대의 전개를 위한 전환점이 오늘날 유학이라는 학문이 처한 시대적 상황인 것이다.

한국 철학사적 관점에서 보면 현대는 장성(長成)의 과정을 거쳐서 새롭게 성가(成家)해야 할 시기이다. 한국 철학은 한국 고유 사상을 바탕으로 도가(道家)와 불가(佛家) 그리고 유가(儒家)의 삼가(三家) 철학(哲學)을 수용하여 발전하는 과정에서 한국철학의 장성기를 거쳤다. 이제는 한국 고유 사상을 바탕으로 다른 사상들을 주체적으로 수용하여 세계적인 한국철학을 정립해야할 때이다.[18]

오늘날의 한국 유학 역시 한국철학사에서 나름대로의 자기 역할을 해야 한다. 한국 유학 역시 한국철학의 역사적 흐름과 더불어 장성하였다. 따라서 한국 유학 역시 오늘날이라는 시의성에 합당하게 다른 사상과 합덕(合德)[19]하여 새로운 사상을 정립하여야 함을 뜻한다. 그것은 장성한

17 『淵齋集』 卷二十四「四書釋義序」, "先聖之訓 莫詳於四書 四書之旨 莫實乎朱子之註 朱子之道 卽先聖之道也… 苟欲學先聖 先學朱子可也."

18 현대한국의 時義性과 한국철학의 방향에 관하여서는 拙著인 『한국철학의 역학적 조명』(서울, 청계출판사, 2001)을 참고하기 바란다.

19 『周易』의 繫辭下篇 第六章에서는 "子曰 乾坤은 其易之門邪し더 乾은 陽物也오 坤은 陰物也니 陰陽이 合德하야 而剛柔有體라 以體天地之撰하며 以通神明之德하니"라고 하여 易道가 合德原理임을 밝히고 있다.

남녀가 이성(異性)과 합덕하여 성가(成家)하는 것과 같다.

그런데 근본유학은 시대에 따라서 소의(所依) 경전인 삼경과 사서 등의 전적들을 중심으로 그것을 시의성에 맞게 해석하여 새로운 이론체계를 구축함으로써 발전하여 왔다. 따라서 오늘날이라는 시의성(時義性)에 부합(符合)하는 삼경과 사서의 연구 방법 역시 합덕(合德)과 성가(成家) 원리를 바탕으로 한 해석(解釋)이라고 하지 않을 수 없다.

해석은 이해(理解)와 설명(說明)으로 구분하여 나타낼 수 있다. 이해는 하나의 근본원리를 여러 이치로 해부(解剖)하는 것이며, 설명은 이해된 여러 이치들을 나열(羅列)하여 그 관계를 나타냄으로써 근원적인 존재를 밝히는 것이다. 따라서 이해와 설명은 어떤 존재를 여러 요소로 분석하고, 분석을 통하여 드러난 요소들을 회통하여 합덕시킴으로써 분석하기 이전의 본래의 존재를 드러내는 방법이라고 할 수 있다.

오늘날의 시의성에 맞게 삼경과 사서를 해석함을 합덕과 성가의 주체를 중심으로 나타내면 한국 고유 사상에 바탕을 둔 한국적 사유구조를 바탕으로 외래 사상으로서의 삼경과 사서의 내용을 합덕(合德)과 성가(成家)의 원리를 바탕으로 다시 풀어서 이해하고 설명하는 것이다.

그러면 유학이 처한 오늘날이라는 때의 시의성(時義性)이 무엇인지 좀 더 구체적으로 살펴보자. 오늘날은 천도(天道)인 역수원리(曆數原理)의 관점에서 살펴보면 선천(先天)[20]의 말기(末期)라고 할 수 있다. 선천은 인류의 역사가 생장하는 때를 가리키는 역학적(易學的) 개념이며, 후천은 모든 존재가 장성하여 합덕(合德)함으로써 서로 조화(調和)를 이루며 각각의 가치를 드러내며 살아가는 아름다운 세계를 뜻한다.

20 先天과 后天은 易學의 세계관을 나타내는 개념이다. 선천은 앞의 세계라는 의미이며, 후천의 뒤의 세계라는 의미이다. 曆數原理를 중심으로 선천과 후천을 살펴보면 선천은 陰陽의 閏曆이 운행되어지는 때이며, 후천은 陰陽이 合德된 中正曆인 正曆이 운행되어지는 때이다. 그런데 본래 선천과 후천은 물리적 시간을 중심으로 구분되어진 것으로 그것은 형이하적 관점에서 구분되어진 것이며, 형이상적 관점에서는 선후천이 없다. 그렇기 때문에 『정역』에서는 구분하여 "先天而后天" 또는 "后天而先天"이라고 하여 兩者가 一體임을 밝히고 있을 뿐만 아니라 先天과 后天으로 구분할 수 없는 본래적 차원을 原天으로 규정하고 있다.

선천에는 형이상(形而上)과 형이하(形而下), 정신(精神)과 물질(物質), 선(善)과 악(惡) 등의 모든 대응하는 존재들이 서로 대립하는 시대이다. 그러한 대립은 서로를 해치고자 하는 것이 아니라 장차 합덕하기 위하여 그것이 가능할 때까지 각각 서로의 입장에서 생장하여 준비하는 과정이라고 할 수 있다.

선천을 인간의 삶을 중심으로 나타내면 남(男)과 여(女)가 각각 나누어져서 어른이 될 때까지 정신적으로 그리고 육체적으로 성장하는 시기에 비유할 수 있다. 그러므로 인간답게 살고자하는 뜻을 세운 사람은 선천(先天)에는 학문(學問)을 통하여 부지런히 자기를 닦는 수기(修己)를 하게 된다.

선천의 말기라는 시위(時位)를 인류(人類)의 관점에서 나타내면 인류가 물질 중심의 음적(陰的) 세계와 정신 중심의 양적(陽的) 세계로 나누어져서 각각 생장한 결과 이제는 합덕(合德)이 가능하게 장성(長成)하였음을 뜻한다.[21]

물질적인 성장과 정신적인 성장이 극단에 이르렀음에도 불구하고 합덕(合德)이 이루어지지 못할 때 일어나는 현상이 양자의 대립(對立)과 갈등(葛藤)이다. 이는 마치 결혼이 가능하도록 성장한 남녀가 하나가 되어 결혼하지 못하였을 때 서로를 그리워하면서도 대립하고 갈등하는 것과 같다. 그렇기 때문에 본래의 관점에서 보면 대립과 갈등은 부정적인 것이 아니라 회통과 합덕으로 가는 과정에서 나타나는 현상이라고 할 수 있다.

오늘날 인류가 처한 세계적인 경제난국(難局)은 경제 자체의 문제가 아니다. 오늘날 세계인들은 그 어느 때와 비교할 수 없는 물질적인 풍요

21 일반적으로 세계를 구분할 때 西洋과 東洋으로 구분하고 양자의 특성을 각각 物質 중심의 陰的 세계와 精神 중심의 陽的 세계로 이해한다. 그런데 동양과 서양을 물리적 공간 개념으로 이해할 경우 정확하게 동양과 서양이 어떤 지역인지 그 구분이 애매하게 된다. 이 책에서는 지역적 관점이 아니라 사유구조를 중심으로 二元的 사고에 의하여 밝혀진 세계를 "西洋"으로 그리고 一元的 사고에 의하여 밝혀진 세계를 "東洋"으로 사용하고자 한다.

로움 속에서 살고 있다. 뿐만 아니라 정신적인 세계도 비약적으로 발전하여 이미 본성(本性)을 자각하고 그것을 주체로 살아가는 대인적(大人的)인 삶을 영위(營爲)하는 존재도 있다. 이렇게 보면 오늘날의 세계가 겪고 있는 어려움은 정신과 물질의 부조화로 인하여 나타나는 현상이라고 할 수 있지만 근본적인 문제는 인간이 스스로 자기의 정체성(正體性)을 확립하지 못하고 살아감으로써 나타나는 현상이 오늘날의 세계적인 난국(難局)이라는 점이다.

정신과 물질은 본래 둘이 아니라 일체적 존재이다. 사람에 있어서 몸과 마음은 본래 둘이 아니다. 그럼에도 불구하고 양자를 둘로 나누어 보아 몸만을 위하거나 마음만을 위할 때 양자의 부조화(不調和)로 인하여 대립과 갈등이 발생하고 결국은 양자가 모두 상처를 입게 된다. 그러므로 물질문명과 정신문명이 고도로 발달한 오늘날 인류에게 가장 절실하게 필요한 것은 정신과 물질, 몸과 마음이 하나인 본래의 세계를 회복하는 것이다.

몸과 마음의 일체화는 몸 자체나 마음 자체를 통하여 이루어지는 것이 아니라 본성이라는 형이상적 차원에 도달함으로써 비로소 이루어진다. 사람이 자신의 몸과 마음을 움직이는 근원적인 존재인 본성(本性)을 자각(自覺)하게 되면 본래 몸과 마음이 둘이 아닐 뿐만 아니라 양자가 모두 본성과 일체적 존재임을 알게 된다.

서양철학의 역사를 살펴보면 그 출발에서부터 세계를 구성하는 근원적인 존재를 찾아 밖으로 달려 나갔다. 그들은 신(神)이나 진리(眞理)와 같은 존재에 매달렸을 뿐 정작 그것을 문제로 삼아 그 답을 추구하는 자기 자신을 돌아보지 못하였다. 현대에 이르러서 비로소 그들은 밖으로 달려 나가던 관심을 자기 자신으로 돌이키게 되었다. 현대의 실존주의 철학자인 하이덱거는 존재(存在)와 존재자(存在者)로부터 인간을 떼어내어 현존재(現存在)로 규정하고 현존재의 존재구조를 통로(通路)로 할 때 비로소 존재의 세계에 도달할 수 있다고 주장한다.[22]

『논어』에서는 "군자(君子)는 모든 문제와 답을 자기 자신에서 찾고, 소인(小人)은 모든 문제와 답을 남으로부터 찾는다."[23]고 하였을 뿐만 아니라 "옛날의 배우는 사람들은 자신을 위한 학문을 하는데, 오늘날의 배우는 사람들은 남을 위한 학문을 한다."[24]고 하여 위기지학(爲己之學)을 해야지 위인지학(爲人之學)을 해서는 안 됨을 밝히고 있다.

위기지학의 '기(己)'는 본래의 자기로 곧 삶의 주체인 본래성(本來性)을 가리킨다. 본래성은 인간의 형이상적 근본을 시간의 측면에서 과거적 본성(本性)과 미래적 이상으로서의 래성(來性)으로 구분하여 나타낸 것이다. 그런데 인간 본래성은 천지의 본성인 도덕성이 주체화한 존재이다. 그렇기 때문에 천지의 본성과 인간의 본성은 동일하다. 그러므로 위기지학은 본래성을 주체로 천지와 더불어 살아가는 대인(大人)의 도(道)에 관한 학문이라고 할 수 있다.

반면에 위인지학의 '인(人)'은 사물과 구분되어지고 남과 구분되어지는 개체적 존재로서의 나를 위하는 학문을 가리킨다. 그러므로 위인지학은 위기지학이 주체적인 것과 달리 종속적이다. 그리고 위기지학이 보편적이면서도 개체를 포용한 것과 달리 위인지학은 보편성이 없는 개체만을 위한 학문이라는 점에서 보면 진정한 의미의 배움이나 학문이라고 할 수 없다. 따라서 위기지학을 함으로서 비로소 자신이 어떤 존재이며, 삶의 길은 무엇인지 그리고 이상적인 삶의 근거인 천도(天道) 역시 밝혀지게 된다. 그러면 오늘날이라는 시의성(時義性)에 부합(符合)된 삼경과 사서의 이해방법이 무엇인지 살펴보자.

현대라는 시의성(時義性)에 부합하는 삼경과 사서의 이해 방법을 찾기 위해서는 먼저 현대에 이르기 이전의 생장 과정으로서의 과거의 유학사(儒學史)를 다시 살펴보는 것이 필요하다. 생장과정으로서의 과거의 유

22 최양부, 『하이데거; 존재사유의 길』, 문경출판사, 대전, 1997, 28쪽에서 33쪽 참조.

23 『論語』 公冶長, "子曰 君子求諸己 小人求諸人."

24 『論語』 憲問, "子曰 古之學者爲己 今之學者爲人."

학사를 되돌아보면 형이상과 형이하를 구분하여 개체적 사물로부터 그 존재근거인 도를 찾아가는 하학이상달(下學而上達)[25]의 관점과 형이상적 차원에서 도를 바탕으로 형이하의 세계를 향하여 나아가는 두 관점이 항상 대립하고 있었다. 그것이 정통(正統)과 이단(異端)의 시비(是非)를 불러일으켜 왔다.

그러나 본래 형이상과 형이하는 별개의 존재가 아니다. 그러므로 양자를 회통(會通)[26]시켜서 합덕(合德)함으로써 일체적 관점에서 살펴보아야 한다. 회통과 합덕은 각각 시간과 공간의 관점에서 양자의 관계를 밝히는 것으로 공간적 관점에서는 합덕이며, 시간적 관점에서는 회통이다. 사실 본래적 차원에서 살펴보면 형이상과 형이하가 일체이듯이 시간의 과거와 미래가 따로 없이 영원한 현재만이 존재한다. 그와 같이 유학이라는 학문의 주제인 도(道) 역시 영원한 현재적 존재이다.

현대의 시의성에 부합하는 유학의 연구 방법인 회통과 합덕을 구체적으로 살펴보면 형이상(形而上)의 도(道) 자체의 차원에서 현상 사물의 본질을 드러내는 방향과 형이하의 차원에서 개체적 존재의 본성을 밝혀서 근원적 세계에 도달하는 두 방향을 일체화시켜서 함께 이해하고 설명하는 것이다.

오늘날이라는 시의성(時義性)에 부합하여 삼경과 사서를 이해하는 구체적인 방법을 삼재의 구조를 통하여 나타내면 천도(天道)와 인도(人道), 형이상(形而上)과 형이하(形而下), 선천(先天)과 후천(后天)이 합덕된 차원에서 삼경과 사서를 연구하는 것이다. 다시 말하면 천도와 인도를 회통(會通)시키고, 형이상과 형이하를 회통시키며, 선천과 후천을 회통시켜서 삼경과 사서를 이해하여야 하는 것이다. 회통(會通)은 양자가 만나

25 『論語』 憲問, "子曰 莫我知也夫 子貢曰 何爲其莫知子也 子曰 不怨天不尤人 下學而上達 知我者其天乎."

26 會通은 『周易』에서 사용된 개념이다. 『周易』의 繫辭上篇 第八章에서는 "聖人이 有以見天下之動하야 而觀其會通하야 以行其典禮하며 繫辭言하야 以斷其吉凶이라 是故로 謂之爻이니"라고 하여 變化하는 세계를 會通하는 根源的인 原理가 바로 爻象을 통하여 表象되었음을 밝히고 있다.

서 서로 뜻을 나누는 것이며, 합덕(合德)은 회통(會通)이 됨으로써 하나가 되는 것이라고 할 수 있다. 회통하여 합덕이 이루어지면 합덕을 주체로 하는 작용이 이루어지게 된다.

삼경(三經)과 사서(四書)의 회통(會通)은 삼경과 사서라는 경전 자체의 문제가 아니라 그것을 연구하는 사람 자신의 문제이다. 삶의 주체인 사람과 삶의 터전인 천지(天地)에 관한 이론이나 주장은 여러 관점에서 다양하게 언급할 수 있다. 그러나 다양한 이론은 모두 도(道)로 귀결된다. 그러므로 공자(孔子)는 "나의 도(道)는 하나로 꿰어져 있다."[27]고 하였으며, 『주역』에서는 "역(易)의 글됨이 광대하여 모든 것을 갖추고 있다. 천도(天道)가 있고, 지도(地道)가 있으며, 인도(人道)가 있다. 삼재(三才)가 모두 양지(兩之) 작용을 함을 나타내기 위하여 육효(六爻)에 의하여 주역(周易)의 괘(卦)가 구성되었으니 육(六)이라는 것은 다른 것이 아니라 삼재(三才)의 도(道)를 표상한다."[28]고 삼재의 세계를 일관하는 근원적인 존재가 도임을 밝히고 있다.

도(道) 자체의 관점에서 보면 그것은 인간 본래성을 통하여 밝혀지게 된다. 『주역』에서는 "이루어진 본성(本性)을 보존하고 보존하는 것이 도의(道義)의 문(門)이다."[29]고 하여 인간 본래성이 도의 세계에 도달하는 통로임을 밝히고 있고, 『맹자』에서는 "그 마음을 다하면 본성을 알고 본성을 알면 곧 천도를 안다."[30]고 하여 본성을 아는 것이 곧 천도를 아는 것임을 밝히고 있다.

삼경과 사서가 군자의 도라는 인도(人道)로 일관되어 있고, 그것을 밝히는 존재가 인간이며, 인간의 본래성(本來性)이 동일하다는 점에서 보

---

27 『論語』 衛靈公, "子曰 賜也 女以予爲多學而識之者與 對曰 然 非與 曰 非也 予一以貫之."

28 『周易』 繫辭下篇 第十章, "易之爲書也 廣大悉備하야 有天道焉하며 有人道焉하며 有地道焉하니 兼三才而兩之라 故로 六이니 六者는 非他也라 三才之道也니"

29 『周易』 繫辭上篇 第七章, "成性存存이 道義之門이라."

30 『孟子』 盡心章句上, "孟子曰 盡其心者, 知其性也. 知其性, 則知天矣. 存其心, 養其性, 所以事天也. 殀壽不貳, 修身以俟之, 所以立命也."

면 본래 삼경과 사서의 모든 내용은 이미 회통(會通)되어 있다. 그러므로 삼경과 사서의 회통(會通)은 삼경과 사서의 내용을 모아서 서로 통하는 하나의 새로운 이론 체계를 개발하는 것이 아니라 본래 군자의 도(道)의 관점에서 이미 삼경과 사서의 내용이 관통되어 있음을 확인할 따름인 것이다.[31] 그것이 현대의 시의성에 적중(的中)하는 해석의 본래적 의미이다.

그러나 현상적 측면에서 보면 천도와 인도의 회통은 천도의 차원에서 이루어지며, 형이상과 형이하의 회통은 형이상의 차원에서 이루어지고, 선천과 후천의 회통은 후천의 차원에서 이루어질 수 있다. 그러므로 군자의 도와 그 존재근거인 천도의 회통은 천도를 바탕으로 이루어지며, 그것이 형이상과 형이하의 회통이고, 선천과 후천의 회통이다.

다만 삼경과 사서 자체는 인도를 중심으로 도를 밝히고 있다. 따라서 삼경과 사서를 합덕의 관점에서 재해석하기 위해서는 천도(天道)를 바탕으로 다시 해석(解釋)하지 않을 수 없다. 『논어』와 『서경』에서는 "천(天)의 역수(曆數)가 사람의 본성으로 내재화하였다."[32]고 하여 천도의 내용이 역수원리이며, 그것이 인간의 본래성이 되었음을 밝히고 있다. 따라서 천도인 역수원리를 바탕으로 삼경과 사서를 다시 해석함으로써 기존의 다양한 삼경과 사서에 대한 해석들이 회통(會通)하여 합덕(合德)할 수 있다.

『정역』에서는 하도와 낙서를 통하여 천명(闡明)된 내용이 역수원리임을 밝히고 그 특성을 중도(中道)로 규정하고 있다. 그 내용을 보면 "요(堯)와 순(舜)이 언급한 집중(執中)의 중(中)이며, 공자(孔子)가 밝힌 시

31 그럼에도 불구하고 『正易』에서 밝힌 曆數原理를 바탕으로 『大學』과 『中庸』을 비롯하여 四書를 再解釋하려는 것은 하나의 이론체계를 방편으로 삼아서 논의를 전개하지 않을 수 없기 때문이다. 사실 道 자체는 論證의 대상이 아니며, 오직 自覺을 통하여 밝혀지는 존재이다. 그런 점에서 이론체계를 중심으로 논증하는 일이 哲學의 중심과제라고 한다면 儒學은 論證 이전의 自覺의 문제와 自覺 이후의 實踐을 함께 문제로 삼는 점에서 오늘날의 哲學과는 차이가 있다고 하지 않을 수 없다.

32 『書經』의 大禹謨에서는 "天之歷數在汝躬, 汝終陟元后, 人心惟危, 道心惟微, 惟精惟一, 允執厥中, 無稽之言勿聽, 弗詢之謀勿庸, 可愛非君, 可畏非民, 衆非元后何戴, 后非衆罔與守邦, 欽哉, 愼乃有位, 敬修其可願, 四海困窮, 天祿永終"라고 하였고, 『論語』의 堯曰에서는 "堯曰 '咨 爾舜 天之厤數在爾躬, 允執其中. 四海困窮, 天祿永終.' 舜亦以命禹."라고 하였다.

중(時中)의 중(中)이고, 일부(一夫)가 말한 바 포오함육(包五含六) 십퇴일진(十退一進)의 위(位)이다.[33]라고 하였다. 이는 『정역』에서 밝히고 있는 역수원리의 내용이 곧 요순(堯舜)으로부터 공자(孔子)로 계승된 중도(中道)임을 밝힌 것이다.

역수원리를 중도로 규정한 까닭은 그것이 바로 천지인(天地人)의 삼재(三才)의 세계를 일관하는 근본원리임을 밝히기 위함이다. 그러므로 중도를 삼재의 관점에서 나타내면 각각 천도와 지도 그리고 인도가 되는 것이다.

그런데 천지의 본성(本性)을 성품(性品)으로 하는 존재가 인간이다. 그렇기 때문에 유가(儒家)와 불가(佛家) 그리고 도가(道家)의 회통과 합덕뿐만 아니라 형이상과 형이하, 선천과 후천의 합덕 역시 인간의 성품을 통하여 가능하다. 『정역』에서는 "이치(理)는 본원(本源)에 모이니 본원(本源)은 성(性)이다."[34]고 하여 성품을 통하여 온갖 이치가 밝혀짐을 논하고 있다. 인간의 본래성이 내재화한 천도이기 때문에 본래성의 자각을 통하여 천도를 천명(天命)으로 자각할 수 있는 것이다.

천도의 내용인 역수원리(曆數原理)를 중심으로 사서를 재해석하여 기존의 모든 해석을 회통(會通)하여 합덕(合德)시킴은 사서(四書)를 존재론적 관점에서 고찰함으로써 그 본래적 의의를 다시 천명(闡明)하는 작업이라고 할 수 있다. 오늘날 유학(儒學)이 전공(專攻)하는 소수의 사람들 외에는 대부분의 사람들에 의하여 그 가치를 인정받지 못하는 현상이 나타나는 원인도 유학(儒學)의 현대적 의의가 제대로 밝혀지지 않은데 있다. 그런 점에서 보면 사서(四書)의 재해석(再解釋)을 통하여 그 현대적 가치를 밝히는 문제는 중요한 의의를 갖는다고 하겠다.

천도의 내용인 역수원리를 바탕으로 오늘날의 시의성에 맞도록 사서

33 金恒, 『正易』「十一歸體詩」, "中은 十十一一之空이니라. 堯舜之厥中之中이니라. 孔子之時中之中이니라. 一夫所謂包五含六十退一進之位니라."

34 金恒, 『正易』「一歲周天律呂度數」, "理會本原은 原是性이오 乾坤天地에 雷風中이라."

의 내용을 다시 해석하는 것은 현재를 중심으로 과거와 미래를 회통(會通)하여 합덕(合德)시키는 것이다. 그것은 수많은 과거의 이론들을 회통하여 합덕시킴으로써 장차 인류가 나아갈 공통의 목표를 향하여 함께 나아가게 하려는 것이다.

개체적 관점에서 천도의 내용인 역수원리를 중심으로 삼경과 사서를 다시 해석하는 일은 사서(四書)에서 제시하고 있는 군자의 도(道)를 현대적 관점에서 다시 해석(解釋)하는 작업이다. 군자(君子)는 사서(四書)에서 제시하고 있는 이상적인 인격체로 군자(君子)의 삶의 근거와 방향 그리고 방법을 제시한 것이 군자의 도이다. 따라서 역수원리를 근거로 사서를 다시 해석하는 일은 현대인들에게 사서(四書)에 담겨 있는 군자의 도(道)를 통하여 인간답게 살아가는 삶의 근거와 방향 그리고 방법을 밝히는 것이다.

삼경과 사서라는 전적(典籍)을 시의성(時義性)에 맞게 재해석함으로써 군자의 도를 밝히는 것은 현대인들로 하여금 인간다운 삶의 길인 군자의 도를 실천하도록 하기 위함이다. 만약 삼경과 사서의 연구가 연구를 위한 연구에 그친다면 아무런 의미가 없을 뿐만 아니라 오히려 자신은 물론 남에게도 해악(害惡)을 끼치게 된다. 지혜(智慧)가 아닌 지식(知識)만을 추구하면 얻은 지식의 칼날로 자신과 남에게 상처를 줄 것이기 때문이다.

실천은 일상을 떠나서 이루어지지 않기 때문에 곧 학문이 일상의 삶과 하나가 되어야 한다. 『중용』에서는 "도(道)라는 것은 잠시도 떨어질 수 없는 것이니 떨어질 수 있다면 도가 아니다."[35]라고 하여 일상의 삶과 떨어져서 도가 존재하지 않음을 밝히고 있다. 학문이 일상의 삶을 통하여 실천되려면 그 구체적인 방법이 제시되어야 한다. 오늘날 삼경과 사서를 재해석할 필요성이 합덕(合德)에 있다함도 앎과 행함이 회통하여 합덕

35 朱晦菴, 『中庸章句』 第一章, "道也者不可須臾離也 可離非道也"

(合德)함으로써 일체가 되어야함을 뜻한다.

이 책에서 삼경(三經)과 사서(四書) 가운데서 『대학』을 선택한 까닭은 주회암(朱晦菴)과 왕양명(王陽明)이 모두 『대학』을 근거로 자신들의 이론체계를 세워서 유학사(儒學史)에 있어서 하나의 흐름을 형성하였기 때문이다.[36] 주회암은 근본유학의 이론을 당시의 시의성(時義性)에 적합하도록 장재(張載)와 정이천(程二川)의 이론을 중심으로 성리학(性理學)을 집대성(集大成)하였고, 왕양명 역시 당시의 시의성(時義性)에 적합하게 육상산(陸象山)으로부터 이어진 심학(心學)을 집대성(集大成)함으로써 각각 한당(漢)의 유학에 이어서 송명(宋明)의 유학을 형성하였던 것이다.

주회암의 성리학의 특성은 당시의 선종(禪宗)에서 주장하는 돈오(頓悟)와 구별되는 수양론(修養論)으로 그가 주장하는 거경궁리(居敬窮理)의 궁리(窮理)는 『대학』의 격물치지(格物致知)를 바탕으로 구축된 것이다. 그리고 왕양명은 심즉리(心卽理)로부터 시작하여 치양지(致良知)를 종지(宗旨)로 삼았는데 이 역시 『맹자(孟子)』에서 언급되고 있는 양지(良知)를 바탕으로 『대학』의 격물치지(格物致知)를 새롭게 이해한 것이다. 따라서 『대학』과 관련된 부분에 관하여 성리학(性理學)과 심학(心學)의 주장을 살펴봄으로써 성리학과 심학의 특성과 차이를 살펴볼 수 있을 뿐만 아니라 이를 통하여 유학(儒學)의 특성이 무엇이며, 그것이 역사적으로 어떻게 변화하면서 발전해왔는지를 살펴볼 수 있을 것이다.

그리고 『대학』을 중심으로 주회암과 왕양명의 성리학(性理學)과 심학(心學)의 특성과 차이를 살펴보고 그것을 바탕으로 두 사상을 회통(會通)시켜서 합덕(合德)의 관점에서 『대학』을 이해할 수 있는 방법을 모색함으로써 이를 바탕으로 기존의 사서(四書)에 대한 다양한 이해를 회통하여 합덕(合德)시킬 수 있는 방법을 모색할 수 있을 것이다.

그러나 천도인 역수원리를 중심으로 『대학』을 재해석하여 다양한 기

36 朱晦菴은 "學問須以大學爲先, 次論語, 次孟子, 次中庸. 中庸工夫密, 規模大"(『朱子語類』 卷第十四 「大學一」 綱領 14 :1)라고 하여 四書의 연구도 『大學』으로부터 시작해야함을 밝히고 있다.

존의 해석들을 회통(會通)시켜서 합덕(合德)하고자 하는 작업의 가장 근본적인 문제는 『대학』의 본래면목을 현대화하여 드러내는 일이다. 그것은 『대학』에서 밝히고 있는 대학의 도를 인간 주체적인 관점에서 대인(大人)의 도, 군자의 도로 밝히고자 하는 것이다. 다시 말하면 천도인 역수원리를 중심으로 『대학』을 시의성(時義性)에 맞게 현대화하는 일을 통하여 자기를 닦아서 주체성을 확립하고 그것을 주체로 살아가는 삶의 방법을 『대학』을 통하여 제시하고자 하는 것이다.

현대사회의 시의성에 부응하는 회통(會通)과 합덕(合德)의 관점에서 『대학』을 다시 해석하는 방법에 대하여 우리가 주의를 기울여야할 부분이 있다. 앞에서도 살펴본 바와 같이 『대학』을 비롯한 사서, 삼경 등의 이른바 경전이라고 불리는 전적들은 모두 도(道)라는 형이상적 존재의 존재원리를 담고 있다.

그런데 도는 형이상적 존재이기 때문에 형이하의 구체적인 사건이나 사물을 통하여 상징적으로 나타낼 수밖에 없다. 그러므로 경전 가운데 나타나는 구체적인 사건이나 사물에 관한 언급을 글자 그대로 사실적 관점에 한정시켜서 이해해서는 않된다.

만약 경전에 나타나는 특정한 시대에 통용되었던 일정한 의미를 갖는 개념이나 특정한 시대에 일어났던 사건이나 물건에 관한 언급이 당시의 물건을 그대로 나타낸 것이라면 시대와 상황이 다른 현재의 우리와는 아무런 관련이 없다. 오늘날에는 옛날의 물건을 사용하지도 않을 뿐만 아니라 옛날의 개념들을 그대로 사용하지도 않기 때문이다.

경전에 나타나는 사건과 물건을 사실적 관점이 아니라 그것을 통하여 상징적으로 나타내고자 하는 형이상적 존재를 중심으로 이해하는 것은 시간적 관점에서 보면 본래적 시간인 영원한 현재를 중심으로 경전을 이해하고 설명해야함을 뜻한다. 형이상적 관점에서 보면 도 자체가 그대로 드러난 현실이 바로 매 순간의 세계이다. 그러므로 과거와 미래가 합덕된 영원한 현재적 관점에서 경전을 이해할 때 비로소 언제 어디서나 타당한 의미를 갖게 된다.

다만 경전 역시 문자를 통하여 구성되었기 때문에 문장 자체를 대상으로 문학적으로 접근을 할 수도 있고, 역사적 관점에서 사실적 접근을 할 수도 있다. 따라서 경전에 대한 사실적 접근 자체를 부정하는 것이 아니라 경전으로서의 본래적 의미와 가치를 드러내기 위하여 형이상적 관점에서 접근이 필요한 것이다.[37]

사실 회통과 합덕의 관점에서 『대학』에 관한 기존의 연구 성과들을 이해하고 설명하는 방법 자체가 철학적 접근이다. 철학적 접근은 곧 형이상적 접근으로 그것이 본래 경전을 연구하는 방법이다. 경전에서 밝히고 있는 내용인 도(道)는 형이상적 존재로 그것은 모든 원리를 포함하고 있는 하나의 이치일 따름이다. 그런 점에서 보면 『대학』을 비롯하여 모든 경전들의 내용이나 철학의 내용이 본래 회통(會通)되어 있을 뿐만 아니라 합덕(合德)되어 있다. 그러므로 도(道) 자체의 관점에서 보면 새삼스럽게 『대학』을 다시 이해하고 설명하는 해석(解釋)을 할 필요가 없고, 주회암(朱晦菴)과 왕양명(王陽明)의 주장을 회통(會通)하고 합덕(合德)시킬 필요도 없다.

그러나 현상적 관점에서 이론 자체를 중심으로 살펴보면 어느 때를 막론하고 그 때가 갖는 시의성(時義性)에 부합(符合)하도록 경전이나 그것

37 혹자는 形而上的 次元에서 四書를 비롯한 경전들의 문장을 연구하는 哲學的인 작업에 대하여 사실적 근거가 없이 恣意的으로 해석함으로써 마치 한편의 소설을 쓰는 것과 같이 虛妄하다는 비판을 가한다. 이는 경전에 대한 철학적 연구를 부정하는 것이다. 그러나 경전에서 나타내고 있는 형이상의 세계는 시간과 공간을 초월한 세계이기 때문에 특정한 시간과 특정한 공간에 한정시켜서 이해해서는 그 본래적 의미를 파악할 수 없다. 그것이 경전의 연구가 사실적 관점에서 접근하는 것에 그치면 오직 그 배경의 이해에 그칠 뿐 經典的 가치를 전혀 발견할 수 없게 되는 까닭이다. 본래 道의 세계는 형이상적 세계이기 때문에 그 자체를 그대로 드러낼 수 없으며, 오직 사건과 물건을 통하여 상징적으로 나타낼 수밖에 없다. 그러므로 경전에 나타난 특정한 사건과 물건은 단지 道를 표상하는 일종의 형식일 뿐 그것이 그대로 그 내용이 아니다. 그리고 본래 道 자체는 論證의 대상이 아니다. 형이상적 존재는 인간이 그 존재성을 증명하거나 그렇지 않거나를 막론하고 존재하기 때문이다. 다만 그것에 대하여 理解와 說明을 통하여 解釋할 때 문자를 매개로 하기 때문에 해석의 내용을 담고 있는 명제와 명제 사이에 논리적인 整合性이 있으면 될 뿐이다. 물론 이는 내용 자체와 상관없이 형식적인 측면에서 오직 논리적 정합성만을 추구하는 것이 아니라 문장을 통하여 道를 해석하는 작업에 대하여 말하는 것이다. 그러므로 경전에 대한 문학적 접근과 역사적 접근 역시 나름대로 그 의미를 갖고 있고 필요한 작업이지만 道 자체의 특성에 알맞은 연구 방법은 철학적 접근이라고 하지 않을 수 없다.

을 바탕으로 형성된 기존의 다양한 이론 체계들을 그 의미와 가치를 밝혀주는 작업을 통하여 다시 회통(會通)시키고 합덕(合德)시키는 것이 필요하다. 그렇기 때문에 오늘날에도 그 시의성(時義性)에 부합(符合)하도록 회통(會通)과 합덕(合德)의 관점에서 유가(儒家) 경전을 다시 해석하는 작업이 필요하다.

제이부

『정역(正易)』과 『대학(大學)』

- 제이부 -

『정역(正易)』과 『대학(大學)』

『대학』이라는 하나의 전적이 형성된 이후 전적 자체가 변화하지는 않는다. 주회암(朱晦菴)에 의하여 『고본대학』의 일부가 보충되어지고 순서가 바뀌어 『개정본대학』이 형성되었지만 『개정본대학』 역시 『고본대학』을 바탕으로 한 것으로 『고본대학』은 그대로 존재한다.

그런데 하나의 전적이 담고 있는 내용이 시대에 따라서 항상 진리가 되기 위해서는 시의성(時義性)에 합당(合當)하게 변화해야한다. 『대학』이라는 전적의 시대에 따른 변화는 그것을 보는 사람에 따라서 다양하게 이해(理解)되고 설명(說明)되는 해석(解釋)에 의하여 이루어진다. 이해(理解)는 전적의 내용을 여러 이치(理致)로 분석(分析)하는 것이며, 설명(說明)은 분석된 이치들을 하나로 모아서 통하게 함으로써 전적(典籍)의 내용을 분명하게 밝히는 것이다. 그러므로 『대학』의 내용을 풀어서 하나의 시대가 갖는 시의성(時義性)에 타당(妥當)하게 해석(解釋)하는 일 역시 이해(理解)와 설명(說明)에 의하지 않을 수 없다.

기존의 『대학』에 관한 해석들은 다양하다. 『대학』의 내용 가운데 일부분에 대한 해석을 한 경우도 있고, 주회암(朱晦菴), 왕양명(王陽明)과 같이 『대학』을 중심으로 자신의 이론체계를 수립한 학자들도 있다. 『대학』의 일부분의 내용을 해석한 다양한 주장도 그 의의가 있지만 『대학』의 시의성(時義性)에 따른 변화라는 측면에서는 하나의 일정한 관점에 의하여 『대학』 전체의 내용을 해석한 주회암(朱晦菴)과 왕양명의 관점은 『대학』의 이해에 중요한 시사점을 던져준다.

주회암(朱晦菴)과 왕양명의 해석을 살펴보면 두 사람의 주장은 각각 특성이 다르기 때문에 일견(一見)하면 양립(兩立)이 불가능한 모순(矛盾)관계처럼 생각된다. 예를 들면 격물치지(格物致知)에 대하여 주회암(朱晦菴)은 사물에 나아가서 사물의 이치를 궁구함으로써 나의 지식을 지극하게 하는 것으로 이해하였지만 왕양명은 양지(良知)를 확충(擴充)하여 사물을 바르게 하는 것으로 이해하여 두 사람의 관점이 서로 다르다.

그러나 두 사람의 공통점은 그들이 『대학』이라는 하나의 전적(典籍)을 이해하였다는 것이다. 그것은 두 사람이 동일한 객관적 대상 사물로서의 『대학』을 연구하였다는 점에서 공통점이 있는 것이 아니라 사람이라는 존재가 『대학』이라는 사물적 존재를 해석에 의하여 생명을 부여함으로써 각각 다른 의미체로 존재하게 하였다는 사실이 바로 공통점이다.

본래 『대학』의 저작자 역시 사람이며, 그것을 해석하는 주회암(朱晦菴)과 왕양명 역시 사람이다. 개체적인 사람의 삶은 시대와 장소에 따라서 다양하게 나타난다. 그러나 모든 사람의 삶의 주체인 본성은 서로 같다. 그러므로 『대학』의 저작(著作)도 본성에 의하여 이루어지고 다양한 해석도 본성에 의하여 이루어진다.

오늘날 우리가 『대학』을 읽고 그것을 다양하게 이해한 사람들의 주장을 살펴보는 학문 활동이 의의를 가질 수 있는 것도 『대학』의 저작자와 주회암(朱晦菴) 그리고 왕양명을 비롯하여 오늘날의 『대학』을 읽는 사람들의 본성이 다르지 않기 때문이다. 다시 말하면 『대학』의 내용이 사람다운 삶의 길을 제시하고 있기 때문에 예나 지금이나 미래를 막론하고 그 내용을 이해하고 설명하는 과정이 의의가 있는 것이다.

그런데 사람의 본성이 같다는 것은 인간 자신의 문제가 아니라 천도(天道)에 관한 문제이다. 사람이 태어나서 삶을 살아가는 일은 자신이 스스로 결정하고 판단하는 일이지만 삶 자체는 천도(天道)와 관련된 문제인 것이다. 사람이 어떤 존재이며, 그 본성이 무엇인가는 천도의 문제이며, 그것을 바탕으로 어떻게 사는 것이 사람다운 삶인가라는 인도의 문제가 제기될 수 있는 것이다. 따라서 사람다운 삶의 길을 내용으로 하는 『대학』의 내용 자체를 이해하는 문제는 천도(天道)와 관련하여 이해하는 것이 필요하다.

『대학』의 내용이 무엇이며, 『대학』에 관한 주회암(朱晦菴)과 왕양명의 주장이 바른 것인가 그리고 양자의 주장이 『대학』의 내용과 부합되는 것인가의 문제를 해결하기 위해서는 역시 그것을 문제로 삼는 인간 자신이 어떤 존재인가를 먼저 알아야하며, 인간이 어떤 존재인가를 알기 위해서는 천도의 문제를 알아야 하는 것이다.

이에 이 책의 제이부에서는 『대학』을 이해할 수 있는 방향과 방법을 천도(天道)와 관련하여 모색(摸索)하고자 한다. 먼저 『대학』의 내용을 천도와 관련하여 이해해야할 필요가 있음을 밝히고 이어서 천도의 내용이 역수원리(曆數原理)이며, 역수원리가 한국(韓國) 유학자(儒學者)인 김항(金恒)에 의하여 저작된 『정역(正易)』에서 밝히고 있음을 살펴보고자 한다.

1. 천도(天道)와 『정역(正易)』

삼경과 사서에 밝히고 있는 근원적인 존재는 도(道)이다. 『주역』에서는 형이상의 근원적인 존재를 도(道)로 규정하고, 도를 근원으로 하여 형성된 존재를 기(器)로 규정하고 있다.[1] 도는 인간을 포함한 만물의 존재

1 『周易』 繫辭上篇 第十二章, "是故로 形而上者를 謂之道오 形而下者를 謂之器오"

근거이기 때문에 학문의 내용 역시 도라고 하지 않을 수 없다. 그렇기 때문에 『논어』에서는 "군자는 도를 도모할 뿐 음식을 도모하지 않는다."[2] 고 하였을 뿐만 아니라 "아침에 도를 들으면 저녁에 죽어도 좋다."[3]고 하여 이상적 인격체인 군자가 학문해야 할 내용이 도임을 밝히고 있다.

형이하의 기(器)의 세계는 천(天)과 지(地) 그리고 인(人)의 삼재적(三才的) 구조이다. 그렇기 때문에 도(道)를 기(器)의 구조를 중심으로 나타내면 천도(天道)와 지도(地道) 그리고 인도(人道)라고 할 수 있다. 『주역』에서는 "역경의 글됨이 광대하여 모든 것이 갖추어져 있다. 천도(天道)가 있고, 인도(人道)가 있으며, 지도(地道)가 있다."[4]고 하여 삼재(三才)의 도(道)를 논하고 있다. 그러면 삼재의 도의 내용은 무엇인가?

『주역』에서는 "천도를 세워서 음(陰)과 양(陽)이라고 하며, 지도를 세워서 유(柔)와 강(剛)이라고 하고, 인도를 세워서 인(仁)과 의(義)라고 한다."[5]고 하여 삼재(三才)의 도(道)의 구체적인 내용을 각각 음양(陰陽)원리, 강유(剛柔)원리, 인의(仁義)원리로 밝히고 있다. 그러면 삼재의 도의 관계는 어떤가?

『주역』에서는 "건곤(乾坤)은 그 역(易)의 문(門)이로구나. 건(乾)은 양적(陽的) 존재이고, 곤(坤)은 음적(陰的) 존재이다. 음(陰)과 양(陽)이 합덕(合德)하여 강유(剛柔)의 체(體)가 있게 된다."[6]고 하여 음양원리인 천도와 강유원리인 지도가 체용의 관계임을 밝히고 있다. 그리고 "천지(天地)가 마디를 지어서 사시(四時)가 이루어지며, 천지가 마디를 짓는 원리를 바탕으로 문물제도를 만들어서 재화(財貨)를 상하지 않고, 백성들을 해롭게 하지 않는다."[7]고 하여 천도가 인도의 근거임을 밝히고 있다.

---

2 『論語』 衛靈公篇, "子曰 君子謀道不謀食 耕也餒在其中矣 學也祿在其中矣 君子憂道不憂貧."

3 『論語』 里仁篇, "子曰 朝聞道 夕死可矣."

4 『周易』 繫辭下篇 第十章, "易之爲書也 廣大悉備 有天道焉 有人道焉 有地道焉 兼三才而兩之 故六 六者非他也 三才之道也."

5 『周易』 說卦 第二章, "是以 立天之道曰陰與이오 立地之道曰柔與剛이오 立人之道曰仁與義니"

6 『周易』 繫辭下篇) 第六章, "子曰 乾坤은 其易之門邪ㅣ뎌 乾은 陽物也오 坤은 陰物也니 陰陽이 合德하야 而剛柔有體라 以體天地之撰하며 以通神明之德하니."

7 『周易』 水澤節卦(䷻) 彖辭, "天地節而四時成하나니 節以制度하야 不傷財하며 不害民하나니라."

앞에서 살펴본 바와 같이 삼재의 도는 삼재를 일관하는 근원적 존재인 도를 삼재의 관점에서 나타낸 것이므로 일체적 존재이나 인도의 존재근거는 천지의 도이고, 지도의 근거는 천도이다. 그러므로 인도의 이해는 천지의 도를 바탕으로 이루어져야하며, 지도 역시 천도를 바탕으로 이루어져야 한다. 따라서 천도의 이해가 가장 근원적인 문제라고 할 수 있다. 그러면 천도는 무엇인가?

천도의 성격은 『대학』에서 군자의 학문하는 방법을 논하고 있는 부분을 통해서도 그 단서를 찾을 수 있다. 『대학』에서는 시간의 관점에서 사건(事件)을 논하고 공간의 관점에서 물건(物件)을 논하면서 사건(事件)에는 종시(終始)가 있고, 물건(物件)에는 본말(本末)이 있음을 논하고, 그 선후하는 바를 알아야 도(道)에 가깝다[8]고 하였다. 이는 시간과 공간의 관점에서 사건과 물건의 시종(始終)과 본말(本末)을 통하여 궁리(窮理)하여야 비로소 도의 세계에 도달할 수 있음을 밝힌 것이다.

『대학』에서 밝힌 도의 세계에 도달할 수 있는 방법은 공간적 관점에서 지말(支末)이 아닌 근본(根本)을 찾아가고, 시간의 관점에서 종말(終末)이 아닌 시초(始初)를 찾아감으로써 비로소 그 존재근거인 시간성(時間性)의 세계인 종시의 세계에 도달할 수 있음을 밝힌 것이다. 그것은 공간적 관점에서 시간적 관점으로 사고의 범주를 전환하고 다시 시간성(時間性)의 세계에 도달함으로써 비로소 형이상의 도의 세계에 도달할 수 있음을 밝힌 것이다. 『주역』에서는 "종시(終始)원리를 크게 밝힘으로써 중괘(重卦)를 구성하는 육효(六爻)의 여섯 시위(時位)가 이루어진다."[9]고 하여 종시원리가 시종(始終)의 시위(時位)에 의하여 상징적으로 표상되었음을 밝히고 있다.

종시(終始)원리는 시간성(時間性)을 시종의 구조와 관련하여 나타낸 것으로 마친 자리에서 그대로 시작하여 시종이 없는 세계가 시간의 존재

---

8 朱晦菴, 『大學章句』 經一章, "物有本末 事有終始 知所先後 則近道矣"

9 『周易』, 重天乾卦(䷀) 彖辭, "大明終始 六位時成"

근거로서의 시간성의 세계임을 나타낸 것이다. 그것을 선후천의 관점에서 나타내면 선천이 끝나고 후천이 시작되는 선후천변화원리가 종시원리이다.

종시원리는 시간성의 원리로 매 시간에 있어서는 그 존재의의로서의 시의성(時義性)이 된다. 이 종시원리, 시간성을 바탕으로 시종(始終)의 시간이 형성된다. 그러므로 시간성으로부터 시종(始終)의 시간, 본말(本末)의 공간이 전개된다고 할 수 있다.

천도는 시간성의 원리이며, 지도는 공간성의 원리이다. 시간성은 시간의 존재근거로서의 형이상적 존재를 가리키며, 공간성은 공간의 존재근거로서의 형이상적 존재를 가리킨다. 그런데 시간성과 공간성은 모두 형이상적 존재이다. 그러므로 시간성과 공간성은 같으며, 각각 관점에 따라서 달리 표현되었을 따름이다.

『주역』에서는 "천현이지황(天玄而地黃)"[10]이라고 하여 천도와 지도의 내용을 상징적으로 나타내고 있다. '천현'은 시간성(時間性)의 원리인 천도를 시간의 관점에서 '현(玄)'을 통하여 상징적으로 나타낸 것이며, '지황'은 공간성의 원리인 지도를 공간의 관점에서 '황(黃)'을 통하여 상징적으로 나타낸 것이다.

'현(玄)'은 시종의 시간을 초월한 근원적 존재인 시간성을 나타내기 위하여 사용한 개념이다. 마치면 다시 시작하여 시종을 헤아릴 수 없는 영원한 존재인 시간성을 그윽하여 깊이를 알 수 없는 상태를 나타내는 '현'으로 표상한 것이다. 그리고 '황(黃)'은 한계를 정할 수 없는 공간성의 특성을 상징적으로 나타내는 개념이다. 내외(內外)를 초월하여 그 한계를 나타낼 수 없는 공간성의 특성을 '황(黃)'으로 표상한 것이다. 그러면 천도인 시간성의 원리는 무엇인가?

『논어』와 『서경』에서는 "천(天)의 역수원리(曆數原理)가 인간의 본래

---

10 『周易』, 重地坤卦(䷁) 文言, "天玄而地黃."

성으로 주체화하였다."[11]고 하여 천도의 내용이 역수원리(曆數原理)이며, 그것이 인간의 본래성이 되었음을 밝히고 있고, 『주역』에서는 도(道)를 역도(易道), 변화(變化)의 도(道)[12]라고 하여 시간성의 원리인 역수원리를 중심으로 도를 규정하고 있다.

그러나 삼경과 사서에서 천도의 내용이 역수원리임을 밝히고 있을 뿐 역수원리의 구체적인 내용을 밝히고 있지 않다. 다만 한국 역학자(易學者)인 일부(一夫) 김항(金恒)에 의하여 저작된 『정역(正易)』에서는 "역도는 역수원리이다."[13]고 하여 역도의 내용이 역수원리임을 밝히고 있을 뿐만 아니라 "역수원리가 없다면 성인이 존재할 수 없다."[14]고 하여 역수원리가 인간의 존재근거임을 밝히고 있고, "성인(聖人)이 없다면 역학(易學)이 없다."[15]고 하여 역학이 성인에 의하여 형성된 성학(聖學)임을 밝히고 있다.

이에 본장에서는 먼저 천도의 내용이 역수원리임을 살펴보고, 이어서 역수원리를 밝히고 있는 전적인 『정역』에 대하여 살펴보고자 한다.

1) 천도(天道)와 역수원리(曆數原理)

천도의 내용이 역수원리임을 살펴볼 수 있는 부분은 『논어』의 요왈편(堯曰篇) 시작부분이다. 그 내용을 보면 "요가 말하기를 '아, 그대 순(舜)아! 천(天)의 역수(曆數)가 네 몸에 있으니 진실로 그 중(中)을 잡으라. 사

---

11 『書經』의 大禹謨篇에서는 "天之曆數在汝躬, 汝終陟元后, 人心惟危, 道心惟微, 惟精惟一, 允執厥中, 無稽之言勿聽, 弗詢之謀勿庸, 可愛非君, 可畏非民, 衆非元后何戴, 后非衆罔與守邦, 欽哉, 愼乃有位, 敬修其可願, 四海困窮, 天祿永終."라고 하였고, 『論語』의 堯曰篇에서는 "堯曰 '咨 爾舜 天之曆數在爾躬, 允執其中. 四海困窮, 天祿永終.' 舜亦以命禹"라고 하였다.

12 『周易』의 繫辭上篇 第九章에서는 "知變化之道者 其知神之所爲乎"라고 하여 『周易』이 표상하는 三才의 道를 變化의 道로 규정하고 있고, 繫辭下篇 第十一章에서는 "其道甚大百物不廢 懼以終始 其要无咎 此之謂易之道也"라고 하여 三才의 道를 易道로 규정하고 있다.

13 金恒, 『正易』, 大易序, "聖哉라 易之爲易이여 易者는 曆也니"

14 金恒, 『正易』, 大易序, "無曆이면 無聖이오"

15 金恒, 『正易』, 大易序, "無聖이면 無易이라"

해(四海)가 곤궁(困窮)하면 천록(天祿)이 영원히 끊어질 것이다.(堯曰 咨爾舜 天之曆數 在爾躬 允執其中 四海困窮 天祿永終 舜亦以命禹)"라고 하였다.

먼저 지금까지 기존의 학자들이 이 부분을 어떻게 이해하였는지 살펴보자. 위의 내용은 천자(天子)인 요(堯)가 순(舜)에게 천자의 위(位)를 물려주면서 전한 성인의 도의 내용을 언급한 부분이다. 위의 내용 가운데서 역수라는 개념을 어떻게 이해하는가에 따라서 전체의 내용이 달라지기 때문에 역수에 대한 이해가 전체 내용을 이해하는 관건이다.

역수를 물리적 시간의 관점에서 나타내면 "천의 역수가 네 몸에 있다."는 곧 "네가 천자의 위에 오를 운명을 타고 났다."는 의미가 된다. 이는 한대 이후의 여러 학자들의 일반적인 관점이다. 당대(唐代)의 공영달(孔穎達)은 '천지역수 재이궁' 에 대하여 "천지(天地)의 역수(曆數)가 운행(運行)하는 수(數)에 의하여 제위(帝位)가 너의 몸에 있기 때문에 너는 마침내 이 대군(大君)의 지위(地位)에 오를 것이니 마땅히 나를 이어서 천자(天子)가 되어라."[16]라고 하여 역수를 천이 정한 운수(運數)로 규정하고 있음을 볼 수 있다. 이는 역수를 물리적 시간의 관점에서 이해한 것이다.

하안(何晏)은 "역수는 열차(列次)를 말한다."[17]고 하여 공영달과 같이 물리적 시간의 관점에서 역수를 이해하였다. 다만 공안국(孔安國)은 "역수는 천도(天道)를 일컫는다. 순(舜)이 우(禹)의 치수(治水)의 큰 공(功)을 선(善)하게 여겨 말하기를 천도가 네 몸에 있기 때문에 네가 마침내 천자(天子)의 위(位)에 오를 것이다."[18]고 하였다. 공안국은 역수를 다른 학자들과 달리 천도로 주석하였다. 그러나 그것을 '재이궁(在爾躬)' 의

16 孔安國 傳 孔穎達 疏, 『尙書正義』, 大禹謨, "天地曆運之數 帝位當在汝身 汝從升此大君之位 宣代我爲天子"

17 何晏, 『論語集解』, 堯曰篇, "曆數謂列次也"

18 孔安國 傳 孔穎達 疏, 『尙書正義』 大禹謨, "曆數謂天道……舜善禹有治水之大功 言天道在汝身 汝終當升爲天子"

문제와 관련하여 자세하게 논의하지 못하였을 뿐만 아니라 더 나아가서 뒤의 두 부분과 관련하여 이해하지 못하였다.

형병(邢昺)은 여러 가지 설들을 종합하여 논하면서 그 역시 "역수는 열차(列次)를 말한다."고 하여 다른 학자들의 의견을 그대로 수용하였다. 그리고 "공안국(孔安國)의 상서주(尙書注)에서 말하기를 '천도라고 말한 것은 천(天)의 역운(歷運)의 수(數)를 말한 것으로 제왕(帝王)은 성(姓)을 바꾸어서 흥한다. 그러므로 역수를 천도라고 말하였다.'"고 하였으며, "정현(鄭玄)은 '네 몸에 있음은 도록(圖籙)에 이름이 있음을 말한 것이다.' 고 하였는데 이는 하안(何晏)이 '열차(列次)' 라고 말한 것과 그 의미가 서로 통한다."[19]고 하였다. 이를 보면 정현(鄭玄)이나 형병(邢昺)을 막론하고 모두 역수를 물리적 시간의 관점에서 이해하고 있음을 알 수 있다.

한대(漢代) 이후의 여러 학자들의 이러한 견해는 송대(宋代)의 주회암(朱晦菴)에게도 계승(繼承)이 되었다. 주회암(朱晦菴)은 '천지역수 재이궁(天之曆數 在爾躬)' 에 대하여 "역수는 제왕이 서로 이어받는 차제(次第)로 세시기절(歲時氣節)의 선후(先後)와 같다. 제왕이 서로 계승하는 차제(次第)의 수(數)는 역(曆)의 세월일시(歲月日時)와 같아서 역시 선후(先後)의 차례가 있다. 그러나 성인은 그 차례가 이 사람에게 있음을 아니 역시 그 사람의 덕(德)으로 알 뿐 참위(讖緯)의 설(說)과 같이 도록(圖籙)에 성명(姓名)이 나타난다고 말하는 것과 같지 않다."[20]고 하였다.

앞에서 살펴본 바와 같이 비록 공안국(孔安國)이 역수를 천도로 규정하여 주회암(朱晦菴)을 비롯한 나머지 학자들이 모두 천자의 위(位)를 주고받는 열차(列次)로 이해한 것과 구분되어지지만 공안국이나 주회암

---

19 何晏 注 邢昺 疏, 『論語注疏』, 堯曰篇, "堯曰咨爾舜 天地曆數在爾躬者 此下是堯命舜以天命之辭也……曆數謂列次也……言天位之列次 當在汝身 故 我今命授於汝也……孔注尙書云謂天道 謂天曆雲之數 帝王易姓而興 故 言曆數謂天道 鄭玄以在汝身 謂有圖錄之名 何(晏) 云列次 義得兩通"

20 朱晦菴, 『論語集註』, 堯曰篇, "曆數 帝王相繼之次第 猶歲時氣節之先後也. 帝王相承 其次第之數 若曆之歲月日時亦有先後之序 然 聖人所以知其序之屬於此人 亦以其人之德 知之 非若讖緯之說 姓名見於圖籙而爲言也."

(朱晦菴)을 막론하고 모두 역수를 물리적 시간의 관점에서 이해하고 있음을 볼 수 있다. 물리적 시간은 비록 형체가 없을지라도 역시 형이하적 존재이다. 따라서 한대(漢代) 이후 주회암(朱晦菴)을 비롯한 학자들이 형이하적(形而下的) 관점에서 역수를 이해하였음을 알 수 있다.

형이상과 형이하는 『주역』에서 언급된 개념으로 "형이상적 존재를 일러 도(道)라고 하고, 형이하적 존재를 일러 기(器)라고 한다."[21]고 하여 모든 존재를 형(形)을 중심으로 이상(而上=以上)과 이하(而下=以下)로 구분하여 각각 도(道)와 기(器)로 나타내고 있다.

형이상은 형체를 초월한 존재라는 의미이며, 형이하는 형상 이내의 존재라는 의미로 곧 형상을 가진 존재임을 뜻한다. 그리고 도와 기라는 개념을 통하여 형이하의 존재는 형이상의 존재인 도에 의하여 존재하는 것으로 양자가 체용(體用)의 관계임을 알 수 있다. 따라서 도(道)와 기(器)는 일체적이면서도 구분되어지는 관계라고 할 수 있다.

그러나 형이상적 존재인 도를 근거로 형이하적 존재인 만물이 존재한다. 그러므로 형이하의 만물의 차원에서 도를 이해할 수 없다. 역수를 형이하적 관점에서 이해할 경우 공안국이 주석한 천도 역시 형이하적 존재일 수밖에 없다. 형이하적 존재로서의 천도는 물리적인 하늘의 운행 법칙이다. 따라서 역수는 물리적 하늘의 운행법칙을 나타내는 수에 불과하다. 그렇게 보면 '천(天)의 역수가 네 몸에 있다.'는 위의 내용은 '네가 천자의 위(位)에 오를 운명을 타고 났다.'는 의미가 되고 만다.

역수를 운명론적(運命論的) 관점에서 이해할 경우 다음의 '윤집기중' 이하의 문장과 논리적인 모순을 일으킨다. 왜냐하면 "진실로 그 중을 잡으라."와 "사해가 곤궁하면 천록이 영원히 끊어질 것이다."는 당위원리를 나타낸 것으로 당위의 문제는 운명론적 관점과는 양립이 불가능하기 때문이다. 당위(當爲)의 문제는 자유의지(自由意志)가 전제가 되는 반면

21 『周易』 繫辭上篇 第十二章, "形而上者謂之道 形而下者謂之器"

에 운명론적(運命論的)인 관점에서는 자유의지(自由意志)가 존재할 수 없다. 그렇기 때문에 양자는 양립이 불가능한 모순(矛盾)관계(關係)라고 할 수 있다. 그러면 역수를 어떻게 이해하여야 하는가?

한대(漢代) 이후의 학자들의 관점이 역수를 물리적 차원에서 시간을 중심으로 이해한 결과 다른 부분과 논리적 모순을 야기하였다면 형이상적 관점에서 역수를 이해하지 않을 수 없다. 역수를 형이상적 관점에서 이해하면 그것은 시간의 존재근거가 되는 근원적 존재를 가리키는 개념이 된다. 다시 말하면 형이상적 존재를 형이하의 물리적 존재인 시간을 나타내는 단위에 의하여 나타낸 것이 역수인 것이다.

형이상적 차원에서 물리적 시간의 존재근거가 되는 근원적 존재는 시간성(時間性)으로 규정할 수 있다. 그것은 물리적 시간이 갖는 속성을 가리키는 것이 아니라 물리적 시간의 존재 근거이다. 시간성(時間性)을 물리적 시간의 관점에서 매 시간의 의미라는 점을 중심으로 나타내면 시의성(時義性)이 된다. 그러므로 시간성이 전체적 표현이라면 시의성은 매 순간의 관점에서 표현한 것이라고 할 수 있다.

그런데 형이상적 존재가 도(道)[22]이다. 따라서 "천의 역수"는 형이상적 존재인 시간성(時間性)의 원리가 곧 천도(天道)의 내용임을 밝힌 부분으로 이해할 수 있다. 『주역』에서는 "마친 즉 시작함이 있음이 천도(天道)의 운행이다."[23]고 하였을 뿐만 아니라 "종시원리(終始原理)를 크게 밝힘으로서 육위(六位)가 때에 의하여 이루어진다."[24]고 하여 천도의 내용이 시간성의 원리임을 밝히고 있다.

천(天)의 역수(曆數) 그것이 바로 천도의 내용인 시간성의 원리를 상징적으로 나타내는 개념이다. 따라서 천도를 그 표상형식을 중심으로 나타내면 물리적 법칙으로서의 역수(曆數)의 구성 법칙이 아니라 형이상적

22 『周易』, 繫辭上篇 第五章, "一陰一陽之謂道."
23 『周易』, 山風蠱卦(䷑) 彖辭, "先甲三日後甲三日 終則有始天行也."
24 『周易』, 重天乾卦(䷀) 彖辭, "大明終始 六位時成"

존재의 존재원리로서의 역수원리(曆數原理)[25]가 된다.

역수가 형이상적 존재의 존재원리인 역수원리(曆數原理)를 상징적으로 나타내는 개념이라면 "천의 역수가 네 몸에 있다."는 부분 역시 형이상적 관점에서 이해되어야 한다. 만약 형이하의 관점에서 이 부분을 이해하면 순(舜)이라는 개체적 존재와 관련된 미래의 운명을 언급한 것에 불과하다. 그것은 모든 인물(人物)의 존재근거를 밝힌 보편적인 언급으로 이해할 수 없다.

"천의 역수가 네 몸에 있다."는 부분을 형이상적 차원에서 이해하면 순(舜)이라는 사람을 통하여 천도가 모든 존재의 본래성이 되었음을 밝힌 보편적인 명제가 된다. 『주역』에서는 "한번은 음(陰)으로 작용하고, 한번은 양(陽)으로 작용하는 음양(陰陽)의 질운(迭運)작용원리를 도(道)라고 하며, 도의 항구한 작용성(作用性)을 선(善)이라고 하고, 선성(善性)이 이루어진 결과를 성(性)이라고 한다."[26]고 하여 도가 인간의 본성이 되었음을 밝히고 있다.

인간의 성품은 천도가 주체화된 것이기 때문에 도의(道義)의 세계에 도달하는 문(門)은 곧 본성(本性)이 되지 않을 수 없다. 이미 타고난 본성을 보존하고 보존하여 잃지 않는 것이 바로 도의(道義)에 세계에 도달하는 방법(方法)이다. 『주역』에서는 "이루어진 성품(性品)을 보존하고 보존하는 것이 도의(道義)의 문(門)이다."[27]고 하여 그 점을 밝히고 있다.

『논어』에서는 타고난 본성을 보존하고 보존하는 것을 집중(執中)으로

---

25 『論語』에서 밝히고 있는 "天之曆數在爾躬"을 처음으로 形而上的 관점에서 天道의 내용인 曆數原理를 밝히고 있는 것으로 이해한 사람은 忠南大學校의 柳南相 教授이다. 그는 『正易』의 연구를 통하여 天道의 내용이 干支度數와 圖書象數를 통하여 표상된 曆數原理임을 밝혀냈을 뿐만 아니라 『正易』에서 밝히고 있는 易道의 내용인 曆數原理를 바탕으로 『周易』을 연구하여 그 결과를 몇몇의 後學들과 더불어 정리하여 2009년 1월에 『周 · 正易經合編』으로 출판하였다. 현재는 易學 專門 硏究 機關인 社團法人 硏經院을 설립하고 몇몇의 後學들과 더불어 講學과 硏究를 진행하고 있다. 현재 講學에 참여하고 있는 사람은 正中 南明鎭 教授, 宋在國 教授, 觀正 金滿山 教授, 以正 李鉉中 教授, 德正 金在弘 博士, 庸正 趙東旭, 和正 林炳學 博士, 李善行 博士, 慧貞 黃仁善 博士 등이다.

26 『周易』, 繫辭上篇 第五章, "一陰一陽之謂道 繼之者善也 成之者性也."

27 『周易』, 繫辭上篇 第七章, "天地設位而易行乎其中矣 成性存存道義之門."

규정하고 있다. 중(中)을 잡는다는 것은 천도를 중심으로 나타내면 중도(中道)를 유지한다는 것이며, 인도(人道)의 관점에서는 본성을 자각하고 그것을 주체로 함을 뜻한다. 『서경』에서는 집중과 관련하여 "인심(人心)은 위태롭고, 도심(道心)은 은미(隱微)하기 때문에 오직 정밀(精密)하고 한결같아야 그 중(中)을 잡을 수 있다."[28]고 하였다.

앞에서 살펴본 내용을 중심으로 위의 인용문의 내용을 살펴보면 "천의 역수원리가 인간의 본래성(本來性)으로 주체화하였다."는 부분은 존재론적 관점에서 인간의 존재근거를 밝힌 것이며, "진실로 그 중(中)을 잡으라. 사해가 곤궁하면 천록이 영원히 끊어질 것이다."는 인도를 중심으로 당위원리를 밝힌 것이다. 따라서 앞부분은 천도를 밝히고, 뒷부분은 인도를 밝힌 것이라고 할 수 있다.

천도의 내용이 역수원리임은 『서경』을 통해서도 확인할 수 있다. 대우모편(大禹謨篇)에서는 "천의 역수원리가 네 몸으로 주체화하였으니 네가 마침내 원후의 위에 오를 것이다. 인심(人心)은 오직 위태롭고, 도심(道心)은 오직 은미(隱微)하니 마음이 한결같이 순수하고 밝아서 그 근본을 향하여 있으면 진실로 그 중(中)을 잡을 것이다. 사해(四海)가 곤궁(困窮)하면 천록(天祿)이 영원히 끊어질 것이다."[29]라고 하여 천도의 내용이 역수원리이며, 그것이 인간의 본래성으로 내재화하였음을 밝히고 있다.

요전(堯典)에서는 "일월(日月)성신(星辰)의 운행(運行)도수(度數)를 역수(曆數)와 상(象)을 통하여 나타냄으로써 삼가 백성들에게 천시(天時)를 알려주라."[30]고 하여 일월성신의 운행으로 나타나는 역수원리를 역수와 상을 통하여 드러내고 그것을 통하여 백성들에게 천시를 알려줄 것을 밝히고 있다.

28 『書經』, 大禹謨, "人心惟危 道心惟微 惟精惟一 允執厥中."

29 『書經』, 大禹謨, "天之曆數在汝躬, 汝終陟元后, 人心惟危, 道心惟微, 惟精惟一, 允執厥中, 無稽之言勿聽, 弗詢之謀勿庸, 可愛非君, 可畏非民, 衆非元后何戴, 后非衆罔與守邦, 欽哉, 愼乃有位, 敬修其可願, 四海困窮, 天祿永終."

30 『書經』, 堯典, "曆象日月星辰, 敬授人時."

일월성신은 천도인 역수원리를 표상하는 형식이다. 역수원리는 일월의 운행도수인 역수를 통하여 상징적으로 나타낼 수 있을 뿐만 아니라 사물의 속성을 통하여 상징적으로 나타낼 수 있다. 홍범(洪範)에서는 역수원리를 근거로 행하여지는 이상적인 정치인 왕도정치를 아홉 가지의 범주로 나누어서 나타내고 있다.

홍범에서 밝히고 있는 구주(九疇)를 보면 오행(五行), 오사(五事), 팔정(八政), 오기(五紀), 황극(皇極), 삼덕(三德), 계의(稽疑), 서징(庶徵), 오복(五福)육극(六極)으로 다섯 번째 범주인 황극을 중심으로 그 이전의 네 범주에서는 천도(天道)인 오행과 오기를 바탕으로 인사(人事)인 오사와 팔정을 논하고, 이어서 황극 이후의 네 범주에서는 삼덕과 오복육극의 인사(人事)를 중심으로 그 가운데 계의와 서징의 천도가 포함되어 있다.

홍범(洪範)구주(九疇)의 내용을 보면 오황극(五皇極)은 인간의 본래성을 상징하며, 그 이전은 선천의 세계를 상징한다. 그러므로 오행과 오기의 천도가 중심이 되어 그것을 바탕으로 오사와 팔정이 이루어져야함을 밝히고 있다. 그리고 오황극 이후의 네 범주는 후천의 세계를 상징한다. 그러므로 인간의 본래성의 세계를 바탕으로 하는 인사(人事)가 중심이 되어 삼덕과 오복육극이 근본 문제로 제기되고, 그 가운데 인사의 존재근거인 천도를 인사와 관련하여 나타난 계의와 서징이 그 내용을 이룬다.

그런데 천도를 논하고 있는 오행과 오기를 보면 오행은 목화토금수(木火土金水)이며, 오기는 세월일성신역수(歲月日星辰曆數)이다. 이 오행과 오기를 요전에서 언급한 오행과 관련시켜서 이해하면 천도인 역수원리를 연월일시(年月日時)를 단위로 하는 역수를 통하여 나타낼 수 도 있고, 목화토금수의 오행을 통하여 나타낼 수도 있다. 그것을 요전에서 "역상일월성신(曆象日月星辰)"이라고 하였다.

『정역』에서는 간지도수(干支度數)[31]가 표상하는 역수원리의 내용을 천지의 도수(度數)원리와 도덕(道德)원리로 나타내고 있다.[32] 도수원리는 수(數)를 중심으로 역수원리를 표상한 것이며, 도덕원리는 상(象)을 중심으로 역수원리를 표상한 것이다. 도수원리는 일(一)에서 십(十)까지의 천지의 수(數)를 통하여 표상되며, 도덕원리는 오행(五行)을 통하여 표상된다.

역수원리를 천지의 수를 통하여 도수원리로 표상한 것이 하도(河圖)와 낙서(洛書)이며, 역수원리를 상(象)을 통하여 삼재(三才)의 양지(兩之)원리로 나타낸 것이 『주역』의 괘효(卦爻)이다. 그러므로 역수원리 자체를 그대로 표상한 것이 간지도수로 그것을 신명(神明)원리[33]라고 한다. 반면에 간지도수가 표상하는 내용을 음(陰)과 양(陽)으로 구분하여 두 도상(圖像)의 관계를 통하여 밝힌 것이 하도(河圖)와 낙서(洛書)이며, 여섯 시위(時位)를 통하여 음양(陰陽)의 효(爻)로 나타낸 것이 『주역』의 육십사괘(六十四卦)인 것이다.

천도의 내용이 역수원리이기 때문에 인간이 학문의 과정에서 궁리(窮理)를 하는 범주(範疇) 역시 시간과 공간을 중심으로 본말(本末)과 시종(始終), 종시(終始)라고 하지 않을 수 없다. 그렇기 때문에 『대학』에서는 천도와 지도의 문제를 인도를 중심으로 학문의 관점에서 밝히고 있는데 그 내용을 살펴보면 다음과 같다.

물건(物件)에는 본말(本末)이 있고, 사건(事件)에는 종시(終始)가 있으니 그

31 干支度數는 甲乙丙丁戊己庚辛壬癸의 天干과 子丑寅卯辰巳午未申酉戌亥의 地支의 결합에 의하여 구성된 甲子, 乙丑에서 시작하여 壬戌, 癸亥에서 마치는 六十의 度數를 가리킨다. 일반적으로 이를 六十甲子로 부르거나 줄여서 六甲이라고 하기도 한다. 그러나 『周易』에서는 天干度數를 중심으로 역수원리를 先天의 先後甲三日原理와 后天의 先後庚三日原理로 밝히고 있다. 그러므로 先後天이 合德된 본래의 관점에서는 干支度數로 규정하는 것이 타당하다. 『正易』에서는 六甲度數를 干支度數로 규정하고 있다.

32 金恒, 『正易』, 「雷風正位用政數」, "己位는 四金一水八木七火之中이니 无極이니라. 无極而太極이니 十一이니라. 十一은 地德而天道니라. 天道라 圓하니 庚壬甲丙이니라. 地德이라 方하니 二四六八이니라. 戊位는 二火三木六水九金之中이니 皇極이니라. 皇極而无極이니 五十이니라. 五十은 天度而地數니라. 地數라 方하니 丁乙癸辛이니라. 天度라 圓하니 九七五三이니라.

33 『周易』의 說卦 第一章에서는 "昔者聖人之作易也 幽贊於神明而生蓍 參天兩地而倚數 觀變於陰陽而立卦 發揮於剛柔而生爻"라고 하여 神明原理를 바탕으로 그것을 天地의 數를 통하여 河圖와 洛書로 표상하였으며, 그것을 다시 卦爻를 통하여 표상한 것이 『周易』임을 밝히고 있다. 그리고 『正易』의 第一張에서는 "一이 无十이면 无體요 十이 无一이면 無用이니 合하면 土라 居中이 五니 皇極이니라. 地는 載天而方正하니 體니라. 天은 包地而圓環하니 影이니라. 大哉라 體影之道여 理氣囿焉하고 神明이 萃焉이니라."라고 하여 曆數原理가 神明原理임을 밝히고 있다.

선후(先後)하는 바를 알면 도(道)에 가깝다.[34]

위의 내용을 보면 시간의 관점에서 사건을 논하고 사건의 내용을 종시로 규정하고, 공간의 관점에서 물건을 논하고 물건의 내용을 본말로 규정하고 있음을 알 수 있다. 이는 천도와 지도, 시간성의 원리와 공간성의 원리를 각각 나타낸 것이라고 할 수 있다.

공간의 관점에서 보면 물건은 모두 근본(根本)과 지말(支末)로 구성되어 있다. 그러므로 물건의 본질을 파악하기 위해서는 지말(支末)이 아닌 근본(根本)을 찾아가야 한다. 그런데 물건의 근본(根本)과 지말(支末)은 시간의 관점에서는 시종(始終)으로 나타난다. 그러므로 선후(先後)하는 바를 안다는 것은 물건의 관점에서 지말(支末)의 근거인 근본을 찾고, 시간의 관점에서 종말(終末)의 근거인 시초(始初)를 찾음을 뜻한다.

지말(支末)로부터 근본을 찾아간다는 것은 아무리 가지가 많을지라도 그 뿌리는 하나이듯이 형상을 중심으로 여러 갈래로 나누어서 생각하는 이원론적인 사고로부터 하나의 근원적 존재를 찾아가는 것을 뜻한다. 그것을 시간의 관점에서 나타낸 것이 종말로부터 시초를 찾는다고 하였다.

그런데 시종의 근거는 종시이다. 시종은 물리적 시간을 나타내지만 종시는 물리적 시간의 존재근거인 시간성(時間性)을 나타내는 말이다. 그러므로 종말(終末)로부터 시초(始初)를 찾아서 그 존재근거인 종시성(終始性)으로서의 시간성의 세계에 도달하는 것이 곧 도에 도달하는 길이다.

지말로부터 근본을 찾음으로써 종말로부터 시초를 찾는 것이 이것과 저것을 나누어서 보는 사고를 벗어나서 하나의 세계에 도달함이라면 그것을 다시 시간의 관점에서 그 존재근거인 시간성에 도달하는 것은 곧 그 하나마저도 벗어남을 뜻한다. 하나마저도 벗어났다는 것은 근본과 지말, 종시와 시종에 밝아서 그 어느 것에도 걸림이 없이 자유롭게 작용함

34 朱晦菴, 『大學章句』 經第一章, "物有本末 事有終始 知所先後 則近道矣"

을 뜻한다. 그것은 다시 말하면 천도를 인간 주체적으로 자각하여 자신의 본성을 주체로 함을 뜻한다.

형이하의 사물로부터 그 근원에 있는 형이상적 존재를 찾아가고, 그것을 넘어서서 형이상과 형이하에 모두 걸림이 없이 자유롭게 됨을 『대학』에서는 격물치지(格物致知)로 규정하고 있다. 사물에 이르러서 그 존재 근거인 천도 즉 역수원리에 도달하여 지혜로워지는 것이 학문의 방법인 것이다. 이러한 향내적(向內的)인 수신(修身)을 바탕으로 향외적(向外的)인 확충(擴充)을 함께 논한 것이 이른바 『대학』의 여덟 가지 조목이다.

2) 역수원리와 『정역』

앞에서 천도의 내용이 역수원리이며, 그것이 인간의 존재 근거이기 때문에 역수원리를 바탕으로 인도를 연구해야함을 살펴보았다.

그런데 천도인 역수원리는 삼경과 사서를 비롯한 중국의 유가(儒家)경전(經典)이나 그 밖의 전적(典籍)에서는 밝히고 있지 않다. 그것은 천도와 인도를 밝힐 성인(聖人)의 성통사적(聖統史的) 사명이 다름으로 인하여 나타나는 현상인 동시에 중국민족과 한국민족이라는 민족적 사명 또는 국가적 사명의 차이라고 할 수 있다.

성통사(聖統史)는 성인의 도(道)의 전수(傳授) 계통(系統)인 성통(聖統)[35]의 역사적 전개 현상을 가리킨다. 성통사는 성통에 참여한 성인을 중심으로 전개되기 때문에 성인을 중심으로 기술이 가능하다. 그리고 성

35 본래 道는 인간이 그것을 깨달아 행한다고 하여 그 내용이 늘어나거나 깨닫지 못한다고 하여 줄어들거나 없어지는 것이 아니다. 뿐만 아니라 인간의 本來性 역시 영원한 形而上的 존재이다. 그렇기 때문에 聖統을 聖人이라는 개체적 존재를 중심으로 歷史的 관점에서 접근하는 것은 철학적 관점, 형이상적 관점이 아니다. 聖統, 聖統史의 의미는 그것을 통하여 밝혀지는 道에 있다. 따라서 聖統, 聖統史는 그것을 통하여 드러내고자 하는 以心傳心의 道에 주목해야 한다. 聖統史는 형이상적 존재인 道가 영원함을 史的 측면에서 聖人에 의하여 이루어지는 傳授系統을 중심으로 나타낸 것이다. 그런 점에서 보면 『正易』의 관점과 『周易』의 관점이 서로 다르기 때문에 『正易』에서 밝히는 聖統의 내용과 『周易』에서 밝히고 있는 聖統이 서로 다르다고 하여 矛盾될 것이 없다. 만약 그것을 道 자체의 관점, 形而上의 관점, 哲學的 관점에서 보지 못하고 어느 일방을 긍정하고 다른 쪽을 부정한다면 그것은 聖統을 올바로 이해하지 못한 결과이다.

인의 도라는 도(道) 자체를 중심으로 성통(聖統)을 나타내면 곧 도통(道統)이다. 따라서 성통사는 곧 도통(道統)의 역사로서의 도통사(道統史)라고 할 수도 있다.

그런데 앞에서 살펴본 바와 같이 도는 형이상적 존재이기 때문에 도 자체의 관점에서 보면 천도(天道)와 인도(人道)의 구분이 없을 뿐만 아니라 중국과 한국이라는 구분이 있을 수 없다. 그렇기 때문에 『주역』에서 비록 형이하의 기를 중심으로 그 구조를 밝히기 위하여 천지인의 삼재를 나타내고 그것을 바탕으로 천도와 지도 그리고 인도라고 논하였지만 삼재를 일관하는 근본원리가 도이며, 그것을 각각 천의 관점에서 나타내면 천도가 되고, 지의 관점에서 나타내면 지도가 되며, 인의 관점에서 나타내면 인도가 된다.

그러나 형이하(形而下)의 관점에서 천도와 지도 그리고 인도가 분명하게 구분될 수밖에 없어서 천지의 도와 인간의 삶의 길로서의 인도는 결코 같을 수가 없다. 그리고 국가사회의 관점에서도 보면 한국과 중국이라는 국가사회는 세계를 구성하는 여러 나라 가운데 하나이다. 그렇기 때문에 각각의 국가가 세계 속에서 해야 할 일이 있다. 그것은 각각의 국가가 갖는 세계사적 사명이라고 할 수 있다.

『정역』에서는 하도와 낙서가 표상하는 역수원리가 금화호역(金火互易)원리이며, 그것이 중도(中道)임을 밝히고 있다. 그리고 이어서 하도와 낙서가 표상하는 중도에 관하여 다음과 같이 밝히고 있다.

> 요(堯)와 순(舜)이 언급한 집중(執中)의 중(中)이며, 공자(孔子)가 밝힌 시중(時中)의 중(中)이고, 일부(一夫)가 말한 바 포오함육(包五含六) 십퇴일진(十退一進)의 위(位)이다.[36]

36 金恒, 『正易』「十一歸體詩」, "中은 十十一一之空이니라. 堯舜之厥中之中이니라. 孔子之時中之中이니라. 一夫所謂包五含六十退一進之位니라."

이는 요순(堯舜)으로부터 공자(孔子)에 이르기까지 전하여진 성인(聖人)의 도(道)가 일부(一夫)가 『정역』에서 밝힌 역수원리임을 밝힌 것이다. 집중(執中)과 시중(時中) 그리고 포오함육(包五含六) 십퇴일진(十退一進)이 모두 도서(圖書)가 표상하는 역수원리(曆數原理)라면 요순(堯舜)과 공자(孔子) 역시 역수원리를 자각하였음을 알 수 있다. 그러면 왜 공자(孔子)는 역수원리(曆數原理)를 밝히지 않았는가?

『정역』에서는 삼극원리(三極原理)를 중심으로 공자의 천명(天命)에 대하여 다음과 같이 언급하고 있다.

> 아 지극하다, 무극(无極)의 무극(无極)이여, 부자(夫子)께서 말씀하지 않은 바이니, 말씀은 하지 않고 믿은 것이 부자(夫子)의 도(道)이다.[37]

이는 공자에게 주어진 천명(天命)이 천도인 역수원리의 천명(闡明)이 아니라 인도(人道)의 천명(闡明)임을 밝힌 것이다. 이는 또한 공자(孔子)에 이르러서 완결된 곤책성통(坤策聖統)에 참여한 성인과 일부(一夫)의 성통(聖統)이 서로 다름을 나타낸 것이라고 할 수 있다.[38]

인도를 천명(闡明)할 천명(天命)이 주어진 성인과 천도(天道)를 천명(闡明)할 천명(天命)이 주어진 성인의 천명(天命)이 서로 다를 수밖에 없다. 그러므로 『정역』에서는 김일부(金一夫)에게 천도(天道)를 천명(闡明)할 천명(天命)이 주어졌음을 다음과 같이 밝히고 있다.

> 성인(孔子)이 말씀하지 않은 것을 어찌 일부(一夫)가 감히 말을 할 수 있겠는가? 천시(天時)가 되었고, 천명(天命)이 있기 때문이다.[39]

---

37 金恒, 『正易』 第二張, "嗚呼至矣哉라 无極之无極이여 夫子之不言이시니라. 不言而信은 夫子之道시니라. 晩而喜之하사 十而翼之하시고 一而貫之하시니 儘我萬世師신져."

38 聖統의 易學的 의미와 歷史的 의의와 그리고 聖統의 내용인 乾策聖統과 坤策聖統, 聖統에 참여한 聖人에 관하여는 柳南相 敎授의 「易學의 曆數聖統原理에 관한 硏究」(『人文科學論文集』 第11卷 第1號, 忠南大學校 人文科學硏究所, 1984)를 참고하기 바란다.

39 金恒, 『正易』 第六張, "聖人所不言이시니 豈一夫敢言이리오마는 時오 命이시니라."

위의 내용을 보면 김일부(金一夫)에게 주어진 천명(天命)이 천도(天道)인 역수원리의 천명(闡明)임을 분명하게 알 수 있다. 『정역』에서는 공자(孔子)와 일부(一夫)의 학문적 내용과 관계를 분명하게 밝히고 있는데 그 내용을 살펴보면 다음과 같다.

> 천지의 무형(無形)의 경계(境界)를 통관(洞觀)하는 일은 일부(一夫)가 능하며, 천지의 유형(有形)의 이치에 방달(方達)한 것은 부자(夫子)께서 먼저 하였으니 아, 성(聖)스럽다 부자(夫子)의 성(聖)이여, 문학(文學)의 종장(宗匠)은 공구(孔丘) 이분이며, 치정(治政)의 종장(宗匠)은 맹가(孟軻) 이분이니 아, 두 부자(夫子)는 만고의 성인(聖人)이다.[40]

위의 내용을 보면 천지(天地)의 도(道), 유형(有形)의 이치(理)를 천명(闡明)한 사람이 공자이며, 무형(無形)의 경계(境界)를 밝힌 사람이 일부(一夫)임을 알 수 있다. 천지의 유형의 이치는 삼재(三才)의 도(道)를 가리키며, 천지의 무형(無形)의 경계(境界)는 삼극(三極)의 도(道)를 가리킨다. 이를 통하여 신도(神道), 천도(天道)를 천명(闡明)할 천명(天命)이 일부(一夫)에게 주어졌으며, 지도(地道), 인도(人道)를 밝힌 천명(天命)이 공자(孔子)에게 주어졌음을 알 수 있다.

그러나 김일부(金一夫)의 학문적 연원은 십오(十五)성통(聖統)에 있기 때문에 공자와 맹자(孟子)를 스승으로 존숭하고 있다. 다만 맹자(孟子)를 스승으로 존숭하고 있지만 성통(聖統)에 참여한 성인(聖人)은 아니다. 그렇기 때문에 『정역』에서는 역수원리(曆數原理)를 중심으로 성통(聖統)을 밝히고 있는데 그 내용을 살펴보면 다음과 같다.

> 아, 반고(盤古)께서 화(化)하시니 천황(天皇)은 함이 없고, 지황(地皇)은 덕(德)을 실으니, 인황(人皇)이 일을 하도다. 유소(有巢)가 이미 집을 짓고, 수인

40 金恒, 『正易』 「大易序」, "洞觀天地無形之景은 一夫能之하고 方達天地有形之理는 夫子先之시니라 嗚呼聖哉라 夫子之聖乎신저 文學宗長은 孔丘是也요 治政宗長은 孟軻是也시니 嗚呼 兩夫子萬古聖人也시니라."

(燧人)이 이에 불을 냈네. 신령스런 복희(伏羲)가 팔괘(八卦)를 긋고 노끈을 맺었으며, 성스러운 신농(神農)이 밭을 갈고 저자를 이루었다. 황제(黃帝)가 간지도수(干支度數)를 만들고 별을 밝혀 남두(南斗)를 보았으며, 신과 같은 요(堯)는 해와 달로 책력하여 갑진년(甲辰年)에 등극(登極)했네. 하늘같은 순(舜)임금은 선기옥형(璇璣玉衡)만들어서 칠정(七政)정사(政事)를 행하고, 위대한 우(禹)임금은 구주(九疇)천하(天下) 만들었으니 신령스런 거북이 났네. 은(殷)나라 종묘(宗廟)에는 소목(昭穆)의 덕(德)이 볼만하고, 기자(箕子)도 이에 성인이니 주(周)나라 덕이 여기에 있어 이남(二南)과 칠월(七月)이 그 덕이로다. 기린과 같은 우리 성인 건곤(乾坤)에 중립(中立)하여 위로 천시(天時)를 본받고 아래로 성통원리 물려받아 오늘날에 내렸네. 아, 오늘인가, 오늘인가, 육십삼(六十三)과 칠십이(七十二)와 팔십일(八十一)은 일부(一夫)에서 하나가 되네.[41]

위의 내용을 보면 유소(有巢), 수인(燧人), 복희(伏羲), 신농(神農), 황제(皇帝), 요(堯), 순(舜), 우(禹), 탕(湯), 기자(箕子), 문왕(文王), 무왕(武王), 주공(周公), 공자(孔子), 일부(一夫)의 열다섯 성인을 논하고 있음을 알 수 있다.

또한 육십삼(六十三), 칠십이(七十二), 팔십일(八十一)은 합하면 이백일십육(二百一十六)으로 곧 건책도수(乾策度數)가 된다. 이를 통하여 육십삼(六十三), 칠십이(七十二), 팔십일(八十一)이 일부(一夫)에서 하나가 된다는 것은 건책도수원리에 근거한 성인이 일부(一夫)임을 밝힌 것이라고 할 수 있다.

그리고 육십삼(六十三), 칠십이(七十二), 팔십일(八十一)을 『정역』에서는 일원추연수(一元推衍數)[42]로 규정하고 있다. 이는 일원수(一元數)인 백수(百數)를 추연(推衍)[43]하는 기본이 되는 수라는 의미로 육십삼(六

41 金恒, 『正易』 第一張, "嗚呼라 盤古化하시니 天皇无爲시고 地皇載德하시고 人皇作이로다. 有巢旣巢하시고 燧人乃燧로다. 神哉라 伏羲劃結하시고 聖哉라 神農耕市로다. 黃帝甲子星斗요 神堯日月甲辰이로다. 帝舜七政玉衡이오 大禹九州玄龜로다. 殷廟에 可以觀德이오 箕聖乃聖이시니 周德在玆하야 二南七月이로다. 麟兮我聖이여 乾坤中立하사 上律下襲하시니 襲于今日이로다. 嗚呼라 今日今日이여 六十三 七十二 八十一은 一乎一夫니라."

42 金恒, 『正易』 第四張, "四象分體度는 一百五十九니라. 一元推衍數는 二百一十六이니라."

十三)으로부터 칠십이(七十二)로 그리고 칠십이(七十二)로부터 팔십일(八十一)로 나아감으로써 일원수(一元數)를 추연(推衍)하는 원리를 밝힌 것이라고 할 수 있다.

『정역』에 의하여 역수원리가 천명되었기 때문에 『정역』에서 밝힌 역수원리를 바탕으로 삼경과 사서에서 밝힌 인도를 고찰할 때 비로소 회통(會通)의 관점에서 그 의미를 밝힐 수 있다. 『주역』에서는 역도의 내용을 체용(體用)의 구조에 의하여 삼재(三才)의 도(道)와 삼극(三極)의 도(道)로 규정하고 있다. 먼저 삼극(三極)에 관하여 언급하고 있는 『주역』의 내용을 살펴보면 다음과 같다.

> 육효(六爻)의 움직임은 삼극(三極)의 도(道)이다.[44]

위의 내용은 육효(六爻)의 음양(陰陽)효(爻)가 변화함으로써 다양한 괘(卦)로 나타나는 중괘(重卦)의 변화를 통하여 표상되는 내용이 삼극(三極)의 도임을 나타낸 것이다. 주회암(朱晦菴)는 삼극에 대하여 다음과 같이 밝히고 있다.

> 극(極)은 지(至)이니 삼극(三極)은 천지인(天地人)의 지리(至理)로 삼재(三才)가 각각 하나의 태극(太極)이다."[45]

이는 천지인(天地人) 삼재(三才)가 각각 갖추고 있는 지리(至理)로서의 태극(太極)을 삼극(三極)으로 규정한 것이다. 그러나 『주역』에서는 삼극(三極)의 도(道)의 내용이 무엇인지를 구체적으로 밝히고 있지 않으며,

---

43 推衍은 度數와 度數의 관계를 밝히는 것으로 度數와 度數의 增減을 중심으로 乘除 역시 포함된다. 이러한 度數의 추연이 일상적인 數의 헤아림으로서의 算數와 다른 것은 곧 도수가 표상하는 度數原理와 道德原理가 추연을 통하여 밝혀지기 때문이다. 그런 점에서 보면 일상적인 계산의 단위로서의 數는 내용이 없는 추상적인 존재, 관념적 존재이지만 推衍을 통하여 드러나는 度數는 상징하는 내용을 갖고 있는 존재이다.

44 『周易』, 繫辭上篇 第二章, "六爻之動은 三極之道也니"

45 朱晦菴, 『周易本義』, "極至也三極天地人之至理三才各一太極也."

육효(六爻)가 표상하는 내용을 삼재(三才)를 중심으로 다음과 같이 밝히고 있다.

> 역(易)의 글됨이 광대하여 모든 것을 갖추고 있다. 천도가 있고, 인도가 있으며, 지도가 있으니, 삼재가 모두 양지(兩之) 작용을 하기 때문에 그러므로 육효가 된다. 육(六)이라는 것은 다른 것이 아니라 삼재의 도이다.[46]

이는 육효(六爻)를 통하여 표상되는 역도의 내용이 삼재(三才)의 도(道)임을 분명하게 밝힌 것이다. 삼재는 공간적 관점에서 세계의 구조를 천지인의 삼원적(三元的) 구조에 의하여 나타낸 것이다. 『대학』에서 언급한 것과 같이 공간적 관점에서 물건을 중심으로 나타낸 것이 삼재인 것이다.

삼재의 도의 구체적인 내용은 천도와 지도 그리고 인도로 『주역』에서는 천도와 지도 그리고 인도의 내용을 다음과 같이 밝히고 있다.

> 천도(天道)를 세워서 말하기를 음(陰)과 양(陽)이라고 하고, 지도(地道)를 세워서 말하기를 유(柔)와 강(剛)이라고 하며, 인도(人道)를 세워서 말하기를 인(仁)과 의(義)라고 한다.[47]

위의 인용문에서 천도와 지도 그리고 인도를 세워서 말하였다는 부분에 주목할 필요가 있다. 『주역』의 다른 부분에서는 "역도(易道)가 천지의 준거(準據)를 제공하기 때문에 능히 천지의 도를 미륜(彌綸)한다."[48]고 하여 역도를 공간적 관점에서 천지인(天地人)의 삼재의 도로 나타낸 것임을 밝히고 있다.

---

46 『周易』, 繫辭下篇 第十章, "易之爲書也 廣大悉備하야 有天道焉하며 有人道焉하며 有地道焉하니 兼三才而兩之라 故로 六이니 六者는 非他也라 三才之道也니라."

47 『周易』, 說卦 第二章, "昔者聖人之作易也 將以順性命之理 是以立天之道曰陰與 立地之道曰柔與剛 立人之道曰仁與義"

48 『周易』, 繫辭上篇 第四章, "易與天地準 故 能彌綸天地之道."

그런데 중천건괘(重天乾卦:䷀)의 단사(彖辭)에서는 "종시원리를 크게 밝힘으로서 여섯의 시위(時位)가 형성된다."[49]고 하여 종시원리가 근거가 되어 육효(六爻)가 구성되었음을 밝히고 있다. 『주역』의 산풍고괘(山風蠱卦:䷑)에서는 "마친 즉 시작함이 즉 이것이 천도(天道)의 운행이다."[50]고 하여 종시원리가 천도임을 밝히고 있다.

천도인 종시원리의 내용은 역수원리이다. 그러므로 종시원리에 근거하여 삼재의 도를 표상하는 육효(六爻)가 형성되었다는 것은 역수원리를 근거로 그것을 삼재의 도로 표상한 것이 『주역』임을 뜻한다. 『정역』에서는 "역도(易道)는 역수(曆數)원리이다."고 밝히고, 역수원리의 내용이 삼극(三極)의 도임을 밝히고 있다. 이로부터 삼극(三極)의 도를 공간적 관점에서 삼재(三才)의 도로 표상한 것이 『주역』임을 알 수 있다.

『주역』이 역수원리인 삼극의 도를 삼재의 도로 표상한 까닭은 인도를 밝히기 위함이다. 그렇기 때문에 "옛 성인이 역경(易經)을 저작한 까닭은 장차 군자(君子)로 하여금 성명지리(性命之理)에 순응하게 하려는 것이다."[51]고 하여 성명지리를 밝혀서 그것을 주체로 살아가도록 하기 위하여 『주역』이 저작(著作)되었음을 밝히고 있다.

『정역』에서 밝히고 있는 역수원리를 중심으로 삼극의 도를 살펴보면 삼극의 도는 본체(本體)의 관점에서는 삼극(三極)원리이며, 작용의 관점에서는 도역(倒逆)생성(生成)원리이다.[52] 그러므로 역수원리의 대체는 삼극원리와 도역원리를 통하여 파악할 수 있다.

삼극은 무극과 태극 그리고 황극이다. 공영달(孔穎達)은 황극(皇極)에 대하여 "황(皇)은 대(大)이고, 극(極)은 중(中)이다. 무릇 일을 세울 때 마

49 『周易』, 重天乾卦(䷀) 彖辭, "大明終始 六位時成"

50 『周易』, 山風蠱卦(䷑) 彖辭, "先甲三日後甲三日 終則有始天行也."

51 『周易』, 說卦 第二章, "昔者聖人之作易也 將以順性命之理."

52 『正易』의 第一張에서는 "十便是太極一 一无十无體 十无一無用 合土居中五皇極 地載天而方正體 天包地而圓環影 大哉 體影之道 理氣囿焉 神明萃焉 天地之理三元 元降聖人 示之神物 乃圖乃書 圖書之理后天先天 天地之道旣濟未濟 龍圖 未濟之象而倒生逆成 先天太極 龜書 旣濟之數而逆生倒成 后天无極 五居中位皇極"라고 하여 十无極과 五皇極 그리고 一太極의 三極과 더불어 倒生逆成과 逆生倒成의 작용원리를 밝히고 있다.

땅히 대중(大中)의 도(道)를 사용하여야 한다."[53]고 하였다.

그러나 『서경』의 홍범(洪範)을 보면 황극(皇極)은 곧 나머지 여덟 범주(範疇)를 실천하는 주체로 곧 임금을 가리킨다.[54] 그런데 임금은 정치를 통하여 국가를 다스리는 지위(地位)를 중심으로 나타낸 것이며, 그것을 형이상적 차원에서 살펴보면 곧 인간 본래성 자체를 나타내는 개념이다. 따라서 황극은 인간 본래성을 상징적으로 나타내는 개념이라고 할 수 있다. 홍범에서 밝히고 있는 황극을 중심으로 공영달의 주석을 이해하면 대중(大中)의 도(道)는 곧 인간 본래성을 가리키는 개념이라고 할 수 있다.

삼극 가운데서 태극은 『주역』에서 언급된 개념이다. 『주역』에서는 "변화의 현상에는 태극이 있어서 그것이 양의(兩儀)를 낳고, 양의(兩儀)가 사상(四象)을 낳으며, 사상(四象)이 팔괘(八卦)를 낳고, 팔괘(八卦)가 길흉(吉凶)을 정(定)한다."[55]고 하여 변화의 근본이 태극임을 밝히고 있다. 따라서 태극은 현상적 관점에서 그 근원적 존재로서의 도를 나타내는 개념임을 알 수 있다.

무극이라는 개념은 삼경과 사서에서는 나타나지 않는다. 그러나 『순자』에서는 "장차 무궁함을 연구하여 무극에 이르고자 한다."[56]고 하여 무극을 언급하고 있다. 무극을 형이상적 측면에서 사용한 것은 주렴계의 『태극도설』에 이르러서이다. 그의 "무극이면서 태극(無極而太極)"[57]은 훗날 주회암(朱晦菴)과 육상산(陸象山) 사이에 격렬한 논쟁을 야기하였다. 그러나 태극이 유극(有極)과 같은 의미로 현상적 측면에서 근원적 존재를 나타낸 것이므로 그 상대적인 관점에서 무극(无極)의 개념 역시 유

53 孔安國 傳 孔穎達 疏, 『尙書正義』 洪範, "皇大極中也 凡立事當用大中之道"

54 『書經』에서 밝히고 있는 洪範 九疇는 임금이 정치를 행하는 원리를 여덟 範疇를 통하여 밝힌 것으로 그 主體를 皇極으로 규정하고 있다. 그 여덟 範疇는 五皇極을 중심으로 五行, 五事, 八政, 五紀와 三德, 稽疑, 庶徵, 五福六極이다.

55 『周易』 繫辭上篇 第十一章, "是故로 易有太極하니 是生兩儀하고 兩儀生四象하고 四象이 生八卦하니 八卦定吉凶하고 吉凶이 生大業하나니라."

56 『荀子』 修身, "將以窮無窮하여 逐無極與인저"

57 朱晦菴, 呂祖謙 編著, 『近思錄』 道體, "無極而太極 太極動而生陽 動極而靜 靜而生陰 靜極復動 一動一靜 互爲其根 ...太極本無極也..."

추할 수 있다.

무극은 본체의 관점에서 존재의 근원성(根源性)을 중심으로 나타낸 것이며, 태극은 그 작용성(作用性)을 중심으로 나타낸 것이고, 황극은 합덕성(合德性)을 중심으로 나타낸 것이다. 무극은 형이상의 관점에서 근원적 존재를 나타낸 것이며, 태극은 형이하의 관점에서 근원적 존재를 나타낸 것이고, 황극은 형이상과 형이하가 하나가 된 관점에서 근원적 존재를 나타낸 것이다.

무극과 태극은 체용(體用)의 관계이며, 양자의 중위적(中位的) 존재가 황극이다. 『정역』에서는 삼극에 대하여 "천황(天皇)은 함이 없고, 지황(地皇)은 덕을 실으며, 인황(人皇)이 흥작(興作)한다."[58]고 하여 삼황(三皇)으로 규정하고 있을 뿐만 아니라 천황과 지황의 무극과 태극이 인황의 황극으로 집약됨을 밝히고 있다.

무극과 태극이 황극으로 집약된다는 것은 삼극이 일체적 존재임을 뜻한다. 그러므로 "무극(无極)이면서 태극(太極)"이라고 하여 무극과 태극이 일체적 존재임을 밝히고 있을 뿐만 아니라 "황극(皇極)이면서 무극(无極)"[59]이라고 하여 황극과 무극이 일체임을 밝힘으로써 무극과 태극 그리고 황극의 삼극(三極)이 일체적 존재임을 밝히고 있다.

무극과 태극 그리고 황극이 일체적 존재임을 알 수 있는 것은 삼자의 관계를 나타내는 언급이다. 다시 말하면 역수원리를 작용원리를 중심으로 논하면 그것이 삼극의 관계를 밝히는 것이 된다.

삼극의 도를 작용원리를 중심으로 나타내면 도생역성(倒生逆成)원리와 역생도성(逆生倒成)원리가 된다. 도생역성과 역생도성의 도(倒)는 순(順)과 같은 의미이다. 그러므로 도생역성과 역생도성은 『주역』에서 순작용(順作用)과 역작용(逆作用)으로 밝힌 것을 생성(生成)과 관련하여

58 金恒, 『正易』 第一張, "嗚呼라 盤古化하시니 天皇无爲시고 地皇載德하시고 人皇作이로다."

59 『正易』의 「雷風正位 用政數」에서는 "无極而太極이니 十一이니라."라고 하였을 뿐만 아니라 "皇極而无極이니 五十이니라."라고 하였다.

언급한 것이다.

『주역』의 뇌산소과괘(雷山小過卦:䷽)에서는 괘상(卦象)과 관련하여 역도를 작용원리를 중심으로 밝히고 있다. 『주역』은 공간적 관점에서 삼재를 중심으로 역도를 나타내었기 때문에 형이상(形而上)과 형이하(形而下)라는 구조를 중심으로 순역작용(順逆作用)을 밝히고 있는데 그 내용을 보면 다음과 같다.

> 날아가는 새가 남긴 소리가 있으니 위로 올라감은 마땅하지 않으며, 마땅히 아래로 내려오면 크게 길(吉)하다.[60]

위의 내용을 보면 뇌산소과괘(雷山小過卦:䷽)의 괘상(卦象)이 표상하는 내용을 날아가는 새가 남긴 소리를 통하여 상징적으로 나타내고 있다. 새는 천도(天道)를 군자에게 전하는 성인을 상징적으로 나타낸 것이다. 그러므로 새가 남긴 소리는 성인(聖人)의 도(道)를 가리키는 것이다. 따라서 새의 소리가 하늘로 올라간다는 것은 성인의 도가 군자가 마음 가운데서 수용되지 못함을 뜻하며, 아래로 내려옴이 마땅하여 크게 길하다는 것은 군자가 성인이 도를 주체화하여 자각함을 뜻한다.

그런데 뇌산소과괘의 단사(彖辭)에서는 아래로 내려오는 것과 위로 올라가는 것을 각각 순역(順逆)으로 규정하고 있는데 그 내용을 살펴보면 다음과 같다.

> 소과(小過)는 소(小)가 지나서 형통(亨通)함이니 날아가는 새의 상(象)이 있다. "날아가는 새가 남긴 소리가 위로 올라가면 마땅하지 않고, 마땅히 아래로 내려오면 크게 길하다."는 것은 위로 올라가는 것은 역(逆)이며, 아래로 내려오는 것이 순(順)이기 때문이다.[61]

---

60 『周易』, 雷山小過卦(䷽) 卦辭, "飛鳥遺之音에 不宜上이오 宜下면 大吉하리라."

61 『周易』, 雷山小過卦(䷽) 彖辭, "彖曰 小過는...有飛鳥之象焉하니 飛鳥遺之音不宜上宜下大吉은 上逆而下順也일새라."

위의 내용을 보면 위로 올라가는 것은 역(逆)이며, 아래로 내려오는 것은 순(順)임을 알 수 있다. 이를 상하(上下)와 관련하여 이해하면 형이상의 세계를 바탕으로 형이하의 세계를 향함이 순(順)이며, 형이하의 세계에서 형이상의 세계를 향함이 역(逆)이다.

순역(順逆)을 시간과 관련하여 나타낸 것이 도생역성과 역생도성이다. 『주역』에서는 순작용을 미래에서 과거를 향하는 작용으로 규정하고, 역작용을 과거에서 미래를 향하는 작용으로 규정하고 있는데 그 내용을 살펴보면 다음과 같다.

> 지나간 것을 향하여 헤아리는 것은 순(順)이며, 다가올 것을 아는 것은 역(逆)이니 그러므로 역(易)은 역(逆)으로 헤아림이다.[62]

순역작용을 삼재(三才)의 관점에서 나타내면 순작용(順作用)은 천(天)에서 시작하여 지(地)에서 완성되는 작용이며, 역작용(逆作用)은 지(地)에서 시작하여 천(天)에서 완성되어지는 작용이다. 『주역』의 지산겸괘(地山謙卦:䷎)에서는 순역(順逆)작용을 상하(上下)를 구조를 통하여 천지를 중심으로 다음과 같이 밝히고 있다.

> 천도(天道)는 아래로 내려와서 빛나 밝으며, 지도(地道)는 낮은 곳에 위로 작용한다.[63]

천도(天道)는 위에서 아래로 작용하며, 지도(地道)는 아래에서 위로 작용하는 것으로 천도(天道)가 곧 순작용(順作用)이며, 지도(地道)가 곧 역작용(逆作用)인 것이다.

도역(倒逆)생성(生成)작용을 삼재적 관점에서 천지(天地)를 중심으로

62 『周易』, 說卦 第三章, "數往者는 順하고 知來者는 逆하니 是故로 易은 逆數也라."
63 『周易』, 地山謙卦(䷎) 彖辭, "天道는 下濟而光明하고 地道는 卑而上行이라."

상하(上下)의 구조에 의하여 나타내면 역생도성은 지(地)에서 시작하여 천(天)에서 완성되는 위로의 상승작용에 비유할 수 있으며, 도생역성은 천(天)에서 시작하여 지(地)에서 완성되는 아래로의 하강(下降)작용에 비유할 수 있다.

천지를 상하(上下)의 구조를 통하여 나타내는 까닭은 그것이 곧 형이상과 형이하의 구조와 상응하기 때문이다. 도역생성작용을 형이상과 형이하의 구조를 통하여 나타내면 도생역성은 형이상의 본체(本體)가 형이하의 세계에서 작용하는 것을 나타내는 "아래로 제도(濟度)하여 빛나 밝음"이 되고, 역생도성을 형이상과 형이하의 구조를 통하여 나타내면 형이하의 작용을 통하여 형이상의 본체를 자각하는 것을 나타내는 "낮은 곳에서 위를 향하여 작용함"이 된다.

도역(倒逆)생성(生成)작용을 인간을 중심으로 나타내면 역생도성(逆生倒成)은 학문을 통하여 형이상의 세계에 도달하는 "아래로 학문을 통하여 위에 도달함(下學而上達)[64]"이 되고, 도생역성(倒生逆成)은 본성(本性)을 주체로 사덕(四德)을 행하는 "천도(天道)에 순응(順應)하여 시의성(時義性)에 적중하게 행(行)함(承天而時行)[65]"이 된다.

앞에서 살펴본 바와 같이 역수원리를 작용을 중심으로 살펴보면 도생역성원리와 역생도성원리로 삼재의 관점에서는 순역(順逆)작용이다. 그것을 도표화하여 나타내면 다음과 같다.

도역(倒逆)	도생역성(倒生逆成)	역생도성(逆生倒成)
형이상(形而上)과 형이하(形而下)	하제이광명(下濟而光明)	비이상행(卑而上行)
학문(學問)과 실천(實踐)	승천이시행(承天而時行)	하학이상달(下學而上達)

64 『論語』, 憲問, "子貢曰 何爲其莫知子也 子曰 不怨天 不尤人 下學而上達 知我者 其天乎"

65 『周易』, 重地坤卦(䷁) 文言, "坤道ㅣ其順乎인뎌 承天而時行하나니라."

『정역』에서는 하도와 낙서를 중심으로 삼극원리, 선후천원리, 도역(倒逆)생성작용을 밝히고 있는데 그 내용을 살펴보면 다음과 같다.

> 천지의 이치(理致)는 삼원(三元)이니 원(元)에서 성인을 내려 보내어 신물(神物)을 보이니 하도(河圖)와 낙서(洛書)이다. 도서(圖書)의 이치는 후천이면서 선천이고, 천지의 도는 기제(旣濟)이면서 미제(未濟)이다. 용도(龍圖; 河圖)는 미제(未濟)의 상(象)으로 도생역성(倒生逆成)하니 선천(先天)태극(太極)이며, 귀서(龜書; 洛書)는 기제(旣濟)의 수(數)로 역생도성(逆生倒成)하니 후천(后天)의 무극(无極)이다. 오(五)가 그 가운데 위치하니 황극(皇極)이다.[66]

위의 내용을 보면 하도는 미제(未濟)의 세계인 후천세계를 표상하며, 낙서는 기제(旣濟)의 세계인 선천세계를 헤아려 나타낸 것임을 알 수 있다. 하도는 도생역성의 작용을 하여 선천의 태극에 이르며, 낙서는 역생도성을 하여 후천의 무극에 이른다. 그러므로 하도적 작용이 도생역성이며, 낙서적 작용이 역생도성임을 알 수 있다.

도생역성은 무극에서 시작하여 태극에 이르는 작용으로 그것은 곧 후천에서 시작하여 선천에 이르는 작용이라고 할 수 있다. 후천에서 순(順; 倒)으로 시작하여 선천의 역(逆)으로 이루어지는 것이 도생역성으로 그것을 삼극의 관계를 중심으로 나타내면 무극이태극(无極而太極)이다.

역생도성은 태극에서 시작하여 무극에 이르는 작용으로 그것은 선천에서 시작하여 후천에 이르는 작용이라고 할 수 있다. 선천에서 역(逆)으로 시작하여 후천에서 순(順)으로 완성되는 것이 역생도성인 것이다. 이를 삼극의 관계를 중심으로 나타내면 황극이무극(皇極而无極)이다. 그러면 역수원리를 왜 종시원리로 규정하였는가?

66 金恒, 『正易』 十五一言 第一張 및 第二張, "擧便无極이시니 十이니라. 十便是太極이니 一이니라. 一이 无十이면 无體요 十이 无一이면 無用이니 合하면 土라 居中이 五니 皇極이니라. 地는 載天而方正하니 體니라. 天은 包地而圓環하니 影이니라. 大哉라 體影之道여 理氣囿焉하고 神明이 萃焉이니라. 天地之理는 三元이니라. 元降聖人하시고 示之神物하시니 乃圖乃書로다. 圖書之理는 后天先天이오 天地之道는 旣濟未濟니라. 龍圖는 未濟之象而倒生逆成하니 先天太極이니라. 龜書는 旣濟之數而逆生倒成하니 后天无極이니라. 五居中位하니 皇極이니라."

종시원리는 하나의 시대가 끝나고 새로운 시대가 시작되는 계대원리(繼代原理)를 가리킨다. 그것을 『주역』과 『정역』에서는 선천과 후천으로 규정하고 있다. 따라서 종시원리는 선천이 끝나고 후천이 시작됨으로서 선천과 후천이 이어지는 원리를 뜻한다. 그것이 괘효(卦爻)를 중심으로 역도를 표상한 『주역』에서는 선천을 상징하는 내괘(內卦)에서 후천을 상징하는 외괘(外卦)로의 변화를 통하여 표상되는 동시에 육십사괘(六十四卦)의 관점에서는 상경(上經)에서 하경(下經)으로의 변화를 통하여 표상하고 있다. 그러므로 역도를 변화의 도로 규정한 까닭이 선천에서 후천으로의 선후천변화원리(先後天變化原理)임을 알 수 있다.

그런데 선천과 후천을 막론하고 그것의 표상은 일월(日月)의 운행도수를 통하여 표상하지 않을 수 없다. 그렇기 때문에 선후천변화원리는 역수의 변화를 통하여 상징적으로 표상된다. 『주역』에서는 일(一)에서 십(十)까지의 수(數)에 의하여 하도와 낙서가 구성됨을 밝히고, 그것을 천도(天道)와 지도(地道)를 표상하는 천지(天地)의 수(數)로 규정하고 있다. 『정역』에서는 "천지(天地)의 수(數)는 일월(日月)의 운행(運行)도수(度數)이다."[67]고 하여 일월(日月)의 운행(運行)도수(度數)를 통하여 천도인 역수원리가 표상됨을 밝히고 있다. 따라서 선후천변화원리를 그 표상형식을 중심으로 나타내면 곧 역수변화원리라고 할 수 있다.

하도와 낙서는 간지도수를 통하여 표상된 역수원리를 음과 양으로 구분하여 나타낸 것이다. 하도는 십오존공위체(十五尊空爲體)원리(原理)가 중심이고, 낙서는 구육합덕위용(九六合德爲用)원리(原理)가 중심이다.[68] 그렇기 때문에 역수변화원리의 구체적인 내용은 낙서를 통하여 파악할 수 있다. 『정역』에서는 하도와 낙서의 사상수(四象數)를 중심으로 역수변화를 추연하여 밝히고 있다.[69]

---

67 金恒, 『正易』「正易詩」, "天地之數數日月"

68 研經院 編著, 『周 · 正易經合編』, 「天之曆數原理圖說」 참조.

낙서의 사상수(四象數)를 중심으로 기수(朞數)를 추연하면 네 기수가 밝혀진다. 『정역』에서는 366일의 제요(帝堯)의 기(朞)와 365$\frac{1}{4}$일의 제순(帝舜)의 기(朞), 360일의 공자(孔子)의 기(朞) 그리고 375일의 일부(一夫)의 기(朞)를 밝히고 있다.[70] 제요와 제순의 기(朞)는 음양으로 나누어진 윤역(閏曆)이며, 공자의 기(朞)는 음양이 합덕(合德)된 중정역(中正曆)이고, 일부의 역(曆)은 360의 중정역과 본체(本體)도수(度數) 십오(十五)를 합덕한 역(曆)이다.

『정역』에서는 네 역(曆)을 각각 윤역, 윤역, 정역, 원역(原曆)으로 규정하고 그 관계를 밝히고 있다. 이러한 사역(四曆)의 관계를 통하여 역수변화의 내용을 알 수 있는데 그 내용을 살펴보면 다음과 같다.

> 천지의 수(數)는 일월의 역수를 표상하니 일월이 바르지 않으면 역(易)이 역(易)이 아니다. 역(曆)이 정역(正曆)이 되어야 역(易)이 역(易)이니 원역(原曆)이 어찌 항상 윤역만을 쓰겠는가?[71]

위의 내용을 보면 원역(原曆)와 윤역(閏曆), 정역(正曆)이 체용(體用)의 관계이며, 윤역이 정역으로 변화할 것임을 알 수 있다. 이러한 관계는 네 기수(朞數)의 비교를 통해서도 드러나는데 원역의 375도(度)에서 9도(度)를 덜어내면 366도(度)가 되고, 366도(度)에서 9도(度)를 덜어내면 365$\frac{1}{4}$도(度)가 되며, 이로부터 5$\frac{1}{4}$도(度)가 덜어지면 360도(度)가 된다. 이를 통하여 원역을 본체로 하여 윤역이 시생하고, 그것이 생장하며, 장성한 윤역이 정역으로 성도(成道)함으로써 십오(十五)의 본체도수가 존

69 『正易』의 「四正七宿 用中數」에서는 "先天五九 逆而用八 錯閏中 后天十五 順而用六合正中"이라고 하였으며, 「先后天正閏度數」에서는 "先天體方用圓 二十七朔而閏 后天體圓用方 三百六旬而正"이라고 하였다. 이를 바탕으로 用六曆이 三百六十의 正曆이며, 用八曆은 閏曆임을 알 수 있다. 그리고 第六張과 第七張에서 밝히고 있는 四曆의 朞數를 비교함으로써 河圖와 洛書의 四象數를 중심으로 曆數變化가 推衍됨을 알 수 있다.

70 金恒, 『正易』 第六張에서 第七張, "帝堯之朞三百有六旬有六日 帝舜之朞三百六十五度四分度之一 一夫之朞三百七十五度 十五尊空正吾夫子之朞 當朞三百六十日."

71 金恒, 『正易』 「正易詩」, "天地之數數日月 日月不正易匪易 易爲正易易爲易 原易何常用閏易"

공(尊空)귀체(歸體)되고 중정역인 정역이 운행되는 것이 역수변화임을 알 수 있다.

그런데 사역의 생성합덕변화는 윤역의 생장과 음양의 역의 합덕에 의한 중정역인 정역으로 구분하여 나타낼 수 있다. 『정역』에서는 윤역이 생장하는 시대를 선천으로 규정하고, 정역이 운행되는 시대를 후천으로 규정하고 있다.[72] 그러므로 사역변화를 통하여 표상되는 역수원리는 선천에서 후천으로 변화하는 선후천변화원리이다.

지금까지 살펴본 역수원리의 내용을 선후천(先后天), 도역(倒逆)작용, 사역(四曆)을 중심으로 도표화하여 나타내면 다음과 같다.

	본체(本體)	작용(作用)	
도역(倒逆: 順逆)	삼극(三極)	역생도성(逆生倒成)	도생역성(倒生逆成)
사역(四曆)	원역(原曆)	윤역(閏曆)	정역(正曆)
선후천(先后天)	원천(原天)	선천(先天)	후천(后天)

위의 도표를 통하여 알 수 있는 것과 같이 역수원리는 본체(本體)를 중심으로 나타내면 삼극(三極)이며, 작용을 중심으로 나타내면 도생역성(倒生逆成)과 역생도성(逆生倒成)의 도역(:倒逆; 順逆)작용이다. 이를 사역(四曆)의 관점에서 나타내면 원역(原曆)이 체(體)가 되어 윤역(閏曆)과 정역(正曆)의 작용이 이루어진다.

원역(原曆)을 선후천의 관점에서 나타내면 원천(原天)이다. 선천(先天)은 원천(原天)을 음양(陰陽)의 윤역(閏曆)이 생장(生長)하는 관점에서 나타낸 것이며, 후천(后天)은 원천(原天)을 음양(陰陽)이 성도(成道)하여

72 『正易』의 「先后天正閏度數」에서는 "先天은 體方用圓하니 二十七朔而閏이니라. 后天은 體圓用方하니 三百六旬而正이니라."라고 하였고, 「四正七宿用中數」에서는 "先天은 五九니 逆而用八하니 錯이라 閏中이니라. 后天은 十五니 順而用六하니 合이라 正中이니라."라고 하였다.

합덕(合德)된 정역(正曆)의 관점에서 나타낸 것이다. 『정역』에서는 원천과 선천 그리고 후천에 대하여 다음과 같이 밝히고 있다.

> 선천(先天)은 체(體)가 방(方)이고 용(用)이 원(圓)이니 이십칠삭(二十七朔)에 윤달을 사용하며, 후천(后天)은 체(體)가 원(圓)이며, 용(用)이 방(方)으로 삼백육십(三百六十)이기 때문에 정역(正曆)이다. 원천(原天)은 무량(無量)하다.[73]

위의 내용을 보면 선천과 후천은 체(體)와 용(用)이 바뀌어서 작용하는 것임을 알 수 있다. 그리고 원(圓)과 방(方)은 각각 하도(河圖)원리와 낙서(洛書)원리를 가리킨다. 따라서 선천과 후천의 구분은 하도와 낙서의 체용(體用) 관계에 있음을 알 수 있다.

선천은 낙서원리를 체로 하여 하도로 작용함을 뜻한다. 그것을 역수원리의 관점에서 나타내면 이십칠(二十七) 개월(個月)에 윤달을 사용하는 윤역(閏曆)의 세계이다. 반면에 후천은 하도원리를 본체로 하여 낙서원리를 작용으로 함을 뜻한다. 그것을 기수를 중심으로 나타내면 삼백육십(三百六十)의 정역(正曆)의 세계가 된다.

그런데 하도의 작용은 합덕작용이며, 낙서의 작용은 생장작용이다. 그러므로 선천은 생장 작용의 세계이며, 후천은 합덕작용의 세계이다. 그리고 원역이 윤역과 정역의 본체이기 때문에 선천과 후천을 구분할 수 있는 근원적 세계가 원천이다. 『정역』에서는 선천과 후천을 각각 주회도수(周回度數)를 통하여 나타내고 이어서 양자가 합덕된 주회도수(周回度數)를 나타내어 그 점을 밝히고 있다.[74]

앞에서 천도의 내용인 역수원리를 본체인 삼극(三極)원리와 작용원리인 도역(倒逆: 順逆)생성작용을 중심으로 살펴보았다. 삼극원리를 중심으로

---

73 金恒, 『正易』 「先后天 正閏度數」, "先天은 體方用圓하니 二十七朔而閏이니라. 后天은 體圓用方하니 三百六旬而正이니라. 原天은 无量이니라."

74 金恒, 『正易』 「先后天 周回度數」, "先天은 二百一十六萬里니라. 后天은 三百二十四萬里니라. 先后天 合計數는 五百四十萬里니라."

역수원리의 내용을 살펴보면 태극과 무극의 작용에 의하여 황극에서 합덕하는 것이 중심 내용이다. 무극의 도생역성과 태극의 역생도성에 의하여 양자가 황극에서 서로 만나서 덕을 합하게 되는 것이다. 그러므로 삼극원리와 도역작용원리의 내용을 삼재의 관점에서 나타내면 천(天)과 지(地)가 만나서 통하는 회통원리인 동시에 그 본성을 함께하는 합덕원리이다.

선천과 후천의 관계 역시 선천은 후천을 향하여 작용하고, 후천은 선천을 향하여 작용함으로써 양자가 회통하여 합덕하는 일체적 관계이다. 『정역』에서는 "후천은 선천에서 정사(政事)를 하니 수화(水火)이며, 선천은 후천에서 정사(政事)를 하니 화수(火水)이다."[75]라고 하였다. 후천에서 선천을 향하는 작용을 표상하는 괘(卦)가 수화기제괘(水火旣濟卦: ䷾)이며, 선천에서 후천을 향하여 작용하는 것을 표상한 괘(卦)가 화수미제괘(火水未濟卦: ䷿)임을 밝힌 것이다.

삼극에 있어서 무극과 태극의 합덕은 황극에서 이루어지며, 천(天)과 지(地)의 합덕은 군자의 본성을 매개로 이루어지고, 선천과 후천의 합덕 역시 군자를 매개로 이루어진다. 이는 천지인(天地人) 삼재(三才)의 성도(成道)합덕(合德)이 군자의 본성을 매개로 이루어짐을 뜻한다. 그렇기 때문에 『정역』에서는 "천지에 일월(日月)이 없으며 빈 껍데기이며, 일월에 지인(至人)이 없으면 헛된 그림자에 불과하다."[76]고 하였을 뿐만 아니라 『주역』에서는 "진실로 그 사람이 아니면 도는 헛되이 행하여지지 않는다."[77]고 하였다.

『정역』에서는 역수원리(曆數原理)를 회통(會通)원리, 합덕(合德)원리를 중심으로 중위정역(中位正易)[78]으로 밝히고 있다. 중위정역(中位正

75 金恒, 『正易』 第四張, "后天은 政於先天하니 水火니라. 先天은 政於后天하니 火水니라."

76 金恒, 『正易』 第八張, "天地는 匪日月이면 空殼이오 日月은 匪至人이면 虛影이니라."

77 『周易』, 繫辭下篇 第八章, "苟非其人이면 道不虛行하나니라."

78 『正易』의 第二十三張에서는 "卦之震巽은 數之十五니 五行之宗이오 六宗之長이니 中位正易이니라." 고 하였고, 第七張에서는 "理會本原은 原是性이오 乾坤天地에 雷風中이라."라고 하여 中位正易의 세계가 君子의 本性을 매개로 三才가 成道 合德하는 세계임을 밝히고 있다.

易)은 군자의 본성을 매개로 하여 삼재가 성도(成道)합덕(合德)하는 것을 뜻한다. 이를 삼극(三極)원리를 중심으로 나타내면 군자를 매개로 삼재(三才)가 성도(成道)하여 합덕(合德)함으로써 무극(无極)과 황극(皇極)의 합덕(合德)작용에 의하여 체십용구(體十用九)의 천(天)의 작용과 체오용육(體五用六)의 지(地)의 작용이 이루어지는 것이다.

중위정역(中位正易)원리를 사역변화(四曆變化)원리를 중심으로 나타내면 천지(天地)의 본성(本性)을 나타내는 십오(十五)를 받들어 공(空)으로 돌려 본체(本體)로 삼는 십오존공위체(十五尊空爲體)원리와 용구(用九)와 용육(用六)이 합덕(合德)작용하는 구육합덕위용(九六合德爲用)원리가 된다. 그러므로 역수원리를 체용(體用)의 구조를 중심으로 나타내면 십오존공위체(十五尊空爲體)원리와 구육합덕위용(九六合德爲用)원리이다.

『주역』에서는 십오존공위체(十五尊空爲體)와 구육합덕위용(九六合德爲用)을 천지와 성인, 백성을 중심으로 논하고 있는데 그 내용을 살펴보면 다음과 같다.

> 천지가 자리를 베풂에 성인이 능(能)함을 이루고, 사람에게 도모하고 귀신(鬼神)에게 도모(圖謀)함에 백성이 더불어 능(能)하게 된다.[79]

위의 인용문에서 언급된 천지설위는 십오존공위체(十五尊空爲體)원리를 삼재(三才)의 관점에서 나타낸 것이며, 나머지 부분은 군자가 학문을 통하여 성인과 합덕하고, 천지와 합덕하며, 백성과 합덕함으로써 삼재(三才)가 성도(成道)하여 합덕하는 구육합덕위용(九六合德爲用)원리를 밝힌 것이다.

79 『周易』, 繫辭下篇 第十二章, "天地設位에 聖人이 成能하니 人謀鬼謀에 百姓이 與能하나니라."

2. 『정역』과 인도(人道)

앞에서 천도의 내용이 역수원리이며, 역수원리를 한마디로 요약하여 나타내면 선천에서 후천으로 변화하는 선후천원리임을 살펴보았다.

그러면 천도인 선후천변화원리가 인도(人道)의 측면에서는 어떤 내용인지 살펴보자. 이 문제는 천도를 인간 주체적으로 자각하였을 때 밝혀지는 내용이 무엇인지를 고찰하고자 하는 것이다. 역수원리의 핵심적인 내용이 종시변화원리인 선후천변화원리라고 할 때 그것이 인도의 측면에서 어떤 내용인지를 파악하기 위하여 먼저 선후천변화가 무엇을 의미하는지 고찰할 필요가 있다.

선천과 후천을 물리적 시간의 차원에서 이해하면 선천에서 후천으로 변화하는 선후천변화는 하나의 일정한 시간의 흐름이 끝나고 새로운 시간의 흐름이 시작됨을 뜻한다. 시간의 흐름은 사물의 변화로 나타난다. 그렇기 때문에 하나의 시간이 끝나고 새로운 시간이 시작됨을 공간적 측면에서 나타내면 하나의 세상이 끝나고 새로운 세상이 시작됨을 뜻한다.

그런데 하나의 세상이 끝나고 새로운 세상이 시작되는 선후천변화는 새로운 시작에 초점이 있다. 그럼에도 불구하고 끝나는 세상을 중심으로 이해하면 이른바 종말론이 된다. 일반적으로 논의되는 종말론은 긍정적 측면에서 보다 가치가 있고, 아름다우며, 선(善)하고 진실(眞實)한 세상으로 바뀌는 새로운 세상에 초점이 있지 않다. 오히려 소멸(消滅)되는 과거의 것에만 초점을 맞추어 결국 모든 것이 사라지는 것으로 착각(錯覺)하게 하는 것이 종말론의 특징이다.

만약 선천과 후천을 물리적 관점에서 이해하면 선후천원리는 물리적 존재의 변화법칙일 뿐 형이상적 존재의 존재원리가 될 수 없다. 사람들이 일반적으로 『주역』이나 점서(占書), 비결서(秘訣書) 등에 관심을 갖는 것도 미래에 일어날 사건을 미리 언어를 통하여 밝혀 놓은 것으로 생각하기 때문이다. 만약 『주역』이 단순하게 미래를 알려주는 기능을 한다면 그것은 일종의 예언서(豫言書)에 불과할 뿐 형이상적 진리를 담고 있는 경전이라고 할 수 없다.

예언서의 한계는 그것이 하나의 사건이나 물건에 대하여 미리 언급을 하였을 때 그 시점이 도래하기 이전에는 아직 도래하지 않았기 때문에 현재와 무관하며, 미리 말한 사건이 일어난 후에도 끊임없이 일어나는 다른 사건과 무관하기 때문에 아무런 가치가 없다는 점이다.

또한 설사 예언서의 내용이 맞는다고 하여도 특정한 시간에 특정한 장소에서 일어날 특수한 사건을 아는 사람이 그것을 모든 존재에게 이로움이 되도록 조절할 능력이 없다면 알아도 아무런 의미가 없다. 만약 어떤 사람이 장차 일어날 지구의 종말을 미리 알았다고 할 때 인류를 위하여 그것을 막을 수 있는 방법을 모르거나 설사 그 방법을 알아도 실천 능력이 없다면 아는 것 자체가 아무런 의미가 없는 것이다. 그러므로 예언을 하는 사람은 때에 따라서 필요한 만큼 자유롭게 조절하며 살아가는 사람만 못한 것이다.

만약 기울어졌던 지축(地軸)이 바로 섬으로써 온갖 자연 변화가 일어나고 그로 인하여 지구상의 대부분의 생명체들이 생명을 잃는다고 할지라도 그것은 아침에 해가 뜨고, 저녁에 해가 지는 현상과 다르지 않다. 사람이 태어나고 자라서 늙고 죽는 것 역시 하나의 자연 현상에 불과하다. 물리적 세계에서 일어나는 모든 현상은 그 크기나 양 또는 결과에 상관없이 오직 물리적 현상일 뿐인 것이다.

『주역』과 『정역』에서 밝히고 있는 종시원리, 선후천변화원리는 자연 현상과 관련하여 그 운동법칙을 나타낸 것이 아니라 온갖 현상의 존재 근거가 되는 근원적 존재의 존재 원리이다. 그렇기 때문에 『정역』과 『주역』에서 밝히고 있는 선후천원리를 통하여 만물의 변화를 예측하고 자신의 미래의 물리적 생명의 상태를 예측하는 것이 아니라 스스로 자신의 물리적 생명을 다스리고 세상을 다스려서 모든 존재를 이롭게 하려는 것이다.

그러면 이어서 천도와 인도가 어떤 관계인지 살펴보자. 『주역』에서는 천도와 인도의 관계를 건도(乾道)와 성명(性命)의 관계를 통하여 밝히고 있는데 그 내용을 살펴보면 다음과 같다.

> 건도(乾道)가 변화하여 각각 성명(性命)이 바르게 된다.[80]

"건도변화"의 건(乾)은 천도를 표상하는 중천건괘(重天乾卦:☰)를 가리킨다. 그러므로 건도는 천도이며, 건도의 변화는 천도의 변화를 뜻한다. 따라서 건도의 변화는 선천에서 후천으로 변화하는 선후천변화를 뜻하는 것이다. 그리고 "각정성명"은 각각의 성명이 바르게 됨을 뜻한다.

위의 내용을 올바로 이해하기 위해서는 먼저 정리하고 넘어가야 할 몇 가지 사항이 있다. 우선은 천도의 변화를 나타내는 "건도변화"와 인도의 문제인 "각정성명"의 성격을 어떻게 이해할 것인가이다. 이와 관련하여 두 가지의 사항이 고려되어야 한다. 첫째는 건도(乾道)와 성명(性命)이 모두 형이상적 존재임에도 불구하고 변화(變化) 또는 정(正)·부정(不正)으로 나타낼 수 있는가의 문제이며, 둘째는 형이상적 존재를 천도(乾道)와 인도로 구분하여 둘로 나타낼 수 있는가의 문제이다.

두 가지 문제의 성격을 분명하게 드러내기 위하여 우선 "건도변화"와 "각정성명"의 양자가 둘인지 하나인지 만약 하나라면 왜 둘로 나타내었는지 그리고 둘이라면 어떤 것이 근본적인 존재인지 살펴보자.

만약 "건도변화"와 "각정성명"이 일체라면 "건도변화"가 곧 "각정성명"으로 나타나고, "각정성명"이 이루어지면 곧 "건도변화"가 이루어진다고 할 수 있다.

그런데 "건도변화"가 "각정성명"의 근본이라면 건도(乾道)의 변화가 이루어지면 각각의 개체적 존재의 성명(性命)이 저절로 바르게 되기 때

80 『周易』, 重天乾卦(☰) 彖辭, "乾道變化 各正性命"

문에 개체적 존재가 학문을 통하여 자기를 닦는 수기(修己)의 문제가 발생하지 않는다. 다시 말하면 천도가 선천에서 후천으로 변화하여 후천의 세계가 전개되면 각각의 성명(性命)이 저절로 바르게 되기 때문에 학문(學問)을 할 필요가 전혀 없게 된다.

앞의 경우와 반대로 "각정성명"이 "건도변화"로 나타난다고 본다면 인간의 성명(性命)이 바르게 될 때 건도(乾道) 역시 선천에서 후천으로 변화하게 된다. 이처럼 "각정성명"이 그대로 "건도변화"로 나타난다면 굳이 천도의 선후천 변화를 문제로 삼을 필요가 없다. 인간은 단지 자신의 본성(本性)을 자각하여 그것을 주체로 살아가면 될 뿐 천도(天道)가 필요하지 않는 것이다. 결국 천도(天道)와 인도(人道)가 일체(一體)라면 어떤 경우에도 양자를 구분하여 둘로 나타낼 필요가 없다.

그런데 "건도변화"와 "각정성명"이 일체라고 할 때 발생하는 보다 근본적인 문제는 당위(當爲)가 개재될 여지가 없다는 것이다. 천도와 인도가 본래 하나이기 때문에 인간의 언행(言行) 자체가 그대로 천도의 작용(作用)이어서 개체적 존재의 선악(善惡) 자체가 존재할 수 없다. 뿐만 아니라 인간이 굳이 선(善)을 행하고자 힘쓸 필요도 없고, 설사 불선(不善)을 행하였다고 하여도 그것에 대하여 책임을 물을 수 없다. 그러면 천도와 인도를 별개의 존재로 규정할 수 있는가?

천도와 인도가 별개의 존재라면 천도가 근본적인 존재인가 아니면 인도가 근본적인 존재인가가 문제가 된다. 만약 천도가 존재근거가 되어 인도(人道)가 형성된다면 "건도변화"가 이루어짐으로써 "각정성명"이 이루어지기 때문에 인도(人道)를 문제로 삼을 필요가 없으며, 만약 인도(人道)가 중심이라면 오직 본성(本性)을 자각(自覺)하여 그것을 주체로 살아가면 될 뿐이다. 따라서 『주역』에서 밝히고 있는 천도(天道)에 따라서 인사(人事)에 응(應)하는 군자의 도[81]는 필요하지 않게 된다. 뿐만 아

81 『周易』 澤火革卦(䷰) 彖辭, "天地革而四時成하며 湯武革命하야 順乎天而應乎人하니"

니라 천도(天道)와 인도(人道)가 아무런 관계가 없는 별개의 존재라면 각각의 존재 양상에 따라서 살아가면 될 뿐 다른 존재원리를 필요로 하지 않게 된다.

앞에서 살펴본 것과 같이 건도(乾道: 天道))와 인도의 관계가 무엇인지를 문제로 삼을 때 일체라고 하여도 논리적 모순(矛盾)이 발생하고 둘이라고 하여도 논리적 모순(矛盾)이 발생한다. 그것은 언어를 초월한 존재인 천도(天道)와 성명(性命)을 언어를 통하여 드러내고자 하기 때문에 발생하는 문제이며, 존재 양상이 서로 다른 형이상적 존재와 그것을 존재근거로 하는 형이하의 존재가 어떤 관계인지를 밝히고자 할 때 발생하는 문제이다.

본래 건도(乾道)와 성명(性命)은 형이상적 존재이기 때문에 변화(變化)와 바르고 바르지 않음이 개재(介在)할 수 없을 뿐만 아니라 양자가 둘인가 아니면 하나인가의 문제 자체가 성립될 수 없다. 그러나 양자를 구분하여 나타내고, 그 관계를 밝히는 과정을 통하여 그 본성을 나타낼 수밖에 없기 때문에 형이상(形而上)과 형이하(形而下)가 본래 둘이 아니지만 그렇다고 하여 하나도 아니라고 할 수밖에 없다.

예를 들면 인간의 성명(性命)은 형이상적 존재이고, 몸은 형이하적 존재이다. 이처럼 양자를 구분하여 나타내기 때문에 둘인 것처럼 생각되지만 둘이 아니다. 그렇다고 하여 양자를 하나라고만 할 수도 없다. 천도와 인도 역시 일체이면서도 구분되어지는 관계일 수밖에 없다. 그렇기 때문에 건도(乾道)와 성명(性命)이라는 형이상적 존재를 변화와 각정(各正)이라는 형이하적 관점을 중심으로 양자를 구분하여 나타냄으로써 양자가 일체임을 밝히고 있다.

"건도변화 각정성명"을 천도를 중심으로 보면 선후천변화에 의하여 각각의 성명(性命)이 바르게 되며, 인도를 중심으로 보면 각각 성명이 바르게 됨으로써 선후천변화가 이루어지지만 천도의 선후천 변화가 이루어지더라도 각각의 존재가 성명(性命)을 바르게 하는 문제는 그대로 개체적 존재의 문제로 남으며, 비록 개체적 존재가 성명(性命)을 바르게 할지라도 천도의 선후천 변화는 천도(天道) 자체의 문제로 남는다.

형이상적 존재와 형이하적 존재, 천도(天道)와 인도(人道) 그리고 지도(地道)를 구분하여 나타낼 경우 어떤 경우에도 논리적인 모순이 존재함에도 불구하고 근원적 존재를 셋으로 구분하여 삼재(三才)로 나타내거나 둘로 구분하여 형이상(形而上)과 형이하(形而下)로 구분하여 그것을 밝히는 존재는 인간이다. 『주역』에서는 "천도(天道)를 세워서 말하기를 음(陰)과 양(陽)이라고 하고, 지도(地道)를 세워서 유(柔)와 강(剛)이라고 하며, 인도(人道)를 세워서 인(仁)과 의(義)라고 한다."[82]고 하였을 뿐만 아니라 "형이상적 존재를 도(道)라고 말하고, 형이하적 존재를 기(器)라고 말한다."[83]고 하여 천도, 지도, 인도를 말(曰)하고 도(道)와 기(器)를 구분하여 말(謂之)하는 존재가 인간임을 밝히고 있다. 그러면 왜 사람들은 삼극(三極), 삼재(三才), 형이상(形而上)과 형이하(形而下)를 구분하여 말하는가?

『정역』에서 시간성의 관점에서 무극(无極)과 태극(太極) 그리고 황극(皇極)으로 구분하여 삼자가 황극(皇極)을 중심으로 일체임을 밝히고, 선천과 후천이 없는 원천(原天)을 바탕으로 선천과 후천을 논하고, 윤역(閏曆)과 정역(正曆)의 본체인 원역(原曆)을 바탕으로 사역(四曆)의 생성 변화를 밝힌 것도 이것과 저것으로 구분하여 나타낼 수 없는 근원적인 존재를 나타내기 위함이다.

『주역』에서 삼극(三極)원리를 공간성의 관점에서 삼재(三才)로 구분하여 천도와 지도 그리고 인도를 밝히고 있을 뿐만 아니라 천도와 지도가 인간의 본래성으로 주체화함으로써 인간 본래성을 매개로 삼재가 성도(成道)하여 합덕(合德)함을 밝힌 까닭도 역시 삼재(三才)로 구분하여 나

82 『周易』 說卦 第二章, "是以로 立天之道曰陰與이오 立地之道曰柔與剛이오 立人之道曰仁與義니"

83 『周易』 繫辭下篇 第十二章, "是故로 形而上者를 謂之道오 形而下者를 謂之器오"

타낼 수 없는 근본적인 세계를 나타내기 위함이다.

삼극(三極), 삼재(三才)와 도(道), 기(器)를 언급한 목적이 근원적 존재를 밝히기 위함이라고 할 때 삼극(三極), 삼재(三才), 형이상(形而上)과 형이하(形而下), 도(道)와 기(器)가 일체임을 밝히지 않을 수 없다. 그것을 『주역』에서는 회통(會通)과 합덕(合德)[84]으로 규정하고 있다. 『주역』에서 밝히고 있는 삼재(三才)의 세계관이 공간적 관점이기 때문에 삼재(三才)가 일체임을 밝히기 위해서는 천(天)과 지(地)가 만나서 통(通)하는 회통(會通)과 회통(會通)을 통하여 일체가 됨으로써 서로 작용하는 합덕(合德)을 논하지 않을 수 없다.

그런데 삼극(三極)의 회통(會通)과 합덕(合德)이 황극(皇極)을 매개로 이루어지듯이 삼재의 회통(會通)과 합덕(合德) 역시 인간을 매개로 이루어진다. 그렇기 때문에 『정역』에서는 천지의 이치가 삼원(三元)이라고 밝히면서도 "이치는 본원(本源)에 모이니 본원은 곧 성(性)이다."[85]고 하였다. 『주역』에서도 "진실로 그 사람이 아니면 도(道)는 헛되이 행하여지지 않는다."[86]고 하여 인간에 의하여 삼재(三才)의 성도(成道)합덕(合德)이 이루어짐을 밝히고 있다.

인간을 매개로 삼재의 성도(成道)합덕(合德)이 가능한 것은 본래 인간의 존재 구조가 천지의 본성을 본성으로 하기 때문이다. 그렇기 때문에 인간이 스스로 어떤 인위적인 조작을 통하여 삼재를 회통(會通)하여 합덕(合德)시키는 것이 아니라 천연적으로 갖고 있는 본성을 주체로 그대로 살아가면 된다. 『주역』에서는 인간의 본성을 과거와 미래의 측면에서 성명(性命), 성명(性命)의 이치(理致)로 규정하고 『주역』을 저작한 목적

84 『周易』의 繫辭上篇 第八章에서는 "聖人이 有以見天下之動하야 而觀其會通하야 以行其典禮하며"라고 하여 六爻가 會通原理를 표상하고 있음을 밝히고 있고, 繫辭下篇 第六章에서는 "子曰乾坤은 其易之門邪ㄴ뎌 乾은 陽物也요 坤은 陰物也니 陰陽이 合德하야 而剛柔有體라"고 하여 六爻에 의하여 구성된 卦爻가 陰陽의 合德에 의하여 剛柔의 作用原理를 表象하고 있음을 밝히고 있다. 이를 통하여 易道의 내용이 會通原理, 合德原理임을 알 수 있다.

85 金恒, 『正易』 第七張, "理會本原은 原是性이오 乾坤天地에 雷風中이라."

86 『周易』 繫辭下篇 第八章, "苟非其人이면 道不虛行하나니라."

이 성명(性命)의 이치(理致)에 순응(順應)하는 삶을 살도록 하는 것[87]이라고 하여 그 점을 밝히고 있다. 결국 인간이 천도를 추구하는 까닭이 인도를 밝히기 위함임을 알 수 있다.

그러면 구체적으로 천도와 관련하여 인도의 내용이 무엇인지 살펴보자. 앞에서 살펴본 바와 같이 『논어』에서는 천도인 역수원리를 중심으로 인간이 살아가야할 길이 무엇인지를 밝히면서 "천(天)의 역수(曆數)가 내 몸에 있으니 진실로 그 중(中)을 잡으라. 사해(四海)가 곤궁(困窮)하면 천록(天祿)이 영원히 끊어질 것이다."[88]라고 하였다.

처음 부분은 천도 자체의 내용이 역수원리이며, 천도의 작용에 의하여 그것이 인간의 본래성임을 밝힌 것이기 때문에 천인(天人)관계를 중심으로 나타내면 천도에 관한 내용이며, 인도에 관한 내용은 아니다. 그러므로 인도에 관한 내용은 "윤집기중"과 그 이하의 내용이라고 할 수 있다.

"윤집기중"을 핵심 내용을 중심으로 두 글자로 나타내면 집중(執中)이다. 이 때의 '중(中)'은 인간의 근본이라는 의미이다. 따라서 집중(執中)은 인간이 자신의 본래성(本來性)을 보존(保存)함을 뜻한다. 집중(執中)은 공간적 관점에서는 개체와 전체, 천(天)과 지(地), 유(有)와 무(無), 형이상(形而上)과 형이하(形而下), 도(道)와 기(器)의 양면에 모두 밝아서 양자의 어느 일면에도 걸림이 없는 자유로운 상태를 나타낸다.

공간적 관점에서 천과 지, 형이상과 형이하, 도(道)와 기(器)의 어느 일면에 얽매임이 없는 집중은 시간의 측면에서는 시의성(時義性)에 적중(的中)함으로서의 시중(時中)이다. 그것은 시간의 세 양상인 과거와 미래 또는 현재에 얽매임이 없이 자유롭게 살아감을 뜻한다. 다시 말하면 집중은 형이상의 시간성과 그것이 현상에서 나타난 과거와 미래 그리고 현재에 얽매임이 없음으로 곧 영원한 현재[89]를 살아감을 뜻한다.

87 『周易』 說卦 第二章, "昔者聖人之作易也는 將以順性命之理니"

88 『論語』, 堯曰篇, "堯曰 咨爾舜 天之曆數在爾躬 允執其中 四海困窮 天祿永終 舜亦以命禹"

만약 집중을 하나의 상태로서의 중(中)을 잡는 것으로 이해하면 그것은 곧 '집중' 이라는 하나의 사태에 빠져서 모든 것을 버린 것과 같다. 그렇기 때문에 집중의 중(中)은 하나의 상태를 나타내는 것이 아니며, '집중' 의 '집(執)' 또한 잡음이 없는 잡음이다. 따라서 진정한 의미의 집중은 집중마저도 벗어나서 얽매임이 없는 것이다.

맹자(孟子)는 천하를 위하여 자기의 몸마저도 버리는 묵적(墨翟)과 아무리 천하에 이로움이 있을지라도 그것을 위하여 자신의 정강이의 털 하나도 뽑지 않을 정도로 오직 자기 자신만을 위하는 양주(楊朱)를 함께 비판하였을 뿐만 아니라 양자의 중간을 잡은 자막(子莫)마저도 하나의 '중(中)' 에 고착되었음을 비판하였다.[90]

『주역』에서는 인도(人道)를 성명(性命)에 순응(順應)함으로 규정하고 있을 뿐만 아니라 "이루어진 본성을 보존하고 또 보존하는 것이 도의(道義)의 세계에 들어가는 문이다."[91]고 하여 인도의 내용이 곧 집중(執中)임을 밝히고 있다. 집중(執中)은 본성(本性)으로 내재화한 천도 곧 중도(中道)를 보존하는 문제이다. 그것은 본성의 자각을 통하여 천명(天命)을 자각하는 것으로 학문을 통하여 소아적(小我的) 자기를 넘어서서 대아적(大我的) 자기를 주체로 하는 것이다.

집중은 형이상과 형이하가 회통하는 것이고, 진아(眞我)와 가아(假我)가 회통하는 것이며, 인간의 심성(心性) 내면(內面)과 밖의 대상 사물이 회통(會通)하는 것이고, 선천(先天)과 후천(后天), 천(天)과 인(人)이 회통하는 것이며, 말과 행동, 배움과 실천, 앎과 실천이 회통(會通)하는 것으로 곧 나와 모든 존재의 회통(會通)인 동시에 나를 매개로 모든 존재가

---

89 영원한 현재는 天道인 曆數原理의 관점에서는 五皇極을 主體로 四德을 행하며 살아가는 君子의 세계를 나타내는 것이다. 영원하다는 것은 形而上의 세계를 나타내는 三極이 一體임을 나타내는 동시에 現在는 시간의 세 양상인 과거와 미래 그리고 현재가 一體임을 나타낸다. 그리고 영원한 현재라는 것은 형이상과 형이하가 일체인 본래의 세계를 나타낸다.

90 『孟子』盡心章句上, "孟子曰, "楊子取爲我, 拔一毛利而天下, 不爲也. 墨子兼愛, 摩頂放踵, 利天下爲之 子莫執中. 執中爲近之. 執中無權, 猶執一也. 所惡執一者, 爲其賊道也, 擧一而廢百也."

91 『周易』, 繫辭上篇 第七章, "天地設位而易行乎其中矣 成性存存 道義之門."

회통(會通)하는 것이다.

그런데 본성을 잃지 않고 보존함은 곧 그것을 주체로 살아감을 뜻한다. 그렇기 때문에 이어서 실천의 문제를 언급하고 있다. "사해곤궁 천록영종"은 국가 사회의 측면에서 정치를 통하여 백성들을 편안하게 해야 함을 밝히고 있다. 만약 정치를 잘못하여 사해(四海)를 곤궁(困窮)에 빠지게 하면 그것은 곧 백성들을 불편하게 하는 일이기 때문에 백성들을 편안하게 하기 위하여 주어진 천록(天祿)이 영원히 끊어질 것이라고 하였다.

다시 말하면 "사해곤궁" 이하는 천명(天命)의 봉행(奉行)을 밝힌 것이다. 통치자(統治者)가 자신의 본래성(本來性)을 주체로 정치를 통하여 백성들을 편안하게 함이 곧 집중(執中)의 실천인 것이다. 그것을 『맹자』에서는 그 주체를 중심으로 인(仁)에 의하여 이루어지는 정치인 인정(仁政)[92]으로 규정하고 있다.

집중이 본성을 주체로 모든 존재와 만나서 통하는 회통(會通)이라면 회통이 됨으로써 모든 존재와 더불어 하나가 되고, 하나가 되면 모든 존재와 합덕(合德)하여 작용을 하게 된다. 그것을 인간을 중심으로 나타내면 천명(天命)을 봉행(奉行)함이 된다. 천명(天命)의 봉행(奉行)은 본성(本性)을 주체로 사덕(四德)을 실천함이다. 사덕(四德)은 군자가 본성을 자각하였을 때 나타나는 공능으로 그 내용은 인예의지(仁禮義智)다. 그렇기 때문에 『주역』에서는 인예의지(仁禮義智)의 사덕(四德)의 근거가 천도의 내용인 원형이정(元亨利貞)의 사상(四象)원리에 있음을 밝힌 후에 군자는 사덕(四德)을 실천하는 존재[93]라고 하여 본성을 주체로 살아가는 존재, 집중(執中)된 삶을 살아가는 존재가 군자임을 밝히고 있다.

---

92 『孟子』, 梁惠王上篇, "王如施仁政於民 省刑罰 薄稅斂 深耕易耨."

93 『周易』 重天乾卦(䷀) 文言, " 文言曰 元者는 善之長也오 亨者는 嘉之會也오 利者는 義之和也오 貞者는 事之幹也니 君子 體仁이 足以長人이며 嘉會足以合禮며 利物이 足以和義며 貞固足以幹事니 君子行此四德者라 故로 曰乾元亨利貞이라."

군자가 본성을 주체로 사덕(四德)을 실천함은 곧 사덕(四德)을 매개로 모든 존재와 더불어 일체가 되어 살아가는 것이다. 집중의 결과로 나타나는 합덕에 의하여 이루어지는 작용이 곧 군자가 본성을 매개로 모든 존재와 더불어 살아가는 자유로운 삶인 것이다. 『주역』에서는 집중하여 살아가는 군자를 대인(大人)으로 규정하고 대인은 천지(天地)와 더불어 그 덕을 함께 하고, 일월(日月)과 밝음을 함께 하며, 사시(四時)와 더불어 차례를 함께 하고, 귀신(鬼神)과 더불어 길흉(吉凶)을 함께 함[94]을 통하여 삼재(三才)와 더불어 합덕(合德)하여 살아가는 존재임을 밝히고 있다. 그리고 이어서 선천과 후천을 통하여 과거와 미래가 합덕(合德)된 영원(永遠)한 현재(現在)를 살아가는 존재가 대인(大人)[95]임을 밝히고 있다.

『논어』에서는 인도를 실존적 존재인 군자를 중심으로 군자의 도로 규정하고 있을 뿐만 아니라 그 구체적인 내용을 수기안인(修己安人), 수기안백성(修己安百姓)으로 규정[96]하고 있다. 이는 곧 자기를 닦는 학문(學問)과 남에게 베푸는 실천(實踐)이 군자의 도임을 밝힌 것이다. 이를 통하여 집중(執中)이 수기(修己)를 내용으로 하는 학문의 문제이며, "사해곤궁 천록영종"의 문제가 안인(安人), 안백성(安百姓)의 문제임을 알 수 있다.

그런데 앞에서 천도(天道)인 역수원리(曆數原理)의 내용이 십오존공위체(十五尊空爲體)원리와 구육합덕위용(九六合德爲用)원리임을 살펴보았다. 이를 삼재(三才)의 관점에서 인도를 중심으로 나타내면 십오존공위체(十五尊空爲體)는 집중(執中)이며, 구육합덕위용(九六合德爲用)은 중용(中庸)이다.

십오존공위체의 십오(十五)는 천지를 역수(曆數)에 의하여 표상한 것

---

94 『周易』, 重天乾卦(䷀) 文言, "夫大人者與天地合其德 與日月合其明 與四時合其序 與鬼神合其吉凶"

95 『周易』, 重天乾卦(䷀) 文言, "先天而天弗違 後天而奉天時"

96 『論語』 衛靈公, "子路問君子 子曰 脩己以敬 曰 如斯而已乎 曰 脩己以安人 曰 如斯而已乎 曰 脩己以安百姓 脩己以安百姓 堯舜其猶病諸."

으로 십오존공위체는 십오(十五)를 받들어 공(空)으로 돌려서 본체(本體)로 삼음의 의미이다. 그것을 인도의 관점에서 나타내면 천지의 본성(本性)으로서의 천지의 도(道)가 인간의 본래성으로 내재화하였기 때문에 사람이 스스로 내외(內外)에서 일어나는 모든 사건과 물건이 천지의 본성(本性), 천지의 마음으로 인하여 일어나는 것임을 믿고 언제 어디서나 천지의 마음을 자기의 주체로 삼는 것이다.

집중은 일상적인 자기(自己)를 내세워서 그것을 주체로 하지 않고 본성(本性), 곧 내재화된 천지의 본성을 주체로 하는 것이다. 그렇기 때문에 『주역』에서는 "앞세우면 혼미하고, 뒤로 하면 주체를 얻어서 이롭다."[97]고 하여 일상적인 자기를 버려서 본성을 주체로 해야 함을 밝히고 있다. 『논어』에서도 나와 남을 구분하여 자기의 이익을 중심으로 하는 사고를 버려서 예(禮)와 인(仁)을 내용으로 하는 도덕 주체—인예의지(仁禮義智)의 사덕(四德)을 내용으로 하는 본성(本性)—를 확립하는 것[98]을 밝히고 있다.

구육합덕위용은 천지의 합덕 작용을 역수(曆數)에 의하여 나타낸 것이다. '구(九)'는 천의 작용을 표상하는 체십용구(體十用九)를 나타내고, '육(六)'은 지(地)의 작용을 표상하는 체오용육(體五用六)을 나타낸다. 체십용구는 천(天)의 작용이 무극(无極)을 표상하는 십(十)을 본체로 하여 구(九)로 작용함을 나타내고, 체오용육은 지(地)의 작용이 황극(皇極)을 표상하는 오(五)를 본체로 하여 육(六)으로 작용함을 표상한다. 그러므로 구육합덕위용은 천지의 본성이 체(體)가 되어 그 작용이 이루어짐을 뜻한다.

구육합덕위용을 인도의 관점에서 나타내면 사람이 천지의 본성을 주체로 하면 그의 모든 언행(言行)이 그대로 천지(天地)의 작용임을 뜻한다. 그러한 상태는 공자가 말한 "마음이 하고자 하는 것을 좇아도 법도에

97 『周易』 重地坤卦 卦辭, "先하면 迷하고 後하면 得主하야 利하니라."
98 『論語』 顔淵, "顔淵問仁 子曰 克己復禮爲仁 一日克己復禮 天下歸仁焉 爲仁由己 而由人乎哉"

어긋나지 않는다."[99]는 것이다. 따라서 구육합덕위용은 인간의 몸을 매개로 하여 이루어지는 천지의 작용을 나타내는 것으로 곧 군자가 본성을 주체로 하여 사덕을 실천하는 것이다.

십오존공위체가 나타내듯이 집중이 중도(中道)를 본체로 세우는 일이라면 구육합덕위용은 본체에 의하여 이루어지는 작용으로 그것을 나타내는 개념이 중용(中庸)이다. 중용은 중도의 작용으로 본래 본체와 작용이 둘이 아니기 때문에 집중이 이루어지면 중용이 이루어진다. 따라서 중용이 이루어지기 위해서는 집중이 되어야 한다.

그런데 집중과 중용이 모두 중도(中道)를 중심으로 인도를 나타내었지만 집중의 중(中)은 천도(天道)와 지도(地道)가 주체화한 존재이기 때문에 구육합덕위용의 관점에서 천도와 지도를 중심으로 나타내면 중정(中正)의 도(道)[100]가 된다. 천도(天道)는 중도(中道)이며, 지도(地道)는 정도(正道)로 중도(中道)를 본체로 하여 정도(正道)로 작용하는 것이다. 따라서 중도를 본체로 하는 집중(執中)과 중도(中道)를 정도(正道)로 실천하는 중용(中庸)이 인도(人道)의 내용인 것이다.

중용을 명(名)과 실(實)의 관점에서 나타내면 『논어』에서 군자의 실천원리로 밝히고 있는 정명(正名)[101]이 된다. 어떤 사람이 자식을 만나서 아버지라는 이름으로 불릴 때는 아버지가 되어야할 때이다. 그 때 아버지라는 이름에 걸맞게 아버지의 언행(言行)을 행하는 것이 아버지다운 언행인 동시에 사람다운 언행이다. 이 때 아버지라는 인격적 존재가 됨은 인간 본래성(本來性)을 주체로 그것을 시위(時位)에 따라서 발현함으로 그것이 이른바 정명(正名)[102]이다. 정명은 사람이라는 이름에 바로 맞는

---

99 『論語』 爲政, "七十而從心所欲, 不踰矩."

100 天道와 地道 그리고 人道를 내용으로 하는 三才의 道를 한마디로 요약하여 나타내면 時間性의 原理와 空間性의 原理이다. 이는 三才의 道를 天地의 道를 중심으로 나타낸 것으로 天道인 時間性의 原理를 中道로 규정하고, 地道인 空間性의 원리를 正道로 규정한 것이다. 그러므로 三才의 道를 한마디로 나타내면 中正의 道가 된다.

101 『論語』, 子路, "子路曰 衛君待子而爲政 子將奚先 子曰 必也正名乎."

102 『論語』, 顔淵, "齊景公問政於孔子. 孔子對曰, "君君, 臣臣, 父父, 子子."

사람다운 행동원리로 사람이 본래성을 주체로 그 때에 따라서 다양한 존재 곧 아버지, 자식, 스승, 제자, 친구라는 인격적 존재를 자신을 드러내는 실천원리이다.

정명(正名)을 개체와 천하, 천지의 관계를 중심으로 나타내면 『주역』과 『맹자』에서 언급되고 있는 정명(正命)[103]이 된다. 어떤 사람이 자식을 만나서 아버지라는 이름으로 불리는 때는 아버지가 되어야할 사명이 주어진 것으로 그 사람이 아버지 노릇을 하는 것은 시위(時位)에 합당한 것인 동시에 자신에게 주어진 사명을 실천하는 정명(正命)이다. 따라서 정명(正名)이 본성을 주체로 세우는 집중(執中)과 관련된 문제라면 정명(正命)은 그것을 실천하는 중용(中庸)과 관련된 문제라고 할 수 있다.

지금까지 천도인 역수원리와 인도인 군자의 도를 중심으로 양자의 관계를 살펴보았는데 그 내용을 도표화하여 나타내면 다음과 같다.

도역(倒逆)	도생역성(倒生逆成)	역생도성(逆生倒成)
중도(中道)	중용(中庸)	집중(執中)
정도(正道)	정명(正命)	정명(正名)

위의 도표에 나타난 바와 같이 역수원리의 도역생성작용을 근거로 인도(人道)를 나타내면 도생역성은 중도(中道)를 정도(正道)로 실천하는 중용(中庸)인 동시에 군자가 자신에게 주어진 천명(天命)을 봉행(奉行)하는 정명(正命)이고, 역생도성은 군자가 자기의 본성을 주체로 하는 집중(執中)인 동시에 자신에게 주어진 천명(天命)을 주체로 하는 정명(正名)임을 알 수 있다.

그런데 집중(執中)과 정명(正名)의 인도는 그 근거가 천도이다. 그러므

103 『周易』의 火風鼎卦(䷱) 大象에서는 "君子以하야 正位凝命하나니라."라고 하였으며, 『孟子』의 盡心章句上에서는 " 孟子曰 莫非命也, 順受其正, 是故知命者不立乎巖牆之下. 盡其道而死者, 正命也, 桎梏死者, 非正命也."라고 하였다.

로 천도인 역수원리를 바탕으로 인도인 집중의 문제와 정명의 문제를 연구하지 않을 수 없다. 『정역』에서 밝힌 삼극의 도가 역수원리이며, 그것을 근본유학의 경전에서는 천(天)의 역수원리(曆數原理)로 규정하고 있다. 그리고 근본유학의 여러 경전에서는 삼재(三才)의 도(道)를 중심으로 인도인 군자의 도를 밝히고 있을 뿐 천도(天道) 자체는 밝히고 있지 않다. 그러므로 사서(四書)에서 밝히고 있는 군자의 도를 올바로 이해하기 위해서는 천도인 역수원리를 바탕으로 이해되어야함을 알 수 있다. 그런 점에서 『정역』에서 밝힌 역수원리를 바탕으로 사서(四書)를 재해석하여 군자의 도가 무엇인지 현대적 관점에서 다시 밝히는 것이 필요하다.

제삼부

역수원리(曆數原理)와 『대학(大學)』

- 제삼부 -

역수원리(曆數原理)와 『대학(大學)』

근본유학의 경전인 삼경(三經)과 사서(四書)는 모두 인도(人道)인 군자의 도를 밝히고 있다. 다만 삼경은 군자의 도를 직접 밝히고 있으며, 사서는 삼경에서 밝히고 있는 군자의 도를 근거로 그것을 어느 하나의 관점을 중심으로 밝히고 있는 점에서 삼경이 사서의 근거라고 할 수 있다. 이는 사서의 도처에서 삼경을 인용하여 내용을 전개하고 있는 것을 보면 확인할 수 있다.

삼경 가운데서 『주역』은 군자의 도를 천도(天道)와 지도(地道) 그리고 인도(人道)를 내용으로 하는 삼재의 도(道)의 관점에서 천지의 도와 인도의 관계를 중심으로 밝히고 있으며, 『서경』은 중국의 요순(堯舜)으로부터 진후(秦侯)에 이르기까지의 천자와 신하들의 문답을 통하여 정치원리를 중심으로 군자의 도를 밝히고 있고, 『시경』은 주말(周末)의 여항(閭巷)에서 유행하던 시(詩)로부터 궁중(宮中)에서 음악과 함께 행사에 사용되었던 시(詩) 또는 조상의 은덕을 기리는 시(詩)들을 통하여 율여(律呂)의 관점에서 군자의 도를 밝히고 있다.

사서 가운데서 『논어』는 학문을 중심으로 군자의 도를 밝히고 있으며,

『맹자』는 국가사회의 관점에서 실천을 중심으로 군자의 도를 밝히고 있다. 그러나 『대학』과 『중용』은 학문과 실천의 문제를 함께 밝히고 있다. 따라서 사서의 이해는 『대학』과 『중용』을 시종(始終)으로 하는 것이 타당하고 할 수 있다.

주회암(朱晦菴)은 이정(二程)의 주장을 수용하여 사서(四書) 가운데서 『대학』과 『중용』을 중요하게 여겼는데 그는 "『대학』은 학문의 처음과 끝을 통틀어서 말하였고, 『중용』은 본원(本原)의 지극한 부분을 나타내었다."[1]고 하였다. 왕양명(王陽明) 역시 『대학』에서 제시하고 있는 격물치지(格物致知)의 치지(致知)를 중심으로 자신의 주장을 제기함으로서 『대학』을 중요하게 여겼다. 왕양명은 37세에 용장(龍場)에서 "심즉리(心卽理)"를 깨달았으며, 이후 50세에 이르러 "치양지(致良知)"를 종지로 삼았다.[2] 치양지(致良知)가 『대학』의 격물치지(格物致知)를 『맹자』의 양지(良知)를 중심으로 이해한 것은 주지(周知)의 사실이다.

그런데 주회암(朱晦菴)과 왕양명의 두 관점은 군자의 도를 이해하는데 있어서 큰 시사점을 보여준다. 우선 두 사람의 의견의 차이는 『대학』을 통하여 분명하게 알 수 있다. 이러한 두 사람의 의견의 차이는 단순하게 두 학자의 의견의 차이에 불과한 것이 아니라 근본유학의 학문의 방법, 방향과 관련된 점에서 중요한 의미를 갖는다. 따라서 『대학』을 중심으로 주회암(朱晦菴)과 왕양명의 관점이 무엇이며, 『대학』의 내용과 관련하여 그들이 주장이 무엇인지를 살펴봄으로써 근본유학의 학문 방법과 방향에 대하여 살펴보는 것이 필요하다.

『대학』을 통하여 주회암(朱晦菴)과 왕양명이 제기한 학문이 방법과 방향을 살펴보기에 앞서 고찰의 방법에 대한 이해가 선행되어야 한다. 지금까지 주회암(朱晦菴)과 왕양명의 주장에 대하여 많은 연구가 있었지만

1 朱晦菴, 『大學章句集註』 讀大學法, "大學是通語學之初終 中庸是指本原極致處"

2 채인후 지음, 황갑연 옮김, 『왕양명철학』, 서울, 서광사, 1996.

주로 평면적 관점에서 두 사람의 주장이 어떻게 다른지 그리고 그것이 근본유학과 어떤 관계인지를 밝히는데 초점을 맞추어 왔다고 할 수 있다.

주회암(朱晦菴)이 생존할 당시에도 주회암(朱晦菴)과 육상산(陸象山)의 논쟁이 있었으며, 주회암(朱晦菴)을 계승한 후대의 성리학자들과 육상산을 계승한 왕양명에 의하여 논쟁이 있었다. 또한 왕양명은 스스로 「주자만년정론(朱子晩年定論)」을 지어서 두 사람의 주장이 다르지 않다고 하였다.

주회암(朱晦菴)과 육상산의 논쟁 또는 주회암(朱晦菴)을 비롯한 성리학에 대한 왕양명의 비판은 결국 자신의 주장을 철저하게 지키면서 상대방의 주장이 그르거나 상대방이 스스로 자신의 주장과 같음을 논증하고자 하였다. 주지하다시피 주회암(朱晦菴)과 육상산의 논쟁은 결국 서로의 의견이 다름을 확인하는 것으로 끝을 맺었으며[3], 왕양명의 「주자만년정론」 역시 주회암이 만년(晩年)에 이르러 초년의 주장이 잘못되었음을 깨닫고 새로운 주장을 하였는데 그것이 왕양명의 주장과 같다는 것이다.[4]

왕양명의 주장과 달리 주회암(朱晦菴)이 초년(初年)에는 육상산(陸象山)의 주장과 같았으나 말년에 오히려 달라졌다고 주장[5]하는 사람도 있으며, 본래 주회암(朱晦菴)의 성리학과 왕양명의 심학은 그 성격이 달라서 처음부터 같을 수 없다는 주장[6]도 있다.

---

3 陳來 지음, 이종란 외 옮김, 『주희의 철학』, 서울, 예문서원, 2008년 505에서 506쪽, "직접적인 의미에서 볼 대 주육 논쟁은 본래 학문 방법에 관한 논쟁이었다. 주희는 격물궁리를 주장하였고, 육구연은 본심을 드러내 밝힐 것을 주장하였다.... 일반적으로 보면 학문 방법의 논쟁에서 논쟁하는 사람이 철학자가 아니거나 공부 방법과 철학 배경을 연관시키지 못하는 경우라면 어떠한 학문 방법의 논쟁도 자기의 주관적 범위 안에 머물게 된다. 비록 주육 각자의 학문 방법은 특정한 사상체계와 연관되어 있지만 양자는 긴 논쟁 중에서 처음부터 학문하는 방법에서 상승하여 일정한 철학 관점에 도달해야 한다는 의식을 가지고 있지 않았다. 그들은 다만 학문하는 방법에 대한 사상적 배경에 따라 쌍방의 다름을 이해시키고자 했을 따름이다."

4 『王文成公全書』 卷七 「朱子晩年定論序」, "及官留都 復取朱子之書 而檢求之然後 知其晩歲 固已大悟舊說之非 痛悔極艾 至以爲自誑誑人之罪 不可勝贖"

5 朱晦菴의 사후 40년이 지나면서 朱陸의 학설을 조화시키고자 하는 학설이 있었다. 程敏政은 「道一篇」에서 "朱陸早異晩同說"을 주장하였다. 그러나 陳建은 「學蔀通辯」에서 "朱陸早同晩異說"을 주장하였다. 전자는 陸學의 입장에서 제기한 주장이고, 後者는 朱子學의 입장에서 제기한 주장이다. 兩者가 비록 早同을 주장하거나 晩同을 주장하는 차이는 있지만 결국 양자가 같다는 점에서는 一致한다.

그런데 사람에 따라서 기질(氣質)과 관심(觀心) 그리고 타고난 능력이 서로 다르기 때문에 그 주장이 서로 다르지 않을 수 없다. 하나의 이론 체계는 현지(現地)로서의 세계 자체가 아니라 그것을 나타내는 지도(地圖)와 같다. 지도는 관점과 그것을 나타내는 방법에 따라서 그 내용이 다르지 않을 수 없다. 따라서 다른 점을 중심으로 보면 각각 장점과 단점을 갖지 않을 수 없다.[7]

인간과 세계의 본성에 관한 어떤 이론체계를 막론하고 그것 자체가 세계를 나타내는 지도(地圖)인 점에서 보면 완벽한 이론체계는 존재할 수 없다. 주회암의 성리학의 경우 이기론(理氣論)과 심성론(心性論)을 구축하고 양자의 관계를 성즉리(性卽理)를 중심으로 나타내었다. 성즉리(性卽理)는 일반적으로 성품의 내용이 리(理)라는 의미로 이해하지만 그러나 내 성품과 물리(物理)가 곧 하나라는 의미이기도 하다. 그러나 심즉리(心卽理)는 아니기 때문에 격물치지(格物致知)를 통하여 심(心)과 리(理)를 일치시키는 학문이 필요하다. 이는 결국 내 마음의 인욕(人慾)을 제거하고 천리(天理)를 보존하여 성품과 마음이 같아지게 하는 것이라고 할 수 있다. 그런데 문제는 격물(格物)이 어느 정도 이루어져야 활연관통(豁然貫通)이 될 수 있는지 분명하지 않을 뿐만 아니라 심(心)과 리(理)를 둘

---

6 陳來는 앞의 책 412쪽에서 "이처럼 육학에서는 '주육조이만동설' 을 주장하고 주자학에서는 '주육조동만이설' 을 주장하여 말 그대로 얼음과 숯불처럼 상반되었다. 조동이든 만동이든 반드시 짚고 넘어가야할 것은 초년이나 만년의 주회 사상이 육구연과는 분명히 달랐다는 것이다." 고 하여 성리학과 육왕의 심학이 결코 같지 않다고 주장하였다. 이상익은 「王陽明의 〈朱子晩年定論〉에 대한 새로운 비판」에서 왕양명의 「주자만년정론」에 나타난 주자학과 왕명학이 초년에는 달랐으나 말년에 서로 같았다는 주장에 대하여 "이러한 논쟁은 주자와 육상산 사이의 本體論과 學問方法의 차이를 확인시켜 주었다. 이후로 주자학과 상산학은 서로 다르다는 것이 통념이 되었다. 그런데 약 340년이 지나 陽明 王守仁이 아른바 「朱子晩年定論」 이라는 것을 편찬하여 기존의 通念에 도전하였다." 고 말하고, "朱子學과 陽明學 사이에 이러한 논쟁이나 혼란이 야기되는 근본 원인은 이른바 心學이라는 말의 이중적 의미 때문이다." 고 하였다. 그리고 陽明이 "마음을 다스리는 학문(精一之學)이라는 의미에서 孔孟의 학문을 心學으로 규정하고 그것을 "마음이 진리의 표준(心則理學)" 이라는 의미의 心學을 옹호하는 논거로 삼았다고 하였다. 그런데 "陽明이 心卽理學을 精一之學의 근거로 삼고 있는 것과 달리 朱子는 精一之學을 옹호하고 心卽理學을 배척하기 때문에 양자가 같을 수 없다." 고 하였다.

7 사실 이상적인 측면에서 보면 주자학과 양명학의 내용을 會通시키고 合德시킬 필요가 없다. 주자의 주장에 따라서 格物致知하여 豁然貫通하면 誠意, 正心, 修身이 되어 齊家, 治國, 平天下가 이루어지고, 양명의 주장에 따라서 良知를 擴充하여 사물을 바로 잡으면 그것이 그대로 修身, 齊家, 治國, 平天下가 되기 때문이다. 그러나 학문은 下學而上達의 관점이 중심이라고 하지 않을 수 없다. 그렇기 때문에 上達을 향하여 會通과 合德의 學問 과정이 필요한 것이다.

로 나누어서 지리멸렬(支離滅裂)하고, 주체성(主體性)이 없다는 비판을 받을 수 있다.[8]

그러나 왕양명은 심즉리(心卽理)를 주장하였다. 이 때 심(心)은 성(性)과 일체적 존재이기 때문에 곧 성즉리(性卽理)가 된다. 따라서 주회암의 주장과 같이 격물치지(格物致知)를 통하여 심(心)과 리(理)를 일치(一致)시킬 필요가 없다. 다만 내 양지(良知)를 사물에 확충(擴充)하여 사물을 바로잡으면 되는 것이다. 그런데 심즉리(心卽理)의 관점에서 보면 주체성(主體性)은 확립할 수 있으나 객관성(客觀性)을 확보하기 어렵다. 그리고 심(心)과 리(理)가 구분됨으로 인하여 발생하는 지리멸렬(支離滅裂)은 피할 수 있으나 성인의 마음은 심즉리(心卽理)라고 할 수 있지만 일반 사람의 사심(私心)은 심즉리(心卽理)라고 할 수 없기 때문에 결국 심(心)의 본체(本體)가 리(理)라는 주장을 하게 되어 심(心)이 리(理)라는 모순된 주장을 하게 된다.[9]

앞에서 간략하게 살펴본 바와 같이 주회암과 왕양명의 주장을 막론하고 훌륭한 점과 보충해야할 점이 있기 때문에 서로의 장점에 상대방의 장점을 더하여 각각의 장점은 더욱 뛰어나게 하고 부족한 부분은 상대방의 주장을 통하여 보충함으로써 보다 합리적인 이론체계가 세워질 수 있을 것이다. 더구나 유학사(儒學史)의 측면에서 보면 성리학(性理學)과 심학(心學)은 근본유학을 시의성에 적합하게 발전시킨 훌륭한 사상일 뿐만 아니라 한 시대를 풍미했던 사상이라는 점에서 유학(儒學)의 미래를 위하여 근본유학을 바탕으로 두 사상을 회통(會通)하는 것이 필요하다.

---

8 朱子學의 관점에서 朱子學의 학문적 특성과 陽明學의 특성을 함께 살펴볼 수 있는 자료는 이상익 교수의 『朱子學의 길』(심산, 2007)을 들 수 있다. 이 책에서는 朱子學의 학문적 특성을 밝히고 그것을 바탕으로 주자학에 대한 陸王의 비판에 대하여 대응책을 제시하고 王陽明의 心卽理에 대하여 비판을 가하고 있다.

9 知行을 중심으로 朱子學의 장단점을 제시하고 있는 논문은 황갑연 교수의 「朱子 知行論의 장단점에 관한 고찰」(양명학 제9호, 2003)을 들 수 있다. 그는 知行論을 중심으로 주자학의 장단점을 제시하고 그 단점을 왕양명의 사상으로부터 보완할 수 있음을 밝히고 있다.

주회암과 왕양명의 『대학』에 관한 주장 더 나가서 성리학(性理學)과 심학(心學)을 회통시켜서 합덕하게 할 수밖에 없는 까닭은 두 사람이 모두 자신들의 학문 연원이 공맹(孔孟)에 있음을 밝혔다는 점이다. 성리학의 관점에서 보면 주회암은 『중용장구』의 서문과 『대학장구』의 서문을 통하여 요순(堯舜)으로부터 전하여져서 공자(孔子)에 이르러서 집대성된 근본유학이 맹자(孟子)에게 전하여지고, 그것이 다시 이정(二程)에게 전하여졌다고 규정함으로서 자신의 학문 연원이 공맹(孔孟)에 있음을 밝히고 있다.[10] 왕양명 역시 공자에 의하여 집대성된 유학(儒學)이 맹자(孟子)를 거쳐서 정명도(程明道)로 전하여지고 그것이 다시 육상산(陸象山)에게 전하졌음을 밝히고 있다.[11] 이를 통하여 왕양명 역시 자신의 학문연원이 공맹(孔孟)에 있음을 밝혔음을 알 수 있다. 따라서 주회암과 왕양명의 사상이 서로 다른 점이 있더라도 그 연원은 모두 공맹에 있다고 하지 않을 수 없다.

주회암과 왕양명이 스스로 공맹의 학문을 계승하고자 학문 활동을 하

---

10 朱晦菴, 『大學章句』 序文, "蓋自天降生民 則旣莫不與之以仁義禮智之性矣 然其氣質之稟或不能齊 是以不能皆有以知其性之所有而全之也 一有聰明叡智能盡其性者出於其間 則天必命之以爲億兆之君師 使之治而敎之 以復其性 此伏羲神農黃帝堯舜所以繼天立極 而司徒之職典樂之官 所由設也... 及周之衰 賢聖之君不作 學校之政不修 敎化陵夷 風俗頹敗 時則有若孔子之聖 而不得君師之位 以行其政敎 於是獨取先王之法 誦而傳之 而詔後世 若曲禮少儀內則弟子職諸篇 固小學之支流餘裔 而此篇者則因小學之成功 以著大學之明法 外有以極其規模之大 而內有以盡其節目之詳者也 三千之徒蓋莫不聞其說 而曾氏之傳 獨得其宗 於是作爲傳義 以發其意 及孟子沒 而其傳泯焉 卽其書雖存 而知者鮮矣...天運循環 無往不復 宋德隆盛 治敎休明 於是河南程氏兩夫子出 而有以接乎孟氏之傳 實始尊信此篇 而表章之 旣又爲之次其簡編 發其歸趣 然後古者大學敎人之法 聖經賢傳之指 粲然復明於世 雖以熹之不敏 亦幸私淑而與有聞焉 顧其爲書猶頗放失 是以忘其固陋 采而輯之 間亦竊附己意 補其闕略 以俟後之君子 極知僭踰無所逃罪 然於國家化民成俗之意 學者修己治人之方 則未必無小補云" 및 『中庸章句』 序文, "蓋自上古 聖神繼天立極而道統之傳 有自來矣 其見於經則允執厥中者 堯之所以授舜也 人心惟危 道心惟微 惟精惟一 允執厥中者 舜之所以授禹也...夫堯舜禹天下之大聖也 而天下相傳 天下之大事也 以天下之大聖 行天下之大事 而其授受之際 丁寧告戒 不過如此 則天下之理 豈有以加於此哉 自是以來 聖聖相承 若成湯文武之爲君 皐陶伊傅周召之爲臣 旣皆以此 而接夫道統之傳 若吾夫子 則雖不得其位 而所以繼往聖 開來學 其功 反有賢於堯舜者 然當是時 見而知之者惟顔氏曾氏之傳 得其宗 及其曾氏之再傳 而復得夫子之孫子思 則去聖遠而異端起矣...自是而又再傳 以得孟氏 爲能推明是書 以承先聖之統 及其沒而遂失其傳焉...然而尙幸此書之不泯 故程夫子兄弟者出 得有所考 以續夫千載不傳之緖 得有所據 以斥夫二家似是之非

11 『王文成公全書』 卷七 「象山文集序」, "聖人之學心學也 堯舜禹之相授受 曰人心惟危道心惟微 惟精惟一 允執厥中 此心學之源也 中也者道心之謂也 道心精一之謂仁所謂中也 孔孟之學 惟務求仁 蓋精一之傳也...至宋周程二子 始復推尋 孔顔之宗 而有無極而太極 定之以仁義中正....庶幾精一之旨矣 自是而後 有象山陸氏 雖其純粹和平 若不逮於二子 而簡易直節 眞有以接孟子之傳...."

였을 뿐만 아니라 그 내용 역시 인도(人道)라는 이상적 인격체의 삶의 원리이며, 대상은 동일한 존재로서의 인간이다. 따라서 송명(宋明)의 이학(理學)과 심학(心學)이 모두 사람에 의하여 형성된 학문이며, 그 내용이 사람답게 살아가는 길로서의 인도(人道)라는 점에서 양자의 사상이 회통하여 합덕하지 않을 수 없다. 그러면 주회암과 왕양명의 사상을 회통하여 합덕하는 방법은 무엇인가?

일반적으로 어떤 사상을 막론하고 사상 자체를 중심으로 그 특성과 문제점을 가려서 양자의 장점을 중심으로 단점을 보완함으로써 회통하여 합덕시키는 방법이 있다. 그러나 회통과 합덕은 적어도 다음의 두 가지 요건을 갖추어야 한다.

첫째는 두 사상을 회통하여 합덕하였을 때 그 결과가 근본유학의 내용을 벗어나서는 않된다는 점이다. 만약 근본유학과 무관한 내용이라면 유학이라고 할 수 없다. 물론 그것은 근본유학의 내용과 그대로 일치해야 한다는 것이 아니라 유학의 학문적 특성을 그대로 지니고 있어야 함을 뜻한다.

둘째는 주회암와 왕양명의 사상을 회통하여 합덕(合德)시키는 작업은 단순하게 이론만의 회통이 아니라 존재 자체가 본래 그러함이 밝혀져야 한다. 다시 말하면 진정한 회통은 그 존재론적 근거를 확보하지 않으면 안된다. 왜냐하면 설사 이론 자체만으로 양자를 합하여 새로운 이론을 구축한다고 할지라도 그 이론의 정당성 확보는 별개의 문제이기 때문이다.

두 사람의 주장을 존재론적 관점에서 회통하는 문제는 양자의 주장이 나오게 된 근원(根源)을 중심으로 할 때 비로소 가능하다. 모든 주장의 근원은 도(道)이며, 도(道)는 곧 본성을 떠나서 밝혀질 수 없는 것이다. 따라서 두 사람의 주장 자체를 중심으로 시(是)와 (非)를 가리는 작업 이전에 시비(是非)가 없는 본성(本性)의 차원, 도(道) 자체의 차원, 형이상(形而上)의 차원에서 양자를 회통(會通)하여 합덕(合德)함으로써 양자(兩者)의 가치를 밝혀내는 것이 필요하다. 그러면 형이상의 차원에서 본성을 중심으로 어떻게 두 사상을 회통하여 합덕할 수 있는가?

이단(異端)과 정통(正統)의 문제는 공간적 관점에서 분석적 사고를 중심으로 양자를 고찰할 때 제기되어지는 문제이다. 본래 공간과 시간은 일체적 관계일 뿐만 아니라 시간이 공간보다 근원적이다. 본래적 시간인 영원한 현재를 정지하여 객관적 관점에서 나타낸 것이 공간상의 천지인(天地人)의 삼재(三才)의 세계인 것이다.

형이상과 형이하라는 개념 역시 "형(形)" 이라는 개념이 중심이 된 것이 바로 공간적 관점임을 나타낸다. 이 형이상과 형이하는 시간을 정지시켜서 그것을 분석하여 나타낸 것이기 때문에 양자에 시간을 부여하면 곧 양자의 일체적인 관계가 드러난다. 따라서 정통(正統)과 이단(異端), 시(是)와 비(非)를 가리는 분석적 사고를 지양(止揚)할 수 있는 방법 이른바 회통과 합덕의 방법은 공간적 분석의 관점을 시간적 회통으로 바꾸는 것이다.

시간의 관점에서 이단과 정통의 문제를 해결하는 것은 시간성(時間性)의 현현(顯現)으로서의 본래적 시간인 영원한 현재의 관점에서 양자를 고찰하는 방법이다. 그런데 『주역』을 비롯한 중국(中國) 유가(儒家)의 전적들은 공간적인 삼재(三才)의 세계를 중심으로 인도(人道)를 밝히고 있고, 한국 유학자에 의하여 저작된 『정역(正易)』에서는 시간의 관점에서 시간성(時間性)의 내용인 삼극(三極)을 중심으로 그 도(道)를 밝히고 있다. 따라서 영원한 현재를 중심으로 인도를 밝히는 문제는 『정역』에서 밝힌 역수원리를 중심으로 이루어져야 한다.

시간의 관점에서 정통과 이단, 형이상과 형이하의 회통과 합덕은 원천(原天)을 바탕으로 그것을 구분하여 나타낸 선천과 후천의 문제를 통하여 이해할 수 있다. 선천과 후천의 시간적 관점에서 정통(正統)과 이단(異端)의 문제를 이해하면 그것은 선천적 관점에서 나타나는 현상으로 후천의 관점에서 보면 회통과 합덕의 문제가 해결된다.

선천과 후천은 『주역』에서부터 언급된 개념[12]으로 선천(先天)과 후천

(后天)의 천(天)은 시간을 나타낸다. 그러므로 선천과 후천은 우주의 역사를 둘로 나누어서 각각 전반과 후반을 나타낸 것이다. 선천은 형이하적 세계가 중심이라면 후천은 형이상적 세계가 중심이다. 선천은 형이하적 세계에서 형이상의 세계를 향하여 나아가는 시대이며, 후천은 형이상적 세계를 바탕으로 그것을 형이하의 세계에서 실천하는 시대이다. 그러므로 선천은 근원적 세계를 향하여 생장(生長)하는 시대라면 후천은 형이상적 세계를 주체로 살아가는 합덕(合德)의 시대이다.

그런데 선천과 후천은 단순하게 시간적 관점에서 언급된 것이 아니다. 왜냐하면 물리적 시간은 형이하적 존재이며, 형이하적 존재는 형이상적 존재를 근본으로 형성되기 때문이다. 시간의 존재 근거인 형이상적 존재는 시간성이다. 그러므로 선천과 후천을 막론하고 그 바탕에는 시간성이라는 근원적 존재가 전제가 된다. 선천과 후천을 구분할 수 없는 시간성의 세계를 『정역』에서는 원천(原天)[13]으로 규정하고 있다.

원천의 관점에서 보면 선천과 후천은 상호 작용하는 일체적 관계이면서 구분되어지는 관계라고 하지 않을 수 없다. 그렇기 때문에 『정역』에서는 후천은 선천을 향하여 작용하고, 선천은 후천을 향하여 작용한다[14]고 하였다. 선천과 후천의 문제를 인간을 중심으로 살펴보면 선천의 중심 문제는 학문이며, 후천의 중심 문제는 실천이다. 그러므로 선천적 관점이 중심이라는 것은 학문의 문제가 중심임을 뜻한다.

학문의 관점에서는 소인(小人)과 군자(君子), 옳음(是)과 그름(非), 정통(正統)과 이단(異端)을 엄격하게 구분하는 것이 필요하다. 그것은 사람 자체의 문제가 아니라 소인의 도를 버리고 군자의 도를 좇기 위함이며, 그름(非), 이단(異端)이 아닌 옳음(是), 정통(正統)을 좇기 위함이다. 그

12 『周易』, 重天乾卦(䷀) 文言, "夫大人者與天地合其德 與日月合其明 與四時合其序 與鬼神合其吉凶 先天而天弗違 後天而奉天時"

13 金恒, 『正易』「先后天正閏度數」, "先天은 體方用圓하니 二十七朔而閏이니라. 后天은 體圓用方하니 三百六旬而正이니라. 原天은 无量이니라."

14 金恒, 『正易』 第四張, "后天政於先天水火 先天政於后天火水"

러나 후천의 관점에서 보면 양자를 합덕(合德)시켜서 이해하여야 한다. 그렇기 때문에 두 사람의 주장에 대하여 서로 구분하여 어떤 이론이 타당한지를 밝히는데 치중하는 것은 선천적 관점에서 두 사람의 주장을 연구하였음을 뜻한다.

그러나 선천과 후천의 관계가 그렇듯이 학문과 실천은 별개의 존재가 아니다. 학문의 결과가 실천으로 나타나고, 실천은 학문을 전제로 한다. 그렇기 때문에 양자는 일체적이면서 구분되어지는 관계라고 할 수 있다. 그러면 양자가 합덕된 일체적 관계는 어떻게 밝혀지는가?

본래 인간의 삶의 원리인 인도의 존재근거는 천도이다. 천도를 중심으로 인도를 고찰할 때 비로소 선천의 중심 문제가 학문이며, 후천의 중심 문제가 실천임이 밝혀질 뿐만 아니라 일체적이면서도 구분되어지는 선후천 관계 역시 밝혀진다. 따라서 천도의 내용을 근거로 군자의 도를 학문과 실천의 두 문제를 중심으로 고찰하는 것이 필요하다.

『서경』과 『주역』 그리고 『논어』에서 밝히고 있는 천도의 내용은 역수원리이며, 역수원리를 역도로 규정하고 그 내용을 밝히고 있는 역경은 『정역』이다. 그러므로 본장에서는 『정역』에서 밝힌 역수원리를 바탕으로 『대학』의 내용에 대한 주회암(朱晦菴)과 왕양명의 주장을 통하여 근본유학에서 제시하고 있는 학문의 방법과 방향이 무엇인지를 밝히고자 한다.

1. 순역(順逆)원리와 『대학』

우리는 앞에서 『정역』이 천도의 내용인 시간성의 원리(曆數原理)를 밝혔으며, 그 내용이 삼극(三極)의 회통(會通)과 합덕(合德) 작용원리, 선천과 후천의 합덕작용원리이고, 그것을 인도를 중심으로 나타내면 집중(執中)과 중용(中庸)임을 살펴보았다.

그런데 『주역』에서는 모든 존재를 형상을 중심으로 형상을 초월한 형이상적 존재와 형상을 가진 형이하적 존재로 구분하여 나타내고 있다. 형이상의 근원적 존재를 도(道)로 규정하고, 도(道)를 존재근거로 형성된 만물을 기(器)로 규정하고 있다.[15]

모든 존재를 도(道)와 기(器)로 구분한 것은 양자의 관계를 통하여 본래의 세계를 드러내고자 함이다. 만물을 기(器)로 규정한 것은 그것이 근원적 존재인 도(道)를 담고 있는 그릇과 같음을 뜻한다. 이는 도(道)와 기(器)가 일체적 관계임을 나타내는 것이다. 그러나 형이상적 존재와 형이하적 존재로 구분하여 나타낸 바와 같이 도(道)와 기(器)는 그 존재양상에 따라서 엄격하게 구분되어지는 존재이다.

그런데 형이하적 존재인 기(器)의 세계를 『주역』에서는 천(天)과 지(地) 그리고 인(人)의 삼재적(三才的) 구조에 의하여 설명하고 있다.[16] 그렇기 때문에 기(器)의 구조를 중심으로 살펴보면 도(道)는 천도(天道)와 지도(地道) 그리고 인도(人道)가 된다.[17]

그리고 도를 기(器)의 관점에서 나타내면 각각의 존재근거로서의 본성이 된다. 그렇기 때문에 보편적 관점에서의 도(道)와 더불어 개체적 관점에서 본성을 언급하지 않을 수 없다. 그렇기 때문에 개체적 관점에서 인간의 본성을 과거적 본성과 미래적 사명, 이상으로서의 명(命)을 중심으로 성명(性命), 성명지리(性命之理)[18]로 규정하고 있다.

모든 존재를 이해하고 설명하는 방법은 도(道)라는 일체적 관점에서 나타내는 방법과 기(器)라는 만물의 관점에서 나타내는 방법이 있다. 『주역』에서는 도(道)를 음양(陰陽)을 통하여 "한번은 음(陰)으로 작용하고, 한번은 양(陽)으로 작용하는 음양(陰陽)의 질운(迭運) 작용원리"[19]로

---

15 『周易』 繫辭上篇 第十二章, "是故로 形而上者를 謂之道오 形而下者를 謂之器오."

16 『周易』 繫辭下篇 第十章, "易之爲書也 廣大悉備하야 有天道焉하며 有人道焉하며 有地道焉하니 兼三才而兩之라 故로 六이니 六者는 非他也라 三才之道也니"

17 『周易』 說卦 第二章, "是以 立天之道 曰陰與이오 立地之道曰 柔與剛이오 立人之道曰 仁與義니 兼三才而兩之라 故로 易이 六畫而成卦하고 分陰分陽하며 迭用柔剛이라 故로 易이 六位而成章하니라."

18 『周易』 說卦 第二章, "昔者聖人之作易也는 將以順性命之理니" 및 重天乾卦 彖辭, "乾道變化하여 各正性命하니"

규정하는 동시에 "음(陰)과 양(陽)으로 구분하여 나타낼 수 없는 음양(陰陽)이 합덕(合德)된 존재를 신(神)이라고 한다."[20]고 하여 일체적 관점에서 나타내는 경우와 다양한 관점에서 나타내는 경우로 구분하여 나타내고 있다.

그러나 하나의 이치를 중심으로 세계를 이해하고 설명하는 경우와 상대적인 개념들을 중심으로 세계를 이해하고 설명하는 방법은 둘이 아니다. 그렇기 때문에 『주역』에서는 "일치하면서도 백가지로 다양한 생각(一致而百慮)"[21]을 언급하고, "한곳으로 돌아가는 다양한 길(同歸而殊途)"[22]을 언급하고 있을 뿐만 아니라 "하나를 이룸(致一)"[23]을 논하여 이 점을 밝히고 있다.

주회암은 도(道)의 관점이 아닌 성(性)의 관점 곧 일리(一理)가 아닌 분수리(分殊理)의 관점에서 그의 모든 이론체계를 수립하였다. 이는 그의 학문적 기질과 태도 그리고 시대 상황에 따른 결과라고 할 수 있다. 먼저 스스로 자신의 학문과정을 언급한 부분을 살펴보면 다음과 같다.

> 나는 처음 학문할 때 역시 분명하지 않고 크고 넓은 것을 말하는 언설에 힘써서 같음을 좋아하고 다름을 싫어했으며, 큰 것을 기뻐하고 작은 것에 대하여 부끄러워했다. 연평 선생의 말에 대해서는 "어찌하여 일들이 많음이 이와 같은가? 천하의 리(理)는 하나일 뿐이다."라고 여겨서 마음속으로 의심하여 불복하였다. 동안현(同安縣)의 남은 관직 생활동안 연평의 말을 반복하여 생각하니 비로소 그가 나를 속이지 않았음을 알게 되었다. 대개 연평의 말은 "우리 유학이 이단(異端)과 다른 까닭은 이일분수(理一分殊)일 뿐이다. 그 리(理)는 하나가 아님을 걱정할 필요는 없으니 어려운 것은 분수(分殊)일 뿐이다." 라고 하였으니 이것이 그 요체이다.[24]

---

19 『周易』 繫辭上篇 第五章, "一陰一陽之謂道니"

20 『周易』 繫辭上篇 第五章, "陰陽不測之謂神이라."

21 『周易』 繫辭下篇 第五章, "易曰 憧憧往來면 朋從爾思라하니 子曰 天下何思何慮리오 天下 同歸而殊塗하며 一致而百慮니 天下 何思何慮리오"

22 『周易』 繫辭下篇 第五章, "易曰 憧憧往來면 朋從爾思라하니 子曰 天下何思何慮리오 天下 同歸而殊塗하며"

23 『周易』 繫辭下篇 第五章, "天地絪縕애 萬物이 化醇하고 男女構精애 萬物이 化生하나니 易曰 三人行앤 則損一人코 一人行앤 則得其友_라하니 言致一也라."

위의 내용을 살펴보면 주회암이 스승인 연평의 가르침을 통하여 유학과 다른 학문과의 차이가 분수리(分殊理)에 있음을 알고 자신의 학문 방향을 분수리(分殊理)에 치중하여 다양한 관점에서 하나로 일치시켜가는 치일(致一)에 두었음을 알 수 있다. 그가 분수리(分殊理)의 관점에 있다는 것은 만물의 관점에서 그 존재근거인 도를 찾아가는 관점에 있음을 뜻한다. 이러한 그의 관점은 다음의 말을 통해서도 확인된다.

> 어떤 사람이 이일분수(理一分殊)에 대하여 묻자 말하였다. "성인은 일찍이 리일(理一)을 말하지 않았으며, 다만 분수(分殊)에 대해서는 여러 번 말하였다. 분수(分殊) 가운데 있는 구체적 사물에서 당연의 리(理)를 이해할 수 있어야만 비로소 리(理)의 근본이 하나로 관통함을 알 수 있다. 만 가지 다른 것들에 각기 다른 리(理)가 있는 것을 알지 못하고 오로지 리일(理一)만을 말한다면 리일(理一)이 어디에 있는지를 알지 못할 것이다."[25]

위의 내용을 보면 주회암이 각각의 사물에 나아가서 그 분수리를 추구함으로서 비로소 리일(理一)에 도달할 수 있다고 여겼음을 알 수 있다.

주회암이 형이하의 관점에서 사물의 본질을 통하여 형이상의 도(道)의 세계, 일리(一理)의 세계에 나아가고자 하는 관점이었기 때문에 형이상과 형이하를 엄격하게 구분하여 양자의 근원을 이(理)와 기(氣)로 규정함으로써 본체론을 수립하였다. 도(道)와 기(器)의 개념을 중심으로 도(道)를 이(理)로 그리고 기(器)를 기(氣)로 규정하여 그의 본체론인 이기론(理氣論)[26]을 수립하였던 것이다. 그리고 이(理)와 기(氣)의 관계를 불가

---

24 『延平答問』(『中國思想叢書10』, 서울, 中央圖書, 1988, 27쪽), "余之始學 **亦務爲儱侗宏闊之**言 好同而惡異 喜大而恥於小 於延平之言 則以爲何爲多事若是 天下之理一而已 心疑而不服 同安官餘 以延平之言 反復思之 始知不我欺矣 蓋延平之言曰 吾儒之學 所以異於異端者 理一而分殊也 理不患其不一 所難者分殊耳 此其要也"

25 『朱子語類』 卷27 論語九 27: 41, "或問理一分殊 曰 聖人未嘗言理一 多只言分殊 蓋能於分殊中事事物物, 頭頭項項, 理會得其當然, 然後方知理本一貫. 不知萬殊各有一理, 而徒言理一, 不知理一在何處. 聖人千言萬語教人, 學者終身從事, 只是理會這箇. 要得事事物物, 頭頭件件, 各知其所當然, 而得其所當然, 只此便是理一矣."

26 『朱子大全』 卷58, 「答黃道夫」, "天地之間 有理有氣 理也者形而上之道也 生物之本也 氣也者形而下之器也 生物之具也"

분개(不可分開)와 결시이물(決是二物)의 불상리(不相離), 불상잡(不相雜)[27]의 관계로 규정하고 각각 이동기이(理同氣異), 기근이절부동(氣近理絶不同)[28], 이선기후(理先氣後), 기강이약(氣强理弱)[29]을 논하였다.

또한 이기론(理氣論)을 바탕으로 성품(性品)을 본연(本然)의 성(性) 곧 천지(天地)의 성(性)과 기질(氣質)의 성(性)[30]을 구분하였다. 그리고 심통성정론(心統性情論)을 수용하여 심(心)을 중심으로 성(性)과 정(情)을 체용(體用) 관계[31]로 나타내었을 뿐만 아니라 성즉리(性卽理)[32]를 주장하여 성(性)이 곧 이(理)임을 밝히고 있다.

주회암(朱晦菴)이 모든 존재를 공간적 관점에서 이(理)와 기(氣)로 구분하여 양자의 관계를 불상리(不相離)의 일체적 관계와 불상잡(不相雜)의 둘의 관계를 나타냄으로써 그가 이기의 관계에 대하여 주장하는 이동기이(理同氣異)와 기근이절부동(氣近理絶不同)의 양자가 모두 옳을 수 없는 모순(矛盾)을 낳고, 이선기후(理先氣後)와 기강이약(氣强理弱)이 모두 옳을 수 없는 모순을 낳게 된다.

그런데 이기(理氣)의 관계에 관한 언급인 "불상리", "불상잡"은 하나의 주장일 뿐 이기(理氣)라는 존재 자체의 특성을 나타내는 것이 아니다. 그렇기 때문에 양자가 모순 관계라는 것은 불상리와 불상잡이라는 주장과 주장 사이의 관계가 모순임을 뜻할 뿐 이(理)와 기(氣)라는 존재 자체

27 『朱子大全』 卷46, 「答劉敍文」, "所謂理與氣 此決是二物 但在物上看 則二物渾淪 不可分開 各在一處 然不害二物之各爲一物也 若在理上看 則雖未有物 而已有物之理 然亦但有其理而已 未嘗實有是物也"

28 『朱子語類』 卷4, "先生答黃商伯書有云: "論萬物之一原, 則理同而氣異; 觀萬物之異體, 則氣猶相近, 而理絶不同."

29 『朱子語類』 卷4, "有是理而後有是氣, 有是氣則必有是理" 및 "又問: "若氣如此, 理不如此, 則是理與氣相離矣!" 曰: "氣雖是理之所生, 然旣生出, 則理管他不得. 如這理寓於氣了, 日用間運用都由這箇氣, 只是氣强理弱."

30 『朱子語類』 卷4, "論天地之性, 則專指理言; 論氣質之性, 則以理與氣雜而言之. 未有此氣, 已有此性. 氣有不存, 而性卻常在. 雖其方在氣中, 然氣自是氣, 性自是性, 亦不相夾雜. 至論其遍體於物, 無處不在, 則又不論氣之精粗, 莫不有是理."

31 『朱子語類』 卷5, "性 · 情 · 心, 惟孟子橫渠說得好. 仁是性, 惻隱是情, 須從心上發出來. 心統性情者也. 性只是合如此底, 只是理, 非有箇物事. 若是有底物事, 則旣有善, 亦必有惡. 惟其無此物, 只是理, 故無不善."

32 『朱子語類』 卷5, "性卽理也. 在心喚做性, 在事喚做理"

가 모순의 관계임을 뜻하는 것은 아니다. 주회암(朱晦菴)도 이러한 문제를 인식하고 있었기 합간(合看)과 분간(分看)[33], 전언(專言)과 편언(偏言)[34] 본원(本源)과 유행(流行)[35], 체(體)와 용(用)[36]과 같은 다양한 개념들을 통하여 양자를 서로 회통(會通)시켜서 그 의미를 설명하고자 하였던 것으로 생각된다.

한국의 성리학자인 한원진(韓元震)은 주회암(朱晦菴)이 초년에 언급한 여러 내용과 말년에 언급한 내용들을 서로 비교하여 검토한 결과 다양한 주장들로 인하여 발생하는 모순(矛盾)들을 발견하였다.[37] 그리고 주회암 역시 생전에 자신의 주장 가운데서 모순이 발생함을 인지하고 합간(合看)과 분간(分看), 전언(專言)과 편언(偏言) 등의 여러 개념을 통하여 회통시켜서 그 의미를 설명하고자 하였음에 주목하였다. 그리하여 한원진은 합간(合看)과 이간(離看)의 이간(二看)을 중심으로 주회암(朱晦菴)의 다양한 주장들을 회통[38]하여 그 의미를 밝히고 있다. 이러한 회통적 전통은 이진상(李震相)에서도 나타난다. 그는 수간(竪看), 도간(倒看), 횡간(橫看)의 삼간(三看)[39]을 중심으로 이황(李滉)과 이이(李珥), 김창협(金昌

---

33 『朱子語類』 卷74, "'一陰一陽之謂道 陰陽何以謂之道 曰 當離合看" 및 卷94, "明道云 陰陽亦形而下者而曰道 只此兩句截得上下分明 截' 字莫是'斷' 字誤 曰 正是截字 形而上·形而下 只就形處離合分別此正是界至處. 若止說在上在下, 便成兩截矣"

34 『朱子語類』 卷20, "問 '孝弟爲仁之本 此是專言之仁, 偏言之仁 曰 此方是偏言之仁, 然二者亦都相關. 說著偏言底, 專言底便在裏面; 說專言底, 則偏言底便在裏面. 雖是相關, 又要看得界限分明. 如此章所言, 只是從愛上說. 如云 '惻隱之心仁之端', 正是此類. 至於說 '克己復禮爲仁', '仁者其言也訒', '居處恭, 執事敬, 與人忠', '仁, 人心也', 此是說專言之仁, 又自不同. 然雖說專言之仁, 所謂偏言之仁亦在裏面. 孟子曰: '仁之實, 事親是也.' 此便是都相關說, 又要人自看得界限分明."

35 『朱子語類』, 卷第九十四 94:119, "大哉乾元 萬物資始 誠之源也. 此統言一箇流行本源. 乾道變化 各正性命 誠之流行出來 各自有箇安頓處."

36 『朱子語類』, 卷第九十八 98:40, "心統性情. 性情皆因心而後見. 心是體 發於外謂之用. 孟子曰 仁人心也 又曰 惻隱之心 性情上都下箇心字. 仁人心也 是說體 惻隱之心 是說用. 必有體而後有用, 可見心統性情之義."

37 韓元震, 『朱子言論同異攷』 卷一 理氣, "朱子言論多有前後異同 有一得一實而不可兩存者 有語雖不同而意實相通者 有本無異同而學者看作異同者." 및 "先生所論理氣 大概如右 而又有以一言斷之曰離合看 蓋理氣合看則爲二物 爲二物則理先而氣後氣異而理同矣 合看則爲一物 爲一物則理氣無先後無異同矣 看者又當着眼看 謂人離合看 非謂理氣有合離時也"

38 韓元震. 『朱子言論同異攷』, 卷一 理氣, "先生所論理氣 大概如右 而又有以一言斷之者曰離合看 蓋理氣離看 則爲二物 爲二物 則理先而氣後 氣異而理同矣 合看則爲一物 爲一物 則理氣無先後無異同矣 看字又當着眼看 謂人離合看 非謂理氣有離合時也"

協), 이상정(李象靖)의 성리학을 회통적(會通的) 관점에서 이해하고자 하였다.[40] 퇴율(退栗) 사상의 연원이 주회암(朱晦菴)의 성리학에 있기 때문에 한주(寒州)의 삼간법과 남당(南唐)의 이간법이 모두 성리학에서 발생하는 모순을 회통적 관점에서 해소하고자 하였던 결과라고 할 수 있다.

앞에서 이미 살펴본 바와 같이 주회암이 이기론, 심성론, 본체와 심성의 관계 등에서 보여주는 이원론적(二元論的) 구조는 그가 분수리(分殊理)의 관점을 바탕으로 하고 있음을 보여주는 것이다. 이는 그가 형이상의 세계 자체를 바탕으로 형이하의 세계를 밝히는데 관점이 있는 것이 아니라 형이하의 세계에서 형이상의 세계로 나아가는데 그 관점이 있음을 뜻한다.

주회암이 형이하에서 출발하고 있음을 단적으로 살펴볼 수 있는 것은 그의 격물치지(格物致知)에 관한 주장이다. 주회암은 격물치지를 사물에 나아가서(卽物) 사물의 이치를 궁구함으로써(窮理) 나의 앎을 지극하게 함(知至)[41]으로 이해하였는데 그 내용을 살펴보면 다음과 같다.

> 이른바 격물(格物)이 치지(致知)에 있다는 것은 나의 지식을 지극히 하고자 한다면 사물에 나아가 그 이치(理致)를 궁구(窮究)함에 있음을 말한 것이다. 인심(人心)의 영특함은 앎이 있지 않음이 없고, 천하의 사물은 이치가 있지 않음이 없건마는 다만 이치에 대하여 궁구하지 않음이 있기 때문에 그 앎이 다하지 못함이 있는 것이다. 이 때문에 대학에서 처음 가르칠 때에 반드시 배

39 李震相, 『寒州集』 卷七, 「答沈穉文 別紙」, "竊念理氣之妙 不相離不相雜 要在人離合看 故有就本原上竪看者 有就流行處橫看者 有就形迹上倒看者 窮理之始 倒看而有所據 析理之精 橫看而無所遺 明理之極 竪看而得其眞", 한국고전종합DB, 한국고전번역원.

40 李震相, 『寒州集』 卷之七 書 答沈穉文, "吾東理氣之說。不幸有參差之端。而其實各有攸主。不可偏廢。**退陶主竪而兼橫**。故心統性情。中圖拈出其本然之性。不雜乎氣稟而爲言。其發而爲情。亦指其善者言之。合四七而仍指作本性所發。**此其主竪之實**。而下圖曰四端理發而氣隨之。七情氣發而理乘之。此則兼說其橫也。**栗谷主倒而兼竪**。故曰見孺子入井而惻隱者氣也。惻隱之本則仁也。又曰發之者氣。所以發者理也。又曰氣機動而爲情。此其主倒之實。而又曰情雖萬般。夫孰非發於理乎。又曰理通而氣局。此則兼說**其竪也**。農巖主橫而兼倒。故曰四端主理言而氣在其中。七情主氣言而理在其中。又曰謂善情皆發於淸氣則不可。謂濁氣所發其情皆惡則不可。又曰其實則七情亦不能兼四端。此其主橫之實。而又曰氣機發動而理則乘焉。此則兼說其倒也。**大山主橫而兼竪**。故曰四端非無氣。而理爲主故謂之理之發。七情非無理。而氣爲主故謂之氣之發。此其主橫之實。而又曰七情亦發於性。而有理之發曰達道。固不可謂是氣之發。**此則兼說其竪也.**", 한국고전종합DB, 한국고전번역원.

41 朱晦菴, 『大學章句』, "卽物而窮其理也"

> 우는 사람으로 하여금 천하의 사물에 나아가서 이미 알고 있는 이치로 인하여 더욱 궁구해서 그 극에 이름을 구하지 않음이 없게 하는 것이다. 그리하여 힘쓰기를 오래하여 하루 아침에 활연히 관통함에 이르면 모든 사물의 표리(表裏)와 정조(精粗)가 이르지 않음이 없고, 내 마음의 전체대용(全體大用)이 밝지 않음이 없을 것이니 이것을 물격(物格)이라고 하고, 이것을 지지(知至)라고 한다."[42]

위의 내용을 보면 주회암이 사물로부터 자신의 앎의 문제로 향하는 관점을 갖고 있음을 알 수 있다. 이러한 그의 격물치지론은 반드시 사물에 나아가서 사물의 이치를 궁구(窮究)하는 점에서 작용인 마음을 통하여 본체인 성품을 보고자 하는 불교의 선종(禪宗)과 다르며, 오랜 동안의 격물이 쌓임으로써 비로소 치지(致知)가 이루어진다는 점에서 선종(禪宗)의 돈오(頓悟)와 차별을 보이는 것이다. 그는 선종(禪宗)의 돈오(頓悟)와 같은 일시에 몰락 깨달음이 존재할 수 없음을 다음과 같이 논하고 있다.

> 한 가지 일을 격(格)하면 한 가지 앎이 이르니 그 공부는 점진적이어서 쌓인 것이 오래되어 관통(貫通)한 후에는 가슴 속이 분명하여져서 행한 바를 의심하지 않으며, 의(意)가 성실해지고 마음이 바르게 된다. 그러한 즉 지극(至極)하게 한 바의 앎에는 진실로 얕고 깊음이 있으니 어찌 갑자기 요순(堯舜)과 동일한 것을 하루아침에 홀연히 본다고 하겠는가? 이는 자못 석씨(釋氏)의 "하나를 듣고 천(千) 가지를 깨닫는다."와 "한번 초월(超越)해서 곧 바로 들어간다."는 허황된 말이니 성인의 문하(門下)에서 선(善)을 밝히고 자신(自身)을 성실하게 하는 실무(實務)가 아니다.[43]

위의 내용을 보면 그가 비록 활연관통(豁然貫通)을 주장하고 있지만

---

42 朱晦菴, 『大學章句』, "所謂致知在格物者 言欲致吾之知 在卽物而窮其理也 蓋人心之靈 莫不有知 而天下之物 莫不有理 惟於理有未窮 故其知有不盡也 是以大學始教 必使學者 卽凡天下之物 莫不因其已知之理而益窮之 以求至乎其極 至於用力之久而一旦豁然貫通焉 則衆物之表裏精粗 無不到 而吾心之全體大用 無不明矣 此謂物格 此謂知之至也"

43 『晦菴朱文公文集』 卷七十二 「雜學辨」 呂氏大學解, "一物格則一知至 其功有漸 積久貫通 然後胸中判然 不疑所行而意誠心正矣 然則所致之知固有淺深 豈遽以爲與堯舜同者一旦忽然而見之也哉 此殆釋氏一聞千悟 一超直入之虛談 非聖門明善誠身之實務也"

그것은 오랜 동안 점진적인 수행이 누적되어서 이루어지는 것이지 "곧 바로 사람의 마음을 가리켜서(直指人心) 성품(性品)을 보게 하여 부처를 이루는(見性成佛)"는 돈오(頓悟)가 아님을 알 수 있다.

그런데 왕양명은 치지를 내 양지(良知)를 사물에 확충(擴充)하여 사물을 바로잡음[44]으로 이해하였다. 이는 주회암이 사물로부터 내 마음을 통하여 본성에 이르는 외(外)에서 내(內)로의 방향인 것과 달리 왕양명은 내 본성으로부터 사물로 나아가는 방향이다. 이러한 격물치지에 관한 두 사람의 주장을 살펴보면 주회암이 형이하의 사물로부터 형이상의 일리(一理)에 도달하는 관점인 것과 달리 왕양명은 나를 바탕으로 내 본성인 양지(良知) 곧 천리(天理)를 사물에 확충(擴充)하는 형이상에서 형이하로의 관점임을 알 수 있다.

주회암(朱晦菴)과 왕양명의 차이는 본체와 인간의 심성의 관계에 대한 주장에서도 드러난다. 주회암은 인간의 본래성이 리(理)라는 성즉리(性卽理)의 관점이 중심이 되어 있다. 이는 인간의 마음은 리(理)가 아니며, 단지 심즉리(心卽理)가 될 수 있는 가능성이 있을 뿐임을 전제로 한다. 반면에 왕양명은 인간의 심(心) 자체가 그대로 리(理)라는 것을 전제로 하고 있다. 그가 "마음과 본성(本性) 그리고 천(天)은 하나이다."[45]라고 말한 것을 보면 이 점을 알 수 있다. 천(天)과 마음과 본성이 하나이기 때문에 본성이 리(理)라면 마음 역시 리(理)라고 할 수 밖에 없다.

주회암(朱晦菴)과 같이 성즉리(性卽理)의 관점에서 보면 인간의 본래성은 이(理)이지만 심은 이(理)가 아니기 때문에 심(心)을 통하여 본성을 밝히는 학문이 필요하게 된다. 그런 점에서 보면 학문은 곧 심(心)과 리(理)를 일치(一致)시켜가는 과정이라고 할 수 있다. 이는 『서경』에서 심(心)을 인심(人心)과 도심(道心)으로 구분하여 도심이 인간의 바른 마음

44 王陽明, 『傳習錄』「答顧東橋書」, "致吾心之良知者致知也 事事物物皆得其理者格物也"

45 王陽明, 『傳習錄』 卷中192, "心也性也天也一也"

이며, 인심은 위태로운 것임을 밝힌 것[46]을 보면 알 수 있다. 반면에 왕양명의 주장과 같이 심즉리(心卽理)라면 심(心)과 성(性)이 일체(一體)이기 때문에 심즉리(心卽理) 가운데 성즉리(性卽理) 역시 포함하게 된다. 그런데 이처럼 인간의 본성이 그대로 마음으로 드러난다면 학문을 할 필요가 없게 된다.[47]

주회암과 왕양명의 서로 다른 관점은 『대학』의 친민(親民)에 대한 두 사람의 주장을 통해서도 분명하게 드러난다. 주회암(朱晦菴)은 마땅히 신민(新民)이 되어야 한다고 주장하였고, 왕양명은 친민(親民)이 타당하다고 하였다. 주회암(朱晦菴)은 『대학』에서 "친(親)은 마땅히 신(新)으로 해야 한다."[48]는 정자(程子)의 말을 인용하면서 친민(親民)을 신민(新民)을 중심으로 다음과 같이 밝히고 있다.

> 자신의 명덕(明德)을 가지고도 스스로 밝히지 못하는 많은 사람들도 또한 모두 스스로 명덕(明德)을 밝혀서 이전의 물들었던 더러움을 제거해 주는 것이 신민(新民)이다."[49]

이는 학문을 통하여 하학이상달(下學而上達)하는 관점에서 친민(親民)을 신민(新民)을 중심으로 이해하였음을 알 수 있다.

그러나 왕양명은 친민(親民)에 신민의 의미가 포함되어 있기 때문에 그대로 친민(親民)이 되어야함을 주장하였다. 그는 제자인 서애(徐愛)가 "주자(朱子)가 '재친민(在親民)' 에 대하여 '마땅히 신민(新民)이 되어야

46 蔡沈, 『書集傳』, "人心惟危, 道心惟微, 惟精惟一, 允執厥中."

47 蔡仁厚는 『왕양명철학』에서 王陽明이 心卽理를 주장하였고, 性과 心을 一體的 관계로 이해하였기 때문에 그 가운데 性卽理 역시 포함된다고 하여 朱晦菴의 性卽理와 같은 것은 아니라고 하였다. 왜냐하면 朱晦菴은 性과 心을 구분하여 性은 형이상적 존재로 이해하고, 心은 형이하적 존재로 이해하였기 때문이라는 것이다. 形而上者로서의 性과 理는 초월적 존재이면서 보편적 존재이다. 그러므로 王陽明의 입장에서 보면 性과 心 그리고 理가 等價的 관계이지만 朱晦菴의 입장에서는 心과 性이 둘로 나누어지기 때문에 心과 理 역시 둘이 된다고 하였다.

48 朱晦菴, 『大學章句集註』, "程子曰 親當作新."

49 朱晦菴, 『大學章句集註』, "新者革其舊之謂也 言旣自明其明德 又當推以及人 使之亦有以去其舊染之汚也."

한다.' 고 말하였는데 이는 뒷장의 '작신민(作新民)' 이라는 문구에 비추어 보면 근거가 있다고 생각이 됩니다. 그러나 선생님께서는 옛 판본에 따라서 '친민(親民)이 되어야한다.' 고 하였는데 어떤 근거가 있습니까?"[50]라고 묻자 다음과 같이 말하였다.

> '작신민(作新民)' 의 '신(新)' 은 스스로 새로워지는 백성이라는 의미로 '재신민(在新民)' 의 '신(新)' 과는 다르다. 이것이 어찌 충분한 근거가 되겠는가? '작(作)' 자(字)는 도리어 '친(親)' 자(字)와 서로 대응하지만 '친(親)' 자(字)의 뜻은 아니다."[51]

그리고 이어서 " '친민(親民)' 은 『맹자(孟子)』의 '양친(兩親)을 양친(兩親)으로 여기고 백성을 어질게 대한다.' 고 말한 것과 같다."[52]고 하여 친민(親民)의 근거를 맹자의 "친친이인민(親親而仁民) 인민이애물(仁民而愛物)"[53]로부터 찾았다. 또한 " '친민(親民)' 은 '가르치다.' 와 '양육하다.' 의 의미가 있지만 '신민(新民)' 이라고 말하면 '가르치다.' 의 의미에 치우친 면이 있다."[54]고 하였다. 그는 친민(親民)을 명덕(明德)과 관련하여 밝히고 있는데 그 내용은 다음과 같다.

> 명덕(明德)을 밝힘은 천지만물이 일체라는 본체(本體)를 수립하는 일이다. 친민(親民)은 천지만물이 일체라는 작용을 널리 행하는 것이다.[55]

이는 주회암이 학문을 위주로 『대학』을 이해한 것과 달리 왕양명이 실

---

50 王陽明, 『傳習錄』 卷上1, "愛問 在親民 朱子謂當作新民。後章作新民之文似亦有據。先生以爲宜從舊本作親民, 亦有所據否."

51 王陽明, 『傳習錄』 卷上1, "先生曰 作新民之新, 是自新之民, 與在新民之新不同。此豈足爲據 作字卻與親字相對。然非親字義。"

52 王陽明, 『傳習錄』 卷上1, "親民猶孟子親親仁民之謂 親之卽仁之也."

53 『孟子』, 盡心章句上, "孟子曰 君子之於物也, 愛之而弗仁, 於民也, 仁之而弗親. 親親而仁民, 仁民而愛物."

54 王陽明, 『傳習錄』 卷上1, "又如孔子言修己以安百姓 修己便是明明德 安百姓便是親民 說親民便是兼教養意 說新民便覺偏了"

55 王陽明, 『大學問』, "明明德者立其天地萬物一體之體也 親民者達其天地萬物一體之用也"

천의 관점에서 이해하였음을 나타내는 것이다.

지선(至善)에 대한 두 사람의 이해 역시 서로 다르다. 주회암(朱晦菴)은 지선(至善)을 "사리(事理)의 당연함의 극치"[56]로 이해한 것과 달리 왕양명은 지선(至善)을 "마음의 본체"[57]로 이해하였다. 이는 그가 "마음 밖에는 물건도 없고 사건도 없으며, 리(理)도 없고 의(義)도 없으며 선(善)도 없다. 내 마음이 순수한 천리(天理)의 상태일 뿐 인위적인 잡스러움이 없는 상태에서 사물을 처리하는 것을 선(善)이라고 한다."[58]고 말한 것을 통해서도 확인할 수 있다. 이를 통하여 주회암(朱晦菴)이 학문을 중심으로 사물의 이치(理致)로부터 인간의 본성으로 돌아오는 관점을 취한 것과 달리 왕양명은 내 자신의 본성(本性)으로부터 사물을 향하는 실천(實踐)의 관점을 취한 것임을 알 수 있다.

주회암(朱晦菴)과 왕양명의 관점을 형이상과 형이하를 중심으로 구분하여 이해하면 왕양명은 형이상적 관점에서 인간을 규정한 것이며, 주회암(朱晦菴)은 형이하적 관점에서 인간을 규정한 것이다. 다시 말하면 주회암(朱晦菴)은 형이하의 차원에서 형이상을 향하여 나아가는 관점에서 『대학』을 이해하였으며, 왕양명은 형이상의 차원에서 형이하를 향하는 관점에서 『대학』을 이해하였던 것이다. 따라서 양자의 주장은 인간의 어느 일면을 중심으로 논의가 이루어지고 있음을 알 수 있다.

주회암과 왕양명의 주장을 심성정의 관계를 중심으로 살펴보면 주회암은 용심(用心)의 관점에서 격물치지를 통하여 내외(內外)가 활연관통(豁然貫通)하는 것으로 곧 심(心)으로부터 성(性)을 향하여 나아가는 하학이상달(下學而上達)의 관점인 반면에 왕양명은 본성인 양지(良知)를 사물에 확충(擴充)하여 사물을 바로잡는 것으로 본성(本性)으로부터 심

56 朱晦菴, 『大學章句集註』, "至善則事理當然之極也"

57 王陽明, 『傳習錄』 卷上2, "至善是心之本體."

58 『陽明全書』 卷4 「與王純甫癸酉」, "心外無物 心外無事 心外無理 心外無義 心外無善 吾心之處事物 純乎理而無人僞之雜謂之善"

(心)을 거쳐서 정(情)으로 나아가는 방향이라고 할 수 있다.

왕양명의 주장을 따른다면 학문이 필요하지 않고 오직 인간이 가진 본래성으로서의 양지(良知)를 그대로 확충(擴充)하여 살아가면 된다. 반면에 주회암(朱晦菴)의 주장을 따른다면 인간은 본래 불완전한 존재로 오직 학문을 통하여 완전한 존재가 될 수 있다. 그렇기 때문에 학문을 통하여 자기를 닦아서 덕을 쌓는 과정이 반드시 필요하다.

그런데 사람을 본성의 차원에서 보면 학문이 필요하지 않지만 몸의 차원에서 보면 학문이 필요하다. 그렇다면 사람은 학문을 해야 하는가 아니면 학문이 필요하지 않는가? 그리고 학문을 통하여 덕을 쌓아야 한다면 어떤 방법에 의하여 얼마나 학문을 해야 하는가 하는 것이 문제가 된다.

사람에게 학문이 필요한가? 그렇지 않은가, 학문은 어떤 방법으로 얼마나 해야 하는가의 문제는 인간의 본성과 마음 그리고 몸의 관계에 대한 문제이다. 두 사람의 주장을 중심으로 인간의 본성과 마음의 관계를 나타내면 왕양명(王陽明)의 관점에서는 본성과 마음이 일체이지만 주회암(朱晦菴)의 관점에서는 본성과 마음이 일체가 아니다. 그런데 사람은 본성과 마음 뿐만 아니라 몸을 갖고 있는 존재이다. 그렇다면 본성과 마음 그리고 몸은 어떤 관계인가가 문제가 되지 않을 수 없다. 따라서 학문의 필요여부와 방법 및 정도의 문제는 결국 본성(本性)과 육신(肉身), 도(道)와 현실(現實)의 관계를 어떻게 볼 것인가의 문제로 귀결된다. 배움과 실천, 앎과 실천, 말과 행동의 일치여부도 결국은 본성과 마음 그리고 몸의 관계의 문제로 집약이 되고 이를 객관화하여 나타내면 형이상과 형이하의 관계의 문제가 된다.

주회암과 왕양명의 서로 다른 관점은 『대학』에 대한 태도에서도 드러난다. 주회암(朱晦菴)은 『고본대학』을 스스로 개정하여 장과 절을 구분하고 부족하다고 생각한 부분을 보충한 『개정본대학』을 바탕으로 그 내용을 해석하였고, 왕양명은 『고본대학(古本大學)』을 중심으로 연구하였다.

주회암(朱晦菴)과 왕양명이 각각 『개정본대학』과 『고본대학』을 중심으로 연구하였다는 자체는 이미 『대학』에 관한 각각의 관점이 전제가 되어 있음을 의미한다. 『대학』의 개정을 필요로 느낀 주회암(朱晦菴)의 관점은 형이하의 측면에서 학문을 통하여 형이상의 세계에 나아가는 관점이며, 왕양명은 형이상의 세계에서 실천을 통하여 형이하의 세계에 나아가는 관점이 중심이라고 할 수 있다.

형이하의 관점에서 보면 끊임없이 자신을 닦아서 형이상의 세계에 나아가는 학문이 필요하기 때문에 그러한 관점에서 『대학』을 이해하면 논리적 정합성을 가진 엄밀한 이론체계를 갖추어야 한다. 그렇기 때문에 주회암(朱晦菴)은 『대학』의 이론체계를 엄밀하게 하기 위하여 경과 전을 구분하고 여섯 부분의 대절을 구분하였을 뿐만 아니라 "격치보전(格致補傳)을 첨가하였다.

그러나 형이상의 관점에서 보면 모든 존재가 도(道)의 현현(顯現)이기 때문에 모든 존재는 있음 그대로 완전한 존재이다. 따라서 그 어떤 존재도 고치거나 변화할 필요가 없이 자신의 본질을 그대로 드러내면 될 따름이다.

왕양명(王陽明)은 나정암(羅整菴)이 보낸 편지에서 "그대가 『대학』의 고본(古本)을 회복한 것은 사람의 학문은 다만 안에서 구해야하는데도 정주(程朱)의 격물설(格物說)이 밖에서 구하는 것을 면하지 못하였기 때문에 마침내 주자(朱子)가 장구를 나눈 것을 버리고 그가 보충한 전을 삭제해버린 것이다."[59]라고 말하자 자신의 입장을 다음과 같이 밝히고 있다.

> 『고본대학』은 공자(孔子) 문하에서 전해 내려온 옛날 판본일 뿐입니다. 주자(朱子)는 거기에 빠지고 잘못된 내용이 있다고 의심하여 개정하고 보충하여 편집하였으나 저는 거기에는 본래 빠지고 잘못된 것이 없다고 생각하여 모두 그 옛날 판본을 따랐을 뿐입니다. 공자(孔子)를 지나치게 믿었다는 점에 허물이 있다면 있겠지만 의도적으로 주자(朱子)가 장구(章句)를 나눈 것을 버리고 그가 보충한 전(傳)을 삭제한 것은 아닙니다."[60]

59 王陽明, 『傳習錄』 卷中173, "來敎謂某大學古本之復, 以人之爲學但當求之於內 而程朱格物之說不免求之於外 遂去朱子之分章 而削其所補之傳"

위의 내용을 보면 왕양명이 주회암(朱晦菴)이 장구를 나눈 것에 반대하여 그 의미를 무시하고 『고본대학』을 중시한 것이 아니라 단지 『고본대학』 그 자체의 관점에서 『고본대학』을 이해하고자 하였음을 알 수 있다. 그가 『고본대학』에 본래 오자(誤字)나 탈자(脫字)가 없다고 생각한 것은 모든 것이 도(道) 자체가 드러난 실다움 그 자체라는 형이상적 관점에서 『대학』을 이해하고자 하였기 때문이다.

형이하의 관점에서 보면 자기를 발전시켜서 완전한 존재로 변화하는 생장의 과정이 필요하기 때문에 생장의 과정에서 나타나는 잘못된 부분은 고쳐서 바로잡는 것이 필요하다. 다시 말하면 형이하의 관점에서 보면 이것과 저것을 구분하여 옳고 그름을 분별하여 옳은 것을 따르고 그른 것을 버려서 바른 것을 주체로 하고, 사특(邪慝)한 것을 멀리하는 과정이 필요한 것이다. 이러한 관점에서 『고본대학』을 이해할 경우 논리적으로 선후가 면밀(綿密)하게 연결되어 구조적으로 빈틈이 없는 하나의 엄밀한 논리적 정합체(整合體)가 되어야 비로소 경전(經典)이라고 할 수 있다.

형이하의 세계에서 형이상을 지향하는 관점에서 『고본대학』을 보면 일부의 내용은 그 순서가 바뀌어져 있을 뿐만 아니라 조목(條目)을 부연하여 설명하고 있는 부분들을 보면 성의(誠意) 이하는 설명이 되어 있지만 격물치지(格物致知)에 관한 부분이 없기 때문에 본래 있었던 것이 망실(亡失)된 것으로 여겨지지 않을 수 없다. 그렇기 때문에 주회암(朱晦菴)은 스스로 경(經)과 전(傳)을 구분하고, 뒤바뀐 순서를 바로잡고, 격물치지(格物致知)에 관하여 "격치보전(格致補傳)"을 만들어 빠진 부분을 보충[61]하였다.[62]

앞에서 살펴본 바와 같이 주회암의 이기론(理氣論), 심성론(心性論),

---

60 王陽明, 『傳習錄』 卷中173, "非敢然也. 學豈有內外乎 大學古本乃孔門相傳舊本耳. 朱子疑其有所脫誤而改正補緝之 在某則謂其本無脫誤 悉從其舊而已矣. 失在於過信孔子則有之 非故去朱子之分章而削其傳也."

61 右傳之五章 蓋釋格物致知之義而今亡矣 ○ 此章 舊本通下章 誤在經文之下 ○ 間嘗竊取程子之意 以補之

수행론(修行論) 등에서 모순(矛盾) 관계가 발생할 뿐만 아니라 그것을 해결하고자 했던 합간(合看)과 이간(離看)의 방법 역시 존재론적 근거를 확보해야 하는 문제는 그대로 남아 있다. 설사 이간(二看)이나 삼간(三看)을 통하여 양자를 회통하여 이해하고 설명할 수 있다고 할지라도 이간(二看)과 삼간(三看)의 관계 자체는 어떻게 이해할 것인가의 문제가 다시 제기된다. 남당(南唐)과 한주(寒州) 모두 이합간(離合看)이나 수간(竪看), 횡간(橫看), 도간(倒看)이 이기(理氣)의 경우 이기(理氣) 자체에 관하여 말하는 것이 아니라 사람들의 이기(理氣)를 이해하는 관점을 말한 것이라고 하였다.[63] 이처럼 이간(二看)과 삼간(三看)이 존재론적 언급이 아니라 단지 주장을 제기하는 사람의 일종의 관점에 불과하다면 그것 자체의 존재론적 진리성을 어떻게 확보할 것인가가 문제가 발생한다. 다시 말하면 설사 이간, 삼간을 통하여 주회암(朱晦菴)의 주장 사이의 모순을 제거하거나 주회암(朱晦菴)과 왕양명의 이론을 회통하여 이해가 가능할지라도 이간(二看)과 삼간(三看)의 존재론적 타당성의 문제는 여전히 남는 것이다.

그런데 성즉리(性卽理)와 심즉리(心卽理)의 주장을 비교하여 살펴보는 과정에 드러났듯이 사람이 본래 본성과 마음 그리고 몸의 구조를 갖고 있음을 전제로 하여 이론을 전개하였다면 설사 삼자를 구분하여 그 관계를 밝힘으로써 삼자가 일체임을 밝혀야할 뿐만 아니라 그것을 통하여 삼재의 구조로 분석하기 이전의 사람 자체를 그대로 드러내는데 그 목표를 두어야 한다. 그것은 주회암과 왕양명의 서로 다른 두 관점을 회통시켜서 합덕하는 문제가 단순한 두 주장의 합덕이 아니라 두 주장으로

---

62 朱晦菴이 『대학』의 格物致知에 관한 傳을 보충한 것은 단순하게 『대학』에서 빠진 내용을 보충한 것이 아니다. 이는 근본적으로 주회암이 그의 知覺論을 『대학』의 格物致知에 반영하여 나타낸 것이라고 할 수 있다. 진래는 『주회철학』에서 "달리 말하면 『대학』의 격물치지 조목 때문에 주희가 전을 보충한 것이지 『대학』에 본래 빠진 문장이 있었기 때문은 결코 아니라는 것이다. 그것은 곧 주희의 작업이 단순히 전적의 일반 정리에 착안한 것이 아니라 한 걸음 더 나아가 리학의 방법론과 수양론의 필요에 맞춘 것이라는 의미가 된다."고 하였다.

63 韓元震. 『朱子言論同異攷』, 卷一 理氣, "看字又當着眼看 謂人離合看 非謂理氣有離合時也"

구분하기 이전의 본래의 사람, 형이상과 형이하, 이과 기로 구분하여 나타내기 이전의 본래의 세계를 바탕으로 주회암과 왕양명의 관점에서 이해하고 설명함을 뜻한다.

주회암(朱晦菴)과 왕양명 각각의 사상에 내재된 난점과 두 사상 사이에 개재(介在)된 난점의 극복은 두 사상의 회통과 합덕을 통하여 이루어진다. 두 사상을 회통하고 합덕하는 방법은 공간 중심의 고찰을 시간 중심으로 고찰로 전환하는 것이다. 공간 중심의 고찰은 지도적(地道的) 고찰로 지도(地道)는 공간성의 원리이며, 시간 중심의 고찰은 천도적(天道的) 고찰로 천도(天道)는 시간성의 원리이다. 지도(地道) 중심의 고찰은 공간 세계의 구조인 천지인(天地人) 삼재(三才)를 중심으로 고찰하는 것이며, 천도(天道) 중심의 고찰은 시간 세계의 구조인 과거(過去), 현재(現在), 미래(未來)의 삼세(三世)를 중심으로 고찰하는 것이다.

공간적 구조를 중심으로 고찰하는 것은 도(道)를 공간적 관점에 기(器)의 구조인 천지인(天地人)을 중심으로 천도(天道), 인도(人道), 지도(地道)로 구분하여 삼자의 관계를 중심으로 인도를 밝히는 것이다. 그리고 시간 중심의 고찰은 본래 구분할 수 없는 근원적 존재인 도(道)를 중심으로 한 고찰로 시간의 존재근거인 시간성(時間性)을 중심으로 이루어진다.

천도를 바탕으로 주회암의 주장들을 회통하여 합덕하고, 더 나아가서 주회암과 왕양명의 주장을 회통하여 합덕하는 것은 곧 양자의 주장들을 존재론적 관점에서 검토하는 작업이다. 왜냐하면 천도는 인도의 존재근거로 천도 자체의 관점에서 다시 말하면 개체적 존재인 한 인간의 사유의 관점을 중심으로 하는 것이 아니라 천도의 관점에 그 내용인 시간성의 원리를 중심으로 문제를 접근하는 것이기 때문이다.

주지(周知)하다시피 유학(儒學)에서는 근원적인 존재에 관한 담론을 삼재(三才)의 관점에서 천도(天道)와 지도(地道) 그리고 인도(人道)를 중심으로 밝히고 있다. 그런데 지도(地道)는 천도(天道)의 작용이며, 인도

(人道)는 천도(天道)에 근거하여 형성되기 때문에 천도(天道)를 바탕으로 인도(人道)를 고찰하지 않을 수 없다. 그렇기 때문에 인간에 관한 존재론적 담론은 천도(天道)를 중심으로 이루어지지 않을 수 없다.

근본유학의 경전인 삼경(三經)과 사서(四書)에서는 천도의 내용을 역수(曆數)원리로 규정하고 있다. 『서경』에서는 천도(天道)의 내용이 역수원리(曆數原理)임을 밝히고 있으며, 『논어』에서도 천도(天道)의 내용이 역수원리(曆數原理)임을 밝히고 있다.[64]

그러나 근본유학의 경전에서는 인도(人道)를 밝히고 있을 뿐 천도(天道) 자체를 밝히고 있지 않다. 사서(四書), 삼경(三經)에서 밝히고 있는 군자의 도의 내용의 근거가 되는 역도(易道)를 제시하고 있는 『주역』에서도 천도의 내용이 음양원리(陰陽原理), 역수원리(曆數原理)[65]임을 밝히고 있지만 그러나 천도 자체를 밝히고 있지는 않다.

인도(人道)의 근거가 되는 천도(天道)의 내용을 밝히고 있는 경전(經典)은 『정역(正易)』이다. 따라서 『정역』에서 밝히고 있는 역수원리를 중심으로 인도(人道)를 밝히고 있는 『대학』을 이해하지 않을 수 없다. 인도(人道)에 관한 주장의 시비(是非)는 그 존재근거인 천도(天道)를 통하여 분별(分別)이 가능하기 때문이다.

역수원리를 중심으로 『대학』을 이해하려는 것은 기존의 내용을 회통(會通)시켜서 양자의 의미를 드러내려는 목적과 더불어 『대학』의 내용을 존재론적 관점에서 새롭게 이해하고자 하는 목적이 있다.

『정역』에서는 역도를 천도를 중심으로 역수원리(曆數原理)로 규정하고 그 구체적인 내용을 선후천원리(先后天原理)로 밝히고 있다. 선후천

64 『書經』의 大禹謨에서는 "天之歷數在汝躬, 汝終陟元后, 人心惟危, 道心惟微, 惟精惟一, 允執厥中, 無稽之言勿聽, 弗詢之謀勿庸, 可愛非君, 可畏非民, 衆非元后何戴, 后非衆罔與守邦, 欽哉, 愼乃有位, 敬修其可願, 四海困窮, 天祿永終"라고 하였고, 『論語』의 堯日에서는 "咨 爾舜 天之厤數在爾躬, 允執其中. 四海困窮, 天祿永終."라고 하였다.

65 『周易』의 說卦 第二章에서는 "昔者聖人之作易也는 將以順性命之理니 是以立天之道曰陰與이오 立地之道曰柔與剛이오 立人之道曰仁與義니"라고 하여 天道의 내용이 陰陽原理임을 밝히고 있고, 繫辭上篇 第六章에서는 "陰陽之義는 配日月하고"라고 하여 陰陽原理가 日月 曆數原理임을 밝히고 있다.

원리는 선후천변화원리와 선후천합덕원리로 구분하여 나타낼 수 있다. 선천에서 후천으로 변화하는 선후천 변화원리와 선천과 후천이 합덕(合德)하여 후천이 선천으로 변화하는 선후천합덕원리가 그 내용인 것이다.

선후천변화원리는 윤역(閏曆)이 정역(正曆)으로 변화하는 원리이다. 윤역은 음력과 양력으로 나누어진 역이며, 정역은 음력(陰曆)과 양력(陽曆)이 합덕(合德)된 음양(陰陽) 합덕역(合德曆)인 동시에 중정역(中正曆)이다. 『정역』에서는 음양(陰陽)의 윤역(閏曆)의 시대를 선천으로 규정하고, 그리고 음양이 합덕된 시대를 후천으로 규정하고 있다. 따라서 선후천변화원리는 선천의 윤역이 후천의 정역으로 변화하는 원리이다.

그런데 윤역은 본체도수인 십오도(十五度)가 윤도로 변화한 역(曆)이다. 그러나 정역은 윤도수가 모두 본체도수로 귀체(歸體)하여 십오(十五) 본체(本體)도수(度數)가 되면서 그 작용인 삼백육십도(三百六十度)가 그대로 드러난 역(曆)이다. 따라서 윤역이 생장하여 정역이 이루어지는 선후천 변화는 본래 정역과 그 본체도수가 합덕된 원역(原曆)을 체(體)로 하여 윤역이 생장하는 후천에서 선천으로의 변화를 전제로 하여 이루어진다. 그렇기 때문에 선천에서 후천으로 변화하여 이루어지는 선천과 후천의 합덕은 또한 후천에서 선천으로의 변화를 내용으로 한다.

음양의 합덕역인 정역(正曆)의 관점에서는 인간의 본래성 자체가 그대로 심(心)을 매개로 하여 신(身)을 통하여 드러난다. 그렇기 때문에 군자의 언행이 모두 중도(中道)에 적중하는 중용(中庸)이 된다. 이러한 관점에서는 성(性)과 심(心) 그리고 신(身)이 다른 존재가 아니라 일체(一體)이다. 그렇기 때문에 성즉리(性卽理)인 동시에 심즉리(心卽理)가 된다. 이러한 관점에서는 인간의 본성을 그대로 발현시키는 치양지(致良知)가 격물치지(格物致知)가 되며, 그것이 성의(誠意), 정심(正心), 수신(修身), 제가(齊家), 치국(治國), 평천하(平天下)가 된다. 이러한 후천의 관점에서 보면 소인(小人)도 대인(大人)도 다르지 않다.

윤역(閏曆)의 관점에서는 윤역(閏曆)이 시생(始生)하여 생장(生長)하는 과정이 필요하며, 그것이 군자(君子)의 관점에서는 학문을 통하여 본성(本性)을 자각(自覺)함으로서 덕(德)을 쌓는 성덕(成德)의 문제가 된다. 이러한 관점에서 보면 성즉리(性卽理)이지만 심즉리(心卽理)는 아니기 때문에 심(心)과 본성(本性)을 일치시키는 학문(學問)이 필요하고 그것을 생장이라고 하는 것이다. 그렇기 때문에 소인(小人)과 군자(君子)가 엄격하게 구분되며, 소인(小人)은 학문을 통하여 군자(君子)로 변화하는 과정이 반드시 필요하다.

주회암(朱晦菴)과 왕양명의 주장을 선후천을 중심으로 살펴보면 성즉리(性卽理)의 관점에서 격물치지(格物致知)를 이해한 주회암(朱晦菴)은 선천적(先天的) 관점이 위주이고, 심즉리(心卽理)의 관점에서 격물치지(格物致知)를 이해한 왕양명(王陽明)은 후천적(後天的) 관점이 위주임을 알 수 있다.

그런데 역수원리(曆數原理)의 전모를 알기 위해서는 선천과 후천이 무엇을 가리키는지 아는 것이 필요할 뿐만 아니라 양자의 관계를 파악하는 것이 필요하다. 그리고 선천과 후천의 관계를 파악하기 위해서는 작용원리를 중심으로 역수원리를 파악하는 것이 필요하다.

역수원리를 작용원리를 중심으로 나타내면 도생역성(倒生逆成)과 역생도성(逆生倒成)이 그 내용이다. 이를 도역(倒逆)작용 또는 순역(順逆)작용이라고 한다. 순(倒)작용은 도생역성으로 시간적으로는 미래에서 과거를 향하는 작용이며, 공간적으로는 형이상의 세계에서 형이하의 세계를 향하는 작용이며, 삼재(三才)의 관점에서는 천(天)에서 시작하여 지(地)에서 완성되어지는 작용이다.

반면에 역(逆)작용은 역생도성(逆生倒成)으로 시간적으로는 과거에서 미래를 향하는 작용이며, 공간적으로는 형이하의 세계에서 형이상의 세계를 향하는 작용이고, 삼재(三才)의 관점에서는 지(地)에서 시작하여 천(天)에서 완성되어지는 작용이다.

순역(順逆)작용을 선후천과 관련하여 나타내면 선천에서 후천을 향하여 이루어지는 작용이 역생도성(逆生倒成)으로 그것을 현상적 관점에서 논하면 생장작용이라고 할 수 있다. 반면에 후천의 관점에서 선천을 향하여 이루어지는 작용이 도생역성(倒生逆成)으로 그것을 현상적 관점에서 말하면 합덕작용이라고 할 수 있다.

도역(倒逆)원리를 중심으로 주회암(朱晦菴)과 왕양명의 주장을 이해하면 주회암(朱晦菴)은 역생도성(逆生倒成)의 관점이며, 왕양명은 도생역성(倒生逆成)의 관점이다. 주회암(朱晦菴)은 학문을 통하여 본성을 자각하고 천명을 자각하는 하학이상달(下學而上達)의 관점에서 격물치지(格物致知)를 이해하였으며, 왕양명은 본성을 주체로 천명(天命)을 봉행(奉行)하는 실천의 관점에서 격물치지(格物致知)를 이해한 것이다.

그러나 본래 도생역성(倒生逆成)과 역생도성(逆生倒成)은 체용(體用)의 관계로 체용(體用)의 관계는 일체적 관계이다. 그러므로 역수원리의 전모는 역생도성과 도성역성을 합덕(合德)시켜서 이해함으로써 체용(體用)을 동시에 이해하여야 한다. 결국 도역(倒逆)의 생성(生成)원리를 합덕(合德)하여 이해하는 동시에 이를 통하여 도역(倒逆)생성(生成)으로 구분하여 나타내기 이전의 근원적인 존재를 이해하는 것이 필요하다.[66]

역수원리를 작용의 관점에서 나타낸 것이 도생역성과 역생도성이며, 천도와 인도의 관계 역시 체용(體用)의 관계이기 때문에 인도(人道)를 밝히고 있는 사서(四書)의 이해 역시 도생역성과 역생도성의 두 관점을 바

---

66 倒逆의 관점은 朱晦菴과 王陽明 각자의 주장 자체에도 적용이 된다. 朱晦菴의 경우 中和에 대하여 舊說과 新說의 내용이 서로 다르듯이 初年과 晩年의 주장이 서로 다르다. 마찬가지로 왕양명의 주장 역시 自我를 발견하기 이전의 三變과 발견한 이후의 三變이 서로 다르다. (왕양명의 인생 역정을 自我發見 전의 三變과 自我 發見에서 自我 完成까지의 三變으로 구분하여 이해하는 관점은 蔡仁厚 저 황갑연 옮김 『왕양명철학』을 참고하기 바란다.) 따라서 각각의 주장을 逆生倒成의 관점에서 살펴보면 初年과 末年의 주장이 서로 다르다고 할 수 있으나 倒生逆成의 관점에서 보면 初年과 末年을 막론하고 모두 本性의 작용이며, 天道의 작용이기 때문에 초년과 말년의 내용을 서로 다르다고 할 수 없다. 그러므로 倒生逆成과 逆生倒成으로 구분하여 나누기 이전의 삶 자체를 중심으로 倒生逆成과 逆生倒成의 두 측면에서 이해하는 것이 필요하다. 朱晦菴의 格物致知에 관한 주장의 경우 豁然貫通의 관점에서 格物致知를 살펴보는 경우와 卽物窮理의 관점에서 格物致知를 살펴보는 경우를 함께 보는 것이 필요하고, 王陽明의 경우 擴充의 관점에서 致良知를 이해하고 그것을 바탕으로 心卽理를 이해하는 경우와 致를 人間 主體的 自覺(牟宗三은 이를 內在的 逆覺 體證으로 규정하고 있다.)의 관점에서 致良知를 이해하고 心卽理를 이해하는 경우를 함께 고찰하는 것이 필요하다.

탕으로 이루어져야 한다.

도생역성의 관점에서 학문을 이해하면 형이상의 근원적 세계를 바탕으로 형이하의 현상 사물의 의미를 밝히는 것이 된다. 예를 들면『대학』의 격물치지(格物致知)의 경우 도생역성(倒生逆成)의 관점에서 이해하면 사물의 이치(理)와 그것을 아는 주체인 본성(本性)이 일체화된 관점에서 이해하게 된다. 그러므로 격물(格物)은 사물에 이른다는 의미이며, 치지(致知)는 본성을 발용(發用)함, 확충(擴充)함의 의미가 된다. 그러므로 내 본성의 내용인 지성(知性)을 사물에 확충(擴充)하여 사물을 사물로 대함이 격물치지(格物致知)로『주역』에서는 그것을 이물(利物)[67]이라고 하였다.

그러나 역생도성(逆生倒成)의 관점에서 보면 형이하의 세계를 바탕으로 형이상의 도에 세계에 나아가서 도(道)를 밝히는 것이다.『대학』의 격물치지(格物致知)를 역생도성(逆生倒成)의 관점에서 이해하면 그것은 사물에 나아가서 사물의 본질(本質)인 이치(理致)를 궁구(窮究)하여 이치를 알고, 그것을 내 본성과 일체화시켜서 내 앎을 지극하게 함으로서 본성(本性)을 자각하고 더불어 천명(天命)을 자각함이 된다. 이는『논어』에서 학문의 방법으로 제시한 "하학이상달(下學而上達)"로 학문을 통하여 형이하의 세계에서 형이상의 세계에 도달함이다.

그런데 앞에서 언급한 것과 같이 도생역성과 역생도성이 일체적 관계인 체용의 관계이기 때문에 양자를 함께 살펴보아야 한다. 이러한 양자의 관계를 씨를 뿌려서 싹이 트고 꽃이 피어 열매가 맺게 하는 과정에 비유하여 살펴보자.

만약 현상적 관점에서 시간의 흐름을 따라서 씨를 뿌려서 싹을 틔우고 꽃을 피워서 열매를 맺게 하는 과정만을 살펴보면 오직 열매가 되기만을 바랄 뿐 싹, 꽃, 잎의 가치를 모른다. 그것은 열매만을 완전한 존재로 여

67 『周易』, 重天乾卦 (䷀) 文言, "利物足以和義"

길 뿐 그것이 이루어져가는 과정인 싹, 꽃, 잎을 불완전한 것으로 여겨서 모든 것이 열매와 동질의 것임을 모르는 것이다.

본래 씨는 열매이며, 열매가 변화하는 과정이 싹, 꽃, 잎이다. 그러므로 씨를 뿌려서 열매를 맺도록 가꾸는 역생도성(逆生倒成)의 측면과 더불어 이미 완성된 존재인 열매가 씨로 심어져서 싹, 꽃, 잎으로 변화하는 과정으로서의 도생역성의 측면을 함께 고찰하는 것이 필요하다.

도생역성(倒生逆成)과 역생도성(逆生倒成)의 두 관점을 중심으로 학문을 이해하면 다음과 같다. 만약 학문을 하는 사람이 역생도성(逆生倒成)의 관점에서 "하학이상달(下學而上達)" 만을 알면 형이상의 세계에 도달하는 과정으로서의 학문(學問)을 불완전한 상태에서 완전한 상태로 변화하는 것으로 착각할 수 있다. 다시 말하면 학문(學問)을 통하여 어떤 것을 얻고자 할 뿐 학문의 과정 자체가 그대로 본성이 나타난 삶임을 알지 못하는 것이다.

그러나 도생역성(倒生逆成)만을 알고 역생도성(逆生倒成)을 모르면 모든 행위가 본성의 현현(顯現)이고 도(道)의 현현(顯現)이라고 하여 학문을 통하여 끊임없이 자기의 차원을 고양시키는 수기치인(修己治人)의 과정을 무의미하게 여기게 된다. 인간의 언행(言行)이 모두 본성(本性)의 현현이지만 본성을 올바로 발용(發用)하는 것과 올바르지 못하게 발용(發用)하는 선(善), 불선(不善)의 문제가 제기되기 때문에 학문(學問)의 과정이 반드시 필요하다.

도생역성과 역생도성이 체용(體用)의 관계라는 것은 본래 둘로 나누어지지 않는 일체적 존재를 바탕으로 그것을 둘로 나누어서 나타낸 것이 두 작용임을 뜻한다. 그러므로 양자를 구분하여 양자의 차이를 아는 것도 중요하지만 그것을 통하여 일체(一體)인 본래의 세계를 하는 것이 필요하다.

『정역』에서는 순역(順逆)을 통하여 밝혀지는 세계를 각각 선천(先天)과 후천(后天)으로 구분하고 있다. 다시 말하면 순(順)작용을 통하여 밝혀지는 세계가 선천(先天)이며, 역(逆)작용을 통하여 밝혀지는 세계가 후천(后天)인 것이다. 그런데 선천(先天)과 후천(后天)은 일체적 관계로 선천은 후천을 향하여 작용하고, 후천은 선천을 향하여 작용하며, 그것을 도생역성과 역생도성이라고 한 것이다.

선천과 후천은 일체적 존재로 선천과 후천으로 구분하여 나타낼 수 없는 본래의 세계를 둘로 나누어서 나타낸 것이다. 『정역』에서는 그것을 원천(原天)으로 규정하고 원천(原天)은 영원함[68]을 밝히고 있다. 따라서 본래의 세계가 원천(原天)의 세계이며, 그것을 둘로 나누어서 선천과 후천으로 규정한 것임을 알 수 있다.

원천(原天)을 바탕으로 그것을 나누어서 나타낸 후천과 선천을 이해하여야 하듯이 원천(原天)의 관점에서 형이상과 형이하를 이해하여야 한다. 그것을 『주역』에서는 음양(陰陽)이 합덕(合德)되어 음(陰)과 양(陽)으로 구분하여 나타낼 수 없는 존재인 신(神), 귀신(鬼神)으로 규정하고 있다. 이는 선천과 후천을 공간적 관점에서 형이상과 형이하, 천(天)과 지(地)로 구분하고 양자가 합덕(合德)된 본래의 세계를 나타내는 것이다. 따라서 신(神), 귀신(鬼神)의 관점을 바탕으로 형이상과 형이하를 이해하는 것이 필요하다.[69]

역수원리를 바탕으로 사서(四書)를 이해할 때 신(神), 귀신(鬼神)의 차원을 바탕으로 양자가 일체임을 전제로 형이상과 형이하를 구분하여 형이상과 형이하의 두 관점에서 접근해야 한다. 양자가 일체임을 전제로 하여 양자를 구분하여 이해할 때 비로소 사서(四書)의 경전적 측면이 바로 드러나는 동시에 현상적인 측면에서의 실천적 측면이 동시에 드러나게 된다.

---

68 金恒, 『正易』「先后天正閏度數」, "先天은 體方用圓하니 二十七朔而閏이니라. 后天은 體圓用方하니 三百六旬而正이니라. 原天은 无量이니라."

69 『周易』의 繫辭上篇 第五章에서는 "一陰一陽之謂道 繼之者善也 成之者性也."라고 하여 陰陽으로 道를 규정한 후에 "陰陽不測之謂神."이라고 하여 陰陽이 合德된 존재를 神으로 규정하고 있다. 이를 통하여 陰陽이 合德된 본래의 관점을 바탕으로 陰陽으로 나누어서 道를 규정하였음을 알 수 있다.

양자가 일체인 관점을 바탕으로 형이상과 형이하로 나누어서 고찰하는 방법을 통하여 성인과 군자 그리고 소인을 고찰하면 그 존재의의가 분명하게 된다. 성인과 군자는 학문을 통하여 본성을 자각하고 더불어 천명(天命)을 자각하여 사덕(四德)을 주체로 살아가는 존재이다. 그러나 소인[70]은 사덕(四德)을 주체로 살아가지 못하는 존재이다. 그렇기 때문에 양자를 대상화하여 이해하면 양립이 불가능한 모순관계를 이루는 존재이다.

그러나 본성의 관점에서 보면 성인(聖人)과 군자(君子) 그리고 소인(小人)을 막론하고 동일(同一)하다. 성인과 군자는 본성을 주체로 살아가는 존재이고, 소인은 본성으로 돌이키는 과정에 있는 존재이다. 성인과 군자가 본성을 잘 드러내며 살아가는 존재인 반면에 소인은 본성을 잘 드러내지 못하고 살아가는 존재인 것이다. 양자를 형이상과 형이하를 중심으로 살펴보면 소인은 형이하에서 형이상을 향하여 나아가는 존재로 곧 군자가 되어가는 과정의 존재이며, 군자는 소인이 덕(德)을 이루어서 그 목표에 도달한 존재이다. 그러므로 양자는 가치상의 우열이 없다.

도생역성과 역생도성을 바탕으로 회통적(會通的) 관점에서 보면 모든 존재가 진실(眞實)하고, 선(善)하고, 아름답다. 군자와 소인 역시 그 본성의 관점에서 보면 동일하다. 그러므로 소인의 행위도 군자의 행위도 그 근본은 모두 본성에 있다. 본성을 잘 사용하면 군자가 되고 잘 사용하지 못하면 소인이 될 뿐이다. 소인과 군자라는 고정된 존재가 있는 것이 아니라 단지 소인적인 행위와 군자적인 행위가 있을 뿐이다. 소인과 군자라는 존재는 없으며 단지 소인적인 삶과 군자적인 삶이 있을 뿐이다.

『정역』에서 밝히고 있는 도생역성과 역생도성의 일체적이면서도 구분되어지는 관계를 중심으로 주회암(朱晦菴)과 왕양명의 『대학』에 관한 주

70 聖人과 君子, 君子와 小人은 인격적 관점에서 언급되는 개념이다. 그러므로 聖人과 小人 또는 君子와 小人의 관계를 生理的 관점이나 氣質的 관점에서 이해하면 그 眞意를 파악할 수 없다. 형이상적 관점에서의 군자와 소인의 관계에 관하여서는 拙稿인 「曆數原理를 통해 본 先秦 儒學의 君子와 小人」, 『漢文學論集』 제27집, 2008, 근역한문학회를 참고하기 바란다.

장을 이해하면 두 사람의 주장 가운데 어느 한 쪽이 옳고 다른 쪽이 그른 것이 아니라 모두 옳은 것이다. 다만 주회암(朱晦菴)은 역생도성의 관점에서 학문의 엄밀성을 밝히고자 하였고, 왕양명(王陽明)은 도생역성의 관점에서 모든 것을 하나로 귀일(歸一)시켜서 이해하고자 한 차이가 있을 뿐이다. 그러므로 격물치지(格物致知)를 비롯한 두 사람의 『대학』에 관한 주장을 회통(會通)시켜서 이해하는 것이 필요하다.[71]

사람의 본성이 비록 천도가 주체화하였기 때문에 완전하지만 그러나 그것은 가능성일 뿐 실천을 통하여 드러내야 하기 때문에 주회암의 격물치지론을 따라서 한 순간도 방일(放逸)하지 않고 끊임없이 만나는 사물을 자신의 주체성과 일치시키는 수신(修身)을 해야 한다. 그러나 그것은 왕양명의 치양지론과 같이 내 본성을 사물에 확충(擴充)하는 것이기 때문에 학문 자체가 실천이어서 양자가 별개의 존재가 아니다. 그리고 격물치지 자체도 불완전하거나 부족하고 불선한 자기를 바꾸어서 완전하고 선하게 변화하는 것이 아니라 본래 모든 것이 그대로 본성의 현현(顯現)일 따름이다.

주회암이 분수리를 추구하는 것을 학문의 방향으로 설정한 까닭은 이(理) 자체가 이미 만물에 분수(分殊)되어 있다는 관점이 전제된 것이다. 그렇기 때문에 일리를 따로 추구할 필요가 없이 오직 분수리를 추구하고자 하였던 것이다. 따라서 주회암의 학문 방향에는 이미 도생역성이 전제가 되었기 때문에 그것을 바탕으로 역생도성의 관점에서 격물치지를 주장한 것이다. 왕양명도 도생역성의 관점에서 치양지를 주장하였지만 역생도성을 통하여 양지를 자각하는 과정이 없었다면 양지를 사물에 확충하는 치양지를 실천할 수 없을 것이다. 그런 점에서 보면 역생도성의 관

71 이 책을 통하여 확인할 수 있는 바와 같이 天道를 바탕으로 『대학』을 연구하는 방법을 통하여 부수적으로 얻어지는 것이 朱晦菴의 性理學과 王陽明의 心學을 合德의 관점에서 이해할 수 있는 가능성을 찾을 수 있다는 점이다. 다만 그러한 작업과 더불어 양자의 이론이 전개될 수 있은 근거가 孔孟의 哲學에 이미 존재함을 논증하는 작업이 진행되어야할 것으로 여겨진다. 그것은 孔孟哲學의 내용과 宋代의 性理學, 明代의 心學의 관계를 다시 밝히는 작업이라고 할 수 있다.

점을 전제로 하여 도생역성의 관점에서 치양지를 주장하였음을 알 수 있다. 그가 용장(龍場)에서 심즉리(心卽理)를 깨달 후에 말년(末年)에 이르러서 비로소 치양지(致良知)를 주장한 것을 보아도 그 점을 알 수 있다.[72]

2. 『대학』의 구성 체계와 내용

『대학』에 대한 주회암(朱晦菴)과 왕양명의 관점이 서로 다르기 때문에 『대학』의 구성체계와 내용에 대한 이해 역시 서로 다르다. 왕양명은 『고본대학』을 그대로 이해하고자 하였으며, 주회암(朱晦菴)은 분석적 관점에서 경(經)과 전(傳)으로 구분하고, 전(傳)을 다시 십편(十篇)으로 구분하여 이해하고자 하였다. 이는 왕양명이 도생역성의 관점에서 『고본대학』을 회통하여 보는 것과 달리 주회암(朱晦菴)이 역생도성의 관점에서 『고본대학』을 분석하여 이해하고자 하였음을 뜻한다.

그러나 『대학』의 구성체계와 내용을 문제로 삼는 것 자체는 회통적 관점을 전제로 한 분석적 관점이 위주이다. 그렇기 때문에 왕양명의 관점을 바탕으로 그것과 더불어 주회암(朱晦菴)의 관점에서 이해하는 것이 필요하다.

주회암(朱晦菴)이 편집한 『대학장구』의 구성체계를 보면 크게 경일장(經一章)과 전십장(傳十章)으로 이루어져 있다. 전십장은 경일장에서 언급된 내용을 『서경』, 『시경』, 『주역』의 삼경의 내용을 통하여 그 타당성을 논증하고 부연하여 설명하고 있는 부분이다. 그렇기 때문에 주회암(朱晦菴)은 경일장은 공자(孔子)의 말을 증자(曾子)가 서술하였으며, 전십장은 증자(曾子)의 뜻을 그 제자들이 기술하였다.[73]고 하였다.

72 王陽明의 心卽理 역시 이중적인 구조를 갖는다. 왜냐하면 성인의 마음과 私慾이 많은 小人의 마음이 같을 수 없기 때문이다. 그러므로 心卽理는 心의 本體가 理라는 의미를 갖게 된다. 그런 점에서 小人은 私慾을 버려서 心體를 회복하는 修己의 과정이 필요하지 않을 수 없다. 心卽理가 倒生逆成의 관점이라면 心之本體卽理는 逆生倒成의 관점이라고 할 수 있다.

주회암(朱晦菴)의 주장처럼 실제로 증자와 그 문인들이 『대학』을 저작하였는지의 사실여부도 중요하다. 왜냐하면 텍스트 자체가 없다면 그것을 대상으로 하는 연구 자체가 존재할 수 없기 때문이다. 그러나 텍스트 자체의 연구에만 매달리면 그 내용을 드러낼 수는 없다. 따라서 텍스트와 내용의 연구가 동시에 이루어져야 한다.

텍스트 자체를 연구하는 문제와 그 내용을 연구하는 문제는 둘이 아니다. 텍스트 자체 만으로 해결할 수 없는 문제는 내용을 통하여 해결할 수도 있고, 내용 역시 텍스트 자체의 연구를 통하여 한계가 지워지기 때문이다. 다만 여기서는 텍스트에 대한 연구는 기존의 연구 성과에 맡기고, 그것을 바탕으로 내용을 중심으로 연구하고자 한다.

그 내용을 중심으로 역수원리적 관점에서 『대학』을 고찰할 그 직접적인 대상은 경일장이 중심이 될 것이다. 그리고 필요에 따라서 전 십장의 내용도 부연하여 논하고자 한다. 물론 본문에서는 모든 전(傳) 십장(十章)의 내용 역시 역수원리(曆數原理)적 관점에서 도역(倒逆) 생성(生成) 원리를 중심으로 재해석을 하게 될 것이다.

역수원리의 내용인 선후천원리를 그것을 자각하고 실천하는 주체인 군자를 중심으로 이해하면 군자의 도가 된다. 군자의 도는 선천적 관점에서는 학문원리가 위주이며, 후천적 관점에서는 실천원리가 위주가 된다. 그렇기 때문에 『대학』의 내용을 선후천원리를 중심으로 이해하면 학문원리와 실천원리가 된다.

『대학』에서 밝히고 있는 대학의 도는 군자의 도로 그것을 천도의 내용인 용구(用九)원리와 용육(用六)원리 그리고 십오본체(十五本體)원리를 근거로 하여 밝히고 있다. 역수원리의 내용인 십오(十五)원리와 구육(九六)원리를 바탕으로 군자(君子)의 도(道)의 대체를 밝히고 있는 부분이 명명덕(明明德)과 친민(親民) 그리고 지어지선(至於至善)이다. 위의 내

---

73 朱晦菴, 『大學集註』, "右經一章蓋孔子之言而曾子述之 其傳十章則曾子之意而門人記之也"

용을 도표화하여 나타내면 다음과 같다.

明明德 : 用九
至於至善 : 九六合德爲用(十五尊空爲體)
親民: 用六

명명덕의 구체적인 방법을 나타내고 있는 부분이 "知止而后有定 定而后能靜 靜而后能安 安而后能慮 慮而后能得"이다. 이 부분을 『주역』에서 밝히고 있는 학문의 과정인 입지(立志), 궁리(窮理), 진성(盡性), 지명(至命)을 중심으로 나타내면 다음과 같다.

1. 知止而后有定 : 立志(內容)
2. 定而后能靜 靜而后能安: 立志(狀態)
3. 安而后能慮 : 窮理
4. 慮而后能得: 盡性, 至命

그리고 명명덕을 행하는 범주와 근본 문제를 밝히고 있는 부분이 "物有本末 事有終始 知所先後 則近道矣"이다. 이를 도표화하여 나타내면 다음과 같다.

事件: 用九 → 終始(體十)
物件: 用六 → 本末(體五)

명명덕과 친민의 학문과 실천의 문제를 종합적으로 밝히고 있는 것이 다음 부분으로 그곳에서는 실천원리를 중심으로 君子의 道를 밝히고 있다. 그 내용을 보면 "古之欲明明德於天下者는 先治其國하고, 欲治其國

者는 古之欲明明德於天下者는 先治其國하고, 欲治其國者는 先齊其家하고, 欲齊其家者는 先脩其身하고, 欲脩其身者는 先正其心하고, 欲正其心者는 先誠其意하고, 欲誠其意者는 先致其知하니, 致知는 在格物이니라. 物格而后에 知至하고, 知至而后에 意誠하고, 意誠而后에 心正하며, 心正而后에 身脩하고, 身脩而后에 家齊하며, 家齊而后에 國治하고, 國治而后에 天下平이니라."라고 하였다. 위의 내용을 도표화하여 나타내면 다음과 같다.

格物 ← 致知 ← 誠意 ← 正心 : 修身 → 齊家 → 治國 → 平天下
成倒生逆(用九)　　倒生逆成(用六)

위에서 살펴본 것과 같이 『대학』의 내용을 분석하면 군자의 도를 십오(十五)본체(本體)원리와 용구용육(用九用六)원리를 중심으로 나타낸 것임을 알 수 있다. 다만 본체원리와 작용원리가 둘이 아니지만 본체(本體)원리 자체를 밝히는 것은 천도(天道) 자체의 문제로 인도(人道)가 아니기 때문에 본체원리 자체는 드러내지 않고, 작용을 중심으로 군자의 도를 밝히고 있다. 용구(用九)원리를 위주로 군자의 도를 밝히는 동시에 용육(用六) 원리를 위주로 군자의 도를 밝히고 이어서 구육(九六)이 합덕(合德)된 관점에서 군자의 도를 밝히고 있는 것이다.

앞에서 『대학』의 구성 체계와 내용을 본체(本體) 원리와 작용원리를 중심으로 살펴보았는데 그 내용을 종합적으로 정리하여 나타내면 『대학』의 구조가 경일장(經一章)과 전십장(傳十章)으로 구성되었다는 것은 성인과 군자의 합덕원리, 선천과 후천의 합덕원리를 중심으로 십일귀체(十一歸體)원리를 밝히고 있음을 뜻한다.

십일귀체(十一歸體)[74]원리는 천(天)과 지(地)가 만나서 회통(會通)하여 합덕(合德)하는 원리를 도수(度數)를 통하여 표상한 것이다. 십(十)은 천(天)의 본성인 무극(无極)을 도수(度數)에 의하여 표상한 것이며, 일(一)은 지(地)의 본성인 태극(太極)을 도수(度數)에 의하여 나타낸 것이다. 그 내용을 양자로 구분하여 나타내면 천(天)의 본체와 작용을 나타내는 체십용구(體十用九)와 지(地)의 본체와 작용을 나타내는 체오용육(體五用六)이다. 그러므로 십일귀체는 천지의 합덕작용을 회통원리를 중심으로 나타낸 것이라고 할 수 있다.

먼저 경(經)과 전(傳)의 구성 체계를 중심으로 『대학』을 이해하면 『대학』은 용구(用九)작용 원리를 경(經)에 의한 성인의 세계를 통하여 나타내고, 용육(用六)작용 원리를 전(傳)에 의한 군자의 세계를 통하여 나타냄으로서 양자의 합덕(合德)을 통하여 구육합덕(九六合德)작용 원리를 나타낸 전적이라고 할 수 있다.

그러면 구체적으로 『대학』의 내용이 무엇인지를 살펴보자. 『대학』에서 밝히고 있는 내용을 한마디로 나타내면 군자(君子)의 도(道)이다. 그것을 『대학』에서는 대학(大學)의 도(道), 대인(大人)의 도(道)로 규정하고 있다.

앞에서 살펴본 바와 같이 군자의 도를 그 존재근거인 천도(天道)를 중심으로 나타내면 십오존공위체(十五尊空爲體)와 구육합덕위용(九六合德爲用)로 십오존공위체(十五尊空爲體)원리를 인도의 관점에서 나타내면 집중(執中)이며, 구육합덕위용원리를 인도의 관점에서 나타내면 중용(中庸)이다.[75]

『대학』에서 대학(大學)의 도(道)인 로 밝히고 있는 명명덕(明明德), 친

74 『正易』의 「十一吟」에서는 "十一歸體兮여 五八尊空이로다. 五八尊空兮여 九二錯綜이로다."라고 하였으며, 「化翁親視監化事」에서는 "嗚呼라 五運이 運하고 六氣가 氣하야 十一歸體하니 功德无量이로다."라고 하였고, 「十一歸體詩」에서는 "火入金鄕金入火요 金入火鄕火入金을 火金金火原天道라 誰遣龍華歲月今고 政令은 己庚壬甲丙이오 呂律은 戊丁乙癸辛을 地十爲天天五地하니 卯兮歸丑戌依申을 十은 十九之中이니라 九는 十七之中이니라. 八은 十五之中이니라. 七은 十三之中이니라. 六은 十一之中이니라. 五는 一九之中이니라. 四는 一七之中이니라. 三은 一五之中이니라. 二는 一三之中이니라. 一은 一一之中이니라. 中은 十十一一之空이니라. 堯舜之厥中之中이니라. 孔子之時中之中이니라. 一夫所謂包五含六十退一進之位니라. 小子아 明聽吾一言하라 小子아."라고 하였다.

민(親民), 지어지선(止於至善)을 집중과 중용을 중심으로 이해하면 명명덕은 집중의 문제이며, 친민은 중용의 문제이고, 양자가 일체임을 나타낸 것이 지어지선이라고 할 수 있다.

그런데 집중이 되면 중용이 이루어지지만 집중(執中)이 되지 않으면 중용(中庸)은 이루어질 수 없다. 그렇기 때문에 『대학』에서는 명명덕의 구체적인 방법을 지지(知止), 유정(有定), 능정(能靜), 능안(能安), 능려(能慮), 능득(能得)을 중심으로 밝히고 있다. 지지와 유정은 집중을 위한 기본을 나타내는 것으로 입지(立志)라고 할 수 있으며, 능정, 능안은 기본이 이루어진 상태에서 나타나는 공능을 나타내는 것으로 곧 입지(立志)의 공능(功能)이라고 할 수 있고, 능려, 능득은 입지(立志)가 이루어진 상태에서 이루어지는 작용을 나타내는 것이라고 할 수 있다.

위의 내용을 좀 더 체계적으로 이해하면 집중(執中)의 시작(始作)을 나타내는 것이 지지(知止)와 유정(有定)이라면 집중(執中)의 종말(終末)을 나타내는 것이 능려(能慮)와 능득(能得)이라고 할 수 있다. 능려는 사물과 만나 회통(會通)함으로써 합덕(合德)되는 작용을 나타낸 것으로 능려(能慮)는 회통원리를 나타내고, 능득은 합덕(合德)원리를 나타낸다고 할 수 있다. 『주역』에서는 사람과 사물이 만나서 회통하는 것을 궁리(窮理)로 규정하고 있다.

『대학』에서는 궁리의 방법과 범주를 시간과 공간을 중심으로 사건과 물건의 관점에서 밝히고 있다. 시간의 관점에서 사건(事件)에는 종시(終始)가 있으며, 공간의 관점에서 물건(物件)에는 본말(本末)이 있음을 밝혀서 시간과 공간을 범주로 하여 궁리(窮理)가 이루어져야함을 밝히고 있을 뿐만 아니라 "그 선후하는 바를 알면 도(道)에 가깝다."고 하여 지말(支末)에서 근본(根本)을 찾고, 종말(終末)로부터 시작(始作)을 찾음으

---

75 본래 執中과 中庸이 둘이 아니지만 兩者를 구분하여 그것을 중심으로 『大學』과 『中庸』을 이해하면 『大學』과 『中庸』이 執中과 中庸을 함께 언급하고 있지만 『대학』은 執中이 중심이며, 『중용』은 中庸이 중심이라고 할 수 있다.

로서 시간성(時間性), 시의성(時義性)의 세계 곧 천명(天命)의 세계에 도달함을 밝히고 있다.

그리고 집중과 중용의 문제를 종합하여 여덟 가지의 개념을 통하여 대학의 도, 군자의 도를 밝히고 있다. 격물(格物), 치지(致知), 성의(誠意), 정심(正心), 수신(修身), 제가(齊家), 치국(治國), 평천하(平天下) 가운데서 격물, 치지, 성의, 정심은 집중(執中)의 문제이며, 제가, 치국, 평천하는 중용(中庸)의 문제로 양자를 수신(修身)으로 집약(集約)하여 나타내고 있다. 따라서 이 여덟 가지의 문제는 하나의 문제라고 할 수 있다.

격물, 치지, 성의, 정심은 집중을 사물과 내가 만나서 하나가 되는 회통(會通)을 중심으로 나타낸 것이다. 사물과 내가 만나서 그 본질과 내 본성이 일체임을 아는 것이 격물치지(格物致知)이며, 모든 존재와 더불어 일체의 관점에서 뜻을 내는 것이 성의(誠意)이고, 모든 존재가 본래 일체임을 알고 일체의 관점에서 마음을 내는 것이 곧 정심(正心)이다. 그러므로 성의(誠意)와 정심(正心)은 격물(格物), 치지(致知)의 결과라고 할 수 있으며, 격물치지가 곧 수신(修身)의 방법이라고 할 수 있다.

격물치지를 내 본성을 중심으로 나타내면 본성의 자각인 동시에 사물을 중심으로 나타내면 사물의 본질을 파악하는 것으로 그것을 송대(宋代)의 성리학자(性理學者)들은 사물의 이치를 아는 것으로 규정하였다. 그러나 사물의 이치를 아는 것으로 그치는 것이 아니라 본래 나의 본성과 사물의 이치가 둘이 아님을 아는 것이 바로 격물치지이다. 그렇기 때문에 격물치지는 달리 말하면 사물과 나, 천(天)과 지(地), 형이상(形而上)과 형이하(形而下)가 만나서 하나가 되는 회통(會通)이며, 내가 죽어서 사물과 하나가 되는 것인 동시에 사물과 내가 본래 하나임을 확인하는 것일 따름이다.

제가, 치국, 평천하는 중용(中庸)을 나타낸 것으로 집중(執中)된 군자의 삶을 가정, 국가, 천하의 차원에서 나타낸 것이다. 수신(修身)을 격물(格物), 치지(致知), 성의(誠意), 정심(正心)으로 구분하여 나타내었지만 하나이듯이 제가(齊家), 치국(治國), 평천하(平天下) 역시 하나의 문제일 뿐이다.

그리고 수신(修身) 이전의 격물(格物), 치지(致知), 성의(誠意), 정심(正心)과 수신(修身) 이후의 제가(齊家), 치국(治國), 평천하(平天下) 역시 하나의 문제이다. 본래 집중과 중용이 하나이면서 구분되는 관계이듯이 여덟 항목의 내용도 일체이면서 구분되어지는 관계라고 할 수 있다. 이렇게 보면 『대학』의 내용은 한마디로 나타내면 집중(執中)과 중용(中庸)이라고 할 수 있다.

제사부

대학의 회통적 이해

- 제사부 -

대학의 회통적 이해

이 부분에서는 앞에서 제시한 『대학』 연구의 범주(範疇)와 방법 그리고 방향을 바탕으로 이해(理解)와 설명(說明)을 통하여 원문의 의미를 밝히고자 한다. 먼저 원문을 제시하고 이어서 그것을 우리말로 옮긴 후에 마지막으로 『정역』에서 밝힌 역수원리의 관점에서 그 의미를 드러내고자 하였다.

『대학』의 원문을 이해하고 설명하는 구체적인 방법은 도생역성(倒生逆成)과 역생도성(逆生倒成)의 두 관점에서 각각 이해한 후에 양자가 합덕(合德)된 본체(本體)의 관점에서 설명하고자 한다. 다만 『대학』은 천도(天道) 또는 신도(神道)를 밝히려는 것이 아니라 인도(人道)인 군자의 도를 밝히고자 저작된 것이기 때문에 간지도수(干支度數)와 관련시켜서 논하거나 하도(河圖), 낙서(洛書)와 직접 관련시켜서 논하지는 않을 것이다.

그리고 『대학』 원문의 구성 체계는 주회암(朱晦菴)의 『대학장구』를 토대로 하였다. 주회암(朱晦菴)은 『고본대학』 가운데서 일부는 공자(孔子)가 말한 것으로 여기고 그것을 경(經)으로 규정하였으며, 일부는 증자(曾子)가 말한 것을 제자들이 기록한 것이라고 하여 전(傳)으로 규정하였다.

성인에 의하여 저작된 것이 경(經)이며, 현인에 의하여 저작된 것이 전(傳)이라는 기준에 의하여 경과 전을 구분한 것이다.

그런데 경과 전의 구분을 성인과 현인으로 할 경우 성인과 현인이 어떤 존재인가를 구분하지 않을 수 없다. 그리고 성인은 성인의 도의 전수(傳授) 계통인 성통(聖統)을 따라서 탄강(誕降)하기 때문에 경과 전의 구분을 이해하기 위해서는 성통(聖統)을 논하지 않을 수 없다. 주회암(朱晦菴)이 『고본대학』을 개정한 까닭도 성통(聖統)을 밝히고자 하는 데 그 목적이 있었다고 할 수 있다.

성통(聖統)은 시간과 관련되어 있는 문제이다. 그리고 시간을 중심으로 군자의 도를 밝힌 전적은 『중용』이며, 『대학』은 공간적 관점에서 군자의 도를 밝히고 있다. 그러므로 이 책에서는 공간적 관점에서 성인과 군자의 관계를 중심으로 성통을 논하고자 한다. 성인과 군자의 관하여는 많은 이견(異見)이 있으나 역수원리를 중심으로 논하고자 한다.

성인과 군자는 덕위(德位)가 같다. 성인과 군자를 막론하고 본성(本性)을 자각하고 천명(天命)을 자각하여 그것을 실천하는 존재이다. 다만 성인은 천도(天道), 지도(地道), 인도(人道)를 자각하고 그것을 천명(闡明)하여 군자로 하여금 학문을 통하여 덕(德)을 기르도록 하는 존재이며, 군자는 성인이 밝힌 삼재(三才)의 도(道)를 자각하고 그것을 현실에서 실천하는 존재이다.

성인(聖人)이 경전(經典)을 저작한 까닭도 군자(君子)로 하여금 본성(本性)을 자각(自覺)하여 그것을 주체로 살아가도록 하기 위함이다. 그렇기 때문에 『주역』에서는 "옛 성인(聖人)이 역경(易經)을 저작한 목적은 장차 군자로 하여금 성명(性命)의 이치(理致)에 순응(順應)하도록 하기 위함이다."[1]고 하였을 뿐만 아니라 "천지는 만물을 기르며, 성인은 현인(賢人)을 길러서 만백성들에게 천지(天地)의 은택(恩澤)이 미치게 한다."[2]고 하였다.

1 『周易』, 說卦 第二章, "昔者聖人之作易也는 將以順性命之理니"

그러나 성인이 천명(闡明)한 삼재(三才)의 도(道), 삼극(三極)의 도(道)를 인간 주체적으로 자각하여 실천하는 군자(君子)가 없다면 성인이 그 사명(使命)을 다할 수 없다. 그렇기 때문에 『주역』에서는 성인과 군자를 죽은 아버지와 그의 가업(家業)을 계승하는 자식에 비유하여 "죽은 아비에게 자식이 있으면 허물이 없을 것이다."[3]고 하여 군자에 의하여 성인의 사명(使命)이 완수(完遂)됨을 밝히고 있다.

역사적 관점에서 보면 성인(聖人)은 군자보다 먼저 세상에 나타나서 군자를 기르지 않을 수 없다. 그렇기 때문에 성인과 군자를 선후천(先后天)의 관점에서 나타내면 선천(先天)의 주체적 존재가 성인이며, 후천(后天)의 주체적 존재가 군자이다. 선천의 성인은 삼재(三才)의 도(道), 군자(君子)의 도(道)를 밝힘으로써 인류의 나아갈 길, 군자의 나아갈 길을 밝혀주는 존재이며, 군자는 성인이 밝힌 군자의 도를 실천하는 존재이다. 그렇기 때문에 성인의 사명이 군자의 실천을 통하여 완성된다고 할 수 있다. 『주역』에서는 "진실로 그 사람이 아니면 도(道)는 헛되이 행하여지지 않는다."[4]고 하여 군자가 아니면 역도(易道)가 행하여질 수 없음을 밝히고 있다.

그러나 선천에서 후천으로 변화하지만 후천이 선천에 작용하고 선천은 후천에 작용하듯이 성인과 군자는 일체적 관계이다. 성인이 존재하지 않으면 군자가 나아갈 길을 알 수 없으며, 군자가 실천하지 않으면 설사 성인이 군자의 도를 밝혔을지라도 그 의미가 없다. 그렇기 때문에 성인과 군자는 부자(父子)의 관계, 사제(師弟)관계, 부부(夫婦)의 관계에 비유하여 나타낼 수 있다.

성인과 군자의 관계를 성명지리(性命之理)를 중심으로 나타내면 성인은 성적(性的) 존재이며, 군자는 명적(命的) 존재이다. 그렇기 때문에 맹

2 『周易』, 山雷頤卦(䷚) 彖辭, "天地養萬物하며 聖人이 養賢하야 以及萬民하나니"

3 『周易』, 山風蠱卦(䷑) 初六 爻辭, "初六은 幹父之蠱初六은 幹父之蠱ㅣ니 有子ㅣ면 考ㅣ 无咎하리니 厲하나 終吉이리라."

4 『周易』, 繫辭下篇 第八章, "苟非其人이면 道不虛行하나니라."

자(孟子)는 성(性)과 명(命)을 중심으로 성인과 군자를 구분하여 다음과 같이 밝히고 있다.

> 맹자가 말하였다. 입이 맛에, 눈이 빛에, 귀가 소리에, 코가 냄새에, 사지(四肢)가 안일(安逸)함에 성(性)이나 명(命)이 있기 때문에 군자는 성(性)이라고 하지 않는다. 인(仁)이 부자(父子)에, 의(義)가 군신(君臣)에, 예(禮)가 빈주(賓主)에, 지(智)가 현자(賢者)에, 성인(聖人)의 천도(天道)에 대함은 명(命)이나 성(性)이 있기 때문에 군자는 명(命)이라고 일컫지 않는다.[5]

위의 인용문의 내용을 통하여 성인은 본성을 그대로 드러내어 밝히는 존재이며, 군자는 본성을 주체로 그것을 몸을 통하여 실천하는 존재임을 알 수 있다. 그렇기 때문에 성인을 논할 때는 형이상적 차원에서 인간 본래성의 내용인 인예의지(仁禮義智)의 사덕(四德)과 천도(天道)를 중심으로 논하였고, 군자를 논할 때는 형이하적 차원에서 이목구비(耳目口鼻)와 사지(四肢)와 같은 몸을 중심으로 논하였다.

군자의 관점에서 보면 성인은 성적(性的)인 존재이지만 군자는 명적(命的)인 존재이다. 그렇기 때문에 군자는 이목구비(耳目口鼻)와 사지(四肢) 역시 본유(本有)한 성적(性的)인 존재이지만 그것을 명(命)으로 여기며, 사덕(四德)과 천도(天道)가 성인(聖人)에게도 천명(天命)이지만 그러나 군자는 성(性)이라고 할 뿐 명(命)이라고 하지 않는다. 이는 성인과 군자를 명(命)을 중심으로 엄격하게 구분하여 나타낸 것이다.

성인과 현인이 스승과 제자의 관계이고 경과 전이 그러한 관계를 이루는 양자의 말을 기록한 것이기 때문에 경(經)과 전(傳)이 본체와 작용의 관계라고 할 수 있다. 따라서 경일장(經一章)의 내용을 바탕으로 그것을 자세하게 부연(敷衍)하여 설명(說明)한 것이 전십장(傳十章)이라고 할 수 있다. 그렇기 때문에 전(傳)에는 경(經)의 내용이 담겨 있으며, 경(經)

5 『孟子』, 盡心章下, "孟子曰 口之於味也, 目之於色也, 耳之於聲也, 鼻之於臭也, 四肢於安佚也, 性也, 有命焉, 君子不謂性也. 仁之於父子也, 義之於君臣也, 禮之於賓主也, 智之於賢者也, 聖人之於天道也, 命也, 有性焉, 君子不謂命也."

에는 전(傳)의 요체(要諦)가 담겨 있다.

전십장을 보면 세 강령(綱領)과 여덟 조목(條目)을 중심으로 그 내용을 부연(敷衍)하여 설명하고 있다. 다만 그 내용을 보면 세 강령에 관한 부분은 다시 설명하고 있으나 여덟 조목 가운데서 격물(格物)과 치지(致知)를 제외한 여섯 가지 부분에 관하여 부연(敷衍)하여 설명한 것으로 생각할 수 있다.

주회암(朱晦菴)은 격물(格物)과 치지(致知)에 관한 부분이 전하여지는 과정에서 빠졌다고 생각하였기 때문에 이정(二程)의 이론을 참고하여 자신이 스스로 격물(格物)에 관한 보충의 문장을 만들어서 삽입하였다. 사실 이처럼 부연하여 독자들로 하여금 이해하기 쉽도록 설명하는 친절함은 그의 후학들을 사랑하는 지극한 태도라고 할 수 있다.

그러나 『대학』의 내용을 좀 더 면밀하게 살펴보면 세 강령에 관한 부분뿐만 아니라 전체의 내용이 그대로 격물(格物), 치지(致知)에 관한 내용이라고 할 수 있다. 왜냐하면 격물(格物), 치지(致知), 성의(誠意), 정심(正心), 수신(修身), 제가(齊家), 치국(治國), 평천하(平天下)의 여덟 가지 항목을 격물치지(格物致知)로 집약(集約)하여 나타낼 수 있기 때문이다.

주회암(朱晦菴)이 전십장으로 구분하여 나타낸 내용을 검토하여 보면 성의, 정심, 수신, 제가, 치국, 평천하가 모두 격물치지(格物致知)의 내용을 포함하고 있다. 예를 들어 정심(正心)을 격물치지(格物致知)의 관점에서 살펴보면 우선 마음은 형이상적 측면과 형이하적 측면에서 살펴볼 수 있다. 주회암(朱晦菴)이 밝혔듯이 격물치지를 즉물(卽物), 궁리(窮理), 지지(知至)의 세 과정으로 구분하여 이해하면 마음에 나아가서(卽心) 마음 가운데 갖추어진 이치를 연구함(窮理)으로써 앎을 지극하게 하여(知至) 본성에 도달함이라고 할 수 있다. 그러므로 정심(正心)은 본성(本性)을 자각하고 그것을 주체로 발용(發用)된 마음이라고 할 수 있다.

그런데 정심(正心)에 관하여 전(傳)에서는 "심부재언 시이불견 청이불문 식이부지기미 차위수신재정기심(心不在焉 視而不見 聽而不聞 食而不

知其味. 此謂脩身在正其心.)"이라고 하였다. 이 때 "심부재(心不在)"를 형이하의 측면에서 이해하면 "심부재(心不在)"는 관심이 없음이 되며, "시이불견(視而不見)"은 감각기관인 눈만 있고 그 주재자인 마음이 없으면 볼 수 없음을 뜻한다. 따라서 이 부분이 비록 부정적으로 표현했지만 사람이 사물에 관심을 가짐으로써 사물에 나아가지 않으면 아무리 감각기관을 통하여 사물과 접하여도 사물과 만날 수 없음을 뜻한다. 따라서 이 부분은 즉물원리(卽物原理)를 심(心)의 관점에서 구체적으로 나타낸 것이라고 할 수 있다.

형이상적 관점에서 "심부재(心不在)"를 이해하면 "정심(正心)이 아니면"의 뜻이 되고, "시이불견(視而不見)"은 아무리 사물을 보아도 그 존재근거인 도(道)를 볼 수 없음을 뜻한다. 이 부분을 긍정적 관점에서 다시 표현하면 비록 어떤 대상 사물에 관심이 있어서 그 사물과 만날지라도 그 사물의 모양이나 색깔 그리고 소리 등에 얽매임이 없을 때 비로소 사물의 차원을 넘어서서 그 존재근거인 도에 도달하게 됨을 뜻한다. 따라서 이 부분은 궁리(窮理)의 구체적인 방법을 심의 관점에서 나타낸 것이라고 할 수 있다.

앞에서 살펴본 즉물(卽物)과 궁리(窮理)의 두 관점은 역생도성(逆生倒成)의 관점이라고 할 수 있다. 역생(逆生)으로부터 도성(倒成)에 이르면 밖의 이치, 도와 안의 마음이 회통(會通)되어 내 본성과 사물의 이치가 일체가 된다. 이처럼 역생도성(逆生倒成)이 되면 도생역성(倒生逆成)이 되는데 도생역성(倒生逆成)의 관점에서 위의 내용을 이해하면 다음과 같다.

도생역성의 관점에서 살펴보면 "심부재(心不在)"는 "무심(無心)이면"의 의미가 되고, "시이불견(視而不見)"은 보되 보이는 것에 얽매임이 없기 때문에 보더라도 보는 것이 없음을 뜻한다. 그리고 "식이부지기미(食而不知其味.)"는 음식을 먹어도 먹는다는 생각이 없이 먹기 때문에 음식의 맛에 얽매임이 없어서 먹어도 먹은 것이 없음을 뜻한다.

사물을 보되 사물에 얽매임이 없어서 보는 것이 없다는 것은 주체와 대상이 하나가 된 상태를 나타낸다. 그러므로 이러한 상태를 주체를 중심으로 나타내면 내가 없는 무아(無我)이다. 그리고 이를 앎의 문제와 관련하여 나타내면 내가 없기 때문에 알아도 앎이 없는 무지(無知)이다. 그것은 알아도 안다는 의식이 없어서 지식(知識)에 얽매임이 없음을 뜻한다. 그러나 무지(無知)를 역생도성(逆生倒成)의 관점에서 나타내면 치지(致知)가 된다. 앎이 없는 앎이 곧 지극한 앎이며, 그것이 곧 지혜가 아닌 지혜(知慧)인 것이다.

격물치지를 도생역성과 역생도성의 두 관점에서 살펴보면 격물치지(格物致知)에 나머지 성의(誠意), 정심(正心), 수신(修身), 제가(齊家), 치국(治國), 평천하(平天下)가 모두 포함되어 있을 뿐만 아니라 성의(誠意), 정심(正心), 수신(修身), 제가(齊家), 치국(治國), 평천하(平天下)의 각각이 모두 격물치지(格物致知)의 내용을 포함하고 있음을 알 수 있다. 그러면 이어서 주회암(朱晦菴)의 『대학장구』를 중심으로 원문을 차례로 살펴보자.

1. 경일장(經一章)

【원문】

大學之道는 在明明德하며, 在親民하며, 在至於至善하니라.

【우리말】

대학(大學)의 도(道)는 밝은 덕(德)을 밝히는데 있으며, 백성(百姓)들을 친(親)하게 하는데 있으며, 지선(至善)의 세계에 머무는데 있다.

【대학순역】

이 부분은 주회암(朱晦菴)이 강령으로 규정한 것과 같이 『대학』의 전체 내용을 요약하여 제시한 부분이라고 할 수 있다. 따라서 『대학』을 이해함에 있어서 가장 중요한 부분이라고 할 수 있다. 먼저 위의 내용을 이해하기 위하여 몇 가지 개념들의 의미를 살펴보자.

『대학』에서 가장 중요한 개념은 대학이라고 하지 않을 수 없다. 대학은 학문이름, 책이름, 교육기관의 세 가지 의미가 있다. 대학(大學)이라는 개념은 『예기』 42편의 책명을 가리키는 경우와 주대(周代)의 최고학문 기관인 태학(太學)을 가리키는 경우 그리고 대인(大人)의 학문(學問)을 가리키는 경우가 있다.

『대학』의 내용이 대인(大人)의 학문(學問)으로서의 대학(大學)이라고 할 때 그 내용을 나타내는 개념이 도(道)이다. 본문에서는 대학의 도라고 하여 대학의 내용을 도로 규정하고 있다. 도(道)는 길이라는 사물적 존재를 가리키는 경우와 더불어 형이상적인 원리라는 의미가 있다. 도(道)가 형이상적 존재라는 점에서 사물과 다를 뿐만 아니라 자연 과학의 법칙과도 서로 다르다.

『주역』에서는 "형이상적 존재를 도(道)라고 하며, 형이하적 존재를 기(器)라고 한다."[6]고 하여 도(道)와 기(器)를 구분하고 있다. 이처럼 도(道)와 기(器)를 구분하여 나타낸 까닭은 도(道)가 형이하적 존재인 사물과 존재 양상이 다를 뿐만 아니라 현상 사물의 존재 근거가 도임을 나타내기 위함이다.

그러나 도와 현상 사물은 별개의 존재가 아니라 일체적 존재이다. 그렇기 때문에 형이상과 형이하를 구분하여 도(道)와 기(器)로 나타내고 있지만 '형(形)' 을 중심으로 서로 관련시켜 논함으로써 양자가 일체적 관계임을 나타내고 있다.

현상 사물과 그 존재 근거인 도가 일체적이면서도 구분되어지는 관계임을 통하여 『대학』을 이해하는 방향과 방법을 찾을 수 있다. 본래 도라

6 『周易』, 繫辭上篇 第十二章, "形而上者를 謂之道이오 形而下者를 謂之器이오."

는 개념이 추상적인 의미로서의 원리와 구체적인 존재로서의 길을 가리키듯이 도라는 개념은 장차 도달해야할 목표의 의미와 더불어 목표에 도달하는 구체적인 방법의 의미가 함께 있다. 도(道)라는 개념 가운데 학문의 방법뿐만 아니라 학문의 내용 자체도 포함되어 있는 것이다.

도가 형이상적 존재이기 때문에 도를 내용으로 하는 『대학』은 형이상적 차원에서 이해되어야 한다. 그런데 인간에 있어서 형이상적 차원은 본성이다. 그러므로 『대학』의 내용은 본성의 차원에서 이해되어야 한다. 그것이 『대학』을 이해하는 방향이라고 할 수 있다.

『대학』을 이해하는 구체적인 방법은 도와 현상 사물이 구분되어지면서도 일체적 관계를 통하여 알 수 있다. 『대학』을 이해하는 구체적인 방법은 형이상과 형이하를 구분하여 형이상의 차원에서 이해하는 경우와 양자의 일체적 관계를 중심으로 이해하는 것이 그것이다. 이를 『정역』에서는 도생역성(倒生逆成)과 역생도성(逆生倒成)으로 규정하고 있으며, 『주역』에서는 도생역성을 순(順)으로 그리고 역생도성을 역(逆)으로 규정하고 있다. 그러므로 『대학』을 이해하는 방법은 순역(順逆)이라고 할 수 있다.

본문의 명(明)은 앞과 뒤의 두 글자가 있는 데 양자는 그 용법이 다르다. 앞의 명(明)은 동사이며, 뒤의 명(明)은 명사이다. 그러므로 앞의 명은 우리말로 나타내면 "밝히다."이며, 뒤의 명은 "밝음"이 된다.

지어지선(止於至善)의 지(止)는 "그것을 주체로 함"의 의미로 그런 점에서는 거(居)와 같다. 그리고 지선(至善)은 악(惡)과 동일한 차원의 반대 개념인 선(善)을 나타내는 것이 아니다. 『주역』에서는 선을 중심으로 선(善)과 불선(不善)을 언급할 뿐 선(善)과 악(惡)을 논하지 않는다.[7] 이는 선(善)이 가치론적인 측면에서만 사용되지 않고 존재론적 측

7 『周易』의 重地坤卦(䷁) 文言에서는 "積善之家는 必有餘慶하고 積不善之家는 必有餘殃하나니"라고 하여 善과 不善을 언급하고 있으며, 繫辭下篇 第六章에서는 "子曰顔氏之子ㅣ 其殆庶幾乎ㄴ뎌 有不善이면 未嘗不知하며 知之ㅣ면 未嘗復行也하나니 易曰不遠復이라 无祇悔니 元吉이라하니라."라고 하여 不善을 언급하고 있다.

면에서 사용되고 있음을 뜻한다. 본성이 잘 드러남과 잘못 드러남의 선(善)과 불선(不善)이 있을 뿐 악이라는 것은 없는 것이다. 그러므로 지선(至善)은 선과 불선 그 이전의 본래적 세계를 나타낸다. 곧 일상적인 차원에서 반대 개념으로 이해하고 있는 선과 악을 넘어선 근원적 존재가 지선이다.

그러면 『대학』의 내용이 무엇인지 구체적으로 살펴보자. 대학은 대인이 되는 길을 밝혀놓은 학문이다. 대인은 성인의 덕을 가진 사람이 세속(世俗)의 위(位)를 얻었을 때를 지칭하는 개념이다. 성인과 그 덕위(德位)가 같은 존재를 현인(賢人)이라고 하며, 현인이 현실적인 위(位)를 얻었을 때 그를 군자(君子)라고 한다. 따라서 여기서 논하고 있는 대인은 성인과 군자를 모두 지칭하는 개념이다.

"명명덕(明明德)"은 앞의 명(明)을 어떻게 보느냐에 따라서 전체의 의미가 달라진다. 인도의 근거는 천도이다. 그러므로 대학의 도 역시 인도이기 때문에 천도를 근거로 이해하지 않을 수 없다. 천도의 내용인 역수원리를 작용의 관점에서 나타내면 도생역성과 역생도성이다. 그러므로 이 부분 역시 역생도성과 도생역성의 관점에서 이해가 가능하다.

"명명덕(明明德)"의 명(明)을 도생역성의 관점에서 이해하면 군자가 자각한 본래성인 명덕(明德)을 천하에 널리 밝힘이 되어 군자의 도의 실천을 나타낸다. 그렇기 때문에 명덕(明德)은 학문을 통하여 이미 스스로 밝혀진 인간의 본래성을 실천의 관점에서 나타낸 것이다. 본래 덕(德)이라는 개념은 실천의 관점에서 언급된 것이다. 『주역』에서는 군자의 본래성을 성명지리(性命之理)로 규정[8]하면서 그 내용을 인예의지(仁禮義智)의 사덕(四德)으로 밝힘[9]으로서 이 점을 나타내고 있다. 따라서 "명명덕(明明德)"은 군자가 성덕(盛德)을 천하에 널리 펼치는 것을 의미한다.

---

8 『周易』, 說卦 第二章, "昔者聖人之作易也는 將以順性命之理니"

9 『周易』, 重天乾卦(䷀) 文言, "君子ㅣ體仁이 足以長人이며, 嘉會ㅣ足以合禮ㅣ며, 利物이 足以和義ㅣ며, 貞固ㅣ 足以幹事ㅣ니, 君子ㅣ行此四德者ㅣ라 故로 曰乾元亨利貞이라."

그러나 역생도성의 관점에서 논하면 "명명덕(明明德)"의 명(明)은 "자각하다", "깨닫다."의 의미가 된다. 그러므로 "명명덕(明明德)"은 자신의 본래성을 자각함을 뜻한다. 이 때 명덕(明德)의 명(明)은 지성(知性)을 상징하며, 덕(德)은 인성(仁性)을 상징한다. 따라서 "명명덕(明明德)"은 인지(仁知)의 성(性)을 자각함이 된다.

인간이 자신의 본래성을 자각하면 자신의 존재 근거인 천도 역시 자각하게 된다. 그것을 『주역』에서는 천지의 성정(性情)인 신명한 덕(神明之德)에 통한다[10]고 하였다. 이처럼 자신의 본래성의 자각은 성인이 밝힌 천지의 도를 인간 주체적으로 자각함으로써 자각되어진다.

군자가 자신의 본래성과 일체화하여 자각한 천지의 도는 본래성의 존재근거로서의 천명(天命)이 된다. 『중용』에서 천명(天命)이 바로 인간의 본래성의 내용[11]이라고 규정한 것이 그것이다.

천명은 그것을 자각한 주체에게는 자신의 존재근거로서의 역사적 사명 또는 사회적 사명으로 자각된다. 그렇기 때문에 천명을 자각한 사람은 그것을 봉행(奉行)하지 않을 수 없다.

그런데 역생도성의 관점에서 본래성을 자각한다고 하였지만 도생역성의 관점에서 보면 사실 본래성은 사람이 깨닫기 이전에도 존재하였기 때문에 없던 것이 갑자기 나타난 것이 아니어서 깨달았다고 하여도 본래 그러함을 알았을 뿐이다. 따라서 도생역성의 관점에서 보면 본래 갖고 있는 명덕을 그저 그대로 사용하는 실천이라고 할 수밖에 없다. 그런 점에서 『대학』에서 성(性)이라는 개념을 사용하지 않고 이미 그것이 드러난 작용의 측면에서 명덕으로 규정한 것이라고 할 수 있다.

앎의 문제도 본성을 알지 못함(不知)의 상태에서 앎의 상태로 이른 것이 아니기 때문에 앎이 없음(無知)이라고 하였다. 그러나 일상의 앎과는 다르기 때문에 지극한 앎(至知))이라고 하였다. 그러므로 지극한 앎(至

---

10 『周易』, 繫辭下篇 第六章, "以體天地之撰하며 以通神明之德하니."

11 朱晦菴, 『中庸章句』 第一章, "天命之謂性이오"

知)과 앎이 없음(無知)이 다르지 않다.

『논어』에서는 자각(明)이지만 무아(無我)이기 때문에 자각함이 없고, 지극한 앎이지만 무아(無我)이기 때문에 앎이 없는 상태를 단지 본래부터 사람이면 누구나 갖고 있는 본성을 그대로 보존하면서 때에 따라서 자유롭게 사용함의 의미로서의 집중(執中)으로 규정하였다.

그런데 본래성(本來性)은 자각(自覺)과 더불어 군자의 사덕(四德)으로 변화(變化)한다. 이러한 사덕(四德)을 실천하여 인간과 사물로 하여금 사덕의 세계로 인도(引導)하는 것이 대인(大人)으로서의 군자의 할 일이다. 그것을 맹자는 "백성들을 인(仁)으로 대하고 사물을 아낌(仁民而愛物)"[12]으로 밝히고 있다.

『주역』에서는 군자의 사명을 유만물지정(類萬物之情)[13]으로 규정하고 그 구체적인 내용을 사람과 사물의 관점에서 가회(嘉會)와 이물(利物)[14]로 밝히고 있다. 군자가 사물을 그 본질인 용도성(用途性)에 따라서 사용함으로써 사물이 사물로 존재하게 하는 것이 유만물지정이다. 이는 군자가 사덕을 사물에까지 확충(擴充)한 것이기 때문에 그 가운데는 사람도 포함되어 있다. 그러므로 예(禮)를 주체로 사람과 사람이 만나는 인격적 관계를 아름다운 만남인 가회(嘉會)로 규정하였을 뿐만 아니라 군자가 그 주체인 인격성을 매개로 하여 사물을 그 본질인 용도성에 따라서 사용함으로써 사물이 사물로 존재하게 하는 것을 이물(利物)로 규정하였다.

백성들과 친함(親民)은 백성들과 하나가 됨의 의미이다. 자신의 본래성을 자각한 대인이 자신의 덕으로 백성들을 감화시켜서 그 가운데서 하나가 되는 것이다. 따라서 천하의 백성들이 모두 인격적 존재가 되는 것이

12 『孟子』, 盡心章句上, "孟子曰 君子之於物也, 愛之而弗仁, 於民也, 仁之而弗親. 親親而仁民, 仁民而愛物."

13 『周易』, 繫辭下篇 第二章, "於是에 始作八卦하야 以通神明之德하며 以類萬物之情하니."

14 『周易』, 重天乾卦(䷀) 文言, "嘉會ㅣ足以合禮ㅣ며, 利物이 足以和義ㅣ며,"

라고 하겠다. 군자가 백성들과 친함은 백성들과 덕을 합하는 군민합덕(君民合德)으로 그것은 군자와 백성이 하나가 됨을 뜻한다.

그런데 백성의 관점에서 보면 백성들이 군자와 하나가 됨은 이익의 추구가 위주가 되는 소인적(小人的) 삶에서 의(義)를 추구하는 군자적(君子的) 삶으로 변하여 새롭게 화하는 것이다. 그러므로 친민(親民)을 백성의 관점에서 나타내면 신민(新民)이 된다.

친민 역시 도생역성의 관점에서 보면 집중된 상태에서 본성을 그대로 밝히는 사덕의 실천이기 때문에 친민이지만 그러나 역생도성의 관점에서 보면 백성들로 하여금 비인격적 세계에서 살다가 새롭게 인격적 세계에서 살도록 하는 변화의 문제이기 때문에 신민이라고 하지 않을 수 없다. 백성 역시 본성의 측면에서는 군자와 같기 때문에 그런 점에서 보면 친민이지만 그러나 외면적인 삶 자체의 측면에서 보면 신민인 것이다.

명덕을 밝히는 명명덕이 개체적 관점에서 무아(無我)이면서 동시에 보편적 관점에서 도덕 주체(主體)에 의하여 이루어지는 것이기 때문에 하되 인위적인 함이 없는 것처럼 친민 역시 인위적인 것이 아니다. 현상적 측면에서 보면 분명 변화가 존재하기 때문에 친민이고 신민이지만 그러나 형이상의 관점에서 보면 그대로 친민과 신민이 모두 본성의 현현일 따름인 것이다. 그것은 집중(執中)된 상태에서 이루어지는 군자의 언행(言行)으로 곧 중도(中道)를 실천하는 중용(中庸)이라고 할 수 있다.

군자 자신은 물론 백성과 더불어 모든 존재가 인격적 세계에 도달하였을 때를 나타내는 것이 "지어지선(止於至善)" 이다. 지선(至善)의 세계는 진(眞)의 세계이자 미(美)의 세계이다. 이러한 세계가 바로 유가(儒家)에서 목표로 하는 이상적인 세계이다. 그러한 이상적인 세계를 구축하는 것이 대인(大人)의 천명(天命)이다.

"명명덕(明明德)" 과 "친민(親民)" 이 이루어졌을 때 만물이 지선(至善)의 세계에서 살아가게 된다. 천지(天地), 천인(天人), 신인(神人), 신물(神

物)이 합덕(合德)된 세계, 존재하는 모든 것들이 예의(禮義)를 매개로 인격적 관계를 맺는 아름답고 선한 세계가 지선(至善)의 세계인 것이다. 『주역』에서는 대인을 중심으로 모든 존재가 합덕된 세계를 다음과 같이 밝히고 있다.

> 대저 대인(大人)은 천지(天地)와 더불어 그 덕(德)을 함께하며, 일월(日月)과 더불어 그 밝음을 함께하고, 사시(四時)와 더불어 그 차례를 함께하며, 귀신(鬼神)과 더불어 길흉(吉凶)을 함께하니 천(天)보다 앞서도 천(天)이 어기지 않으며, 천(天)보다 뒤에 하면서 천시(天時)를 받드니 천(天)이 어기지 않거늘 하물며 사람이 어기겠으며, 귀신(鬼神)이 어기겠는가?[15]

위의 내용은 대인이 천지(天地), 일월(日月), 사시(四時), 귀신(鬼神)과 더불어 일체가 되어 살아가는 존재임을 밝힌 것이다. 이는 다시 말하면 대인의 덕(德)을 매개로 하여 천지인의 삼재가 성도(成道)하여 합덕됨을 뜻한다.

그런데 대인이라는 개념은 두 관점에서 이해가 가능하다. 일반적으로는 성인을 후천적 관점에서 가리키는 것으로 이해할 수 있다. 성인의 덕(德)을 가진 존재가 현실적 위(位)를 가졌을 때 그 사람을 가리키는 개념이 대인인 것이다.

그러나 성통(聖統)을 중심으로 살펴보면 곤책(坤策)원리에 근거하여 성통에 참여한 곤책(坤策)성인(聖人)과 구분하여 건책(乾策)원리에 근거하여 성통(聖統)에 참여한 건책(乾策)성인(聖人)을 가리키는 개념으로 이해할 수 있다.[16]

성인과 구분하여 대응하는 개념은 현인이다. 성인과 현인은 덕을 중심

15 『周易』, 重天乾卦(䷀) 五爻 文言, "夫大人者는 與天地合其德하며 與日月合其明하며 與四時合其序하며 與鬼神合其吉凶하야 先天而天弗違하며 後天而奉天時하나니 天且弗違온 而況於人乎ㅣ며 況於鬼神乎ㅣ여."

16 柳南相, 「正易의 曆數聖統原理」, 『忠南大學校人文科學硏究所論文集』 第XI卷1號, 충남대학교 인문과학연구소, 1983.

으로 나타낸 것으로 이와 상응하는 개념이 대인과 군자이다. 성인(聖人)을 현실적 지위(地位)를 중심으로 나타낸 개념이 대인이듯이 현인(賢人)을 현실적 지위(地位)를 중심으로 나타낸 것이 군자이다. 그러므로 성인과 현인, 대인과 군자는 서로 대응하는 개념이다. 양자의 관계를 선후천의 관점에서 이해하면 선천적 관점에서 언급된 것이 성인과 현인이며, 후천적 관점에서 언급된 것이 대인과 군자이다.

성인과 현인, 대인과 군자는 그 덕위(德位)는 서로 같지만 주어진 사명에 따라서 차이가 있다. 성인은 선천의 세계를 이끌어 가는 주체적 존재이며, 군자는 후천의 세계를 이끌어갈 주체적 존재이다. 성인은 삼재(三才)의 도(道)를 밝혀서 군자를 길러내는 천명(天命)을 가진 존재이며, 군자는 성인이 밝힌 삼재의 도를 자각하고 그것을 실천하는 사명을 가진 존재이다. 그러므로 성인과 군자는 선천과 후천의 관계처럼 구분되어지면서도 일체적인 관계이다. 『주역』에서는 성인과 군자의 관계를 스승과 제자, 남편과 아내, 죽은 부모와 자식, 붕우 등의 여러 관계에 비유하여 나타내고 있다.

『대학』에서 그 내용을 대인의 학(學)으로 규정하고, 『대학』의 내용을 대학의 도(道)로 규정하면서도 그 내용을 보면 군자의 도(道)를 밝히고 있는 까닭도 성인과 현인, 대인과 군자 그리고 성인과 대인의 관계를 통해서 찾을 수 있다. 『대학』의 대인은 군자를 포함한 개념으로 비록 그 내용이 군자의 도이지만 그 학문적 연원이 성인의 도에 있음을 나타내기 위하여 대인이라고 하였다. 그리고 선천적 관점에서 학문에 중심이 있는 것이 아니라 후천의 관점에서 실천에 중심이 있음을 나타내기 위하여 대인이라고 규정한 것이다.

앞에서 살펴본 바와 같이 대인의 학(學)으로서의 대학의 내용인 대학의 도가 군자의 도이기 때문에 『대학』의 주체는 군자이다. 그러므로 지선(至善)의 세계를 구축하는 사명은 군자에게 있다. 군자의 덕(德)을 매개로 하여 다스리는 사람과 국민들이 하나가 되고, 사람과 자연이 하나가 되며, 사람과 사물이 하나가 되어 모든 존재가 성도(成道)하여 합덕(合德)하는 것이다. 이른바 삼재(三才)의 성도(成道) 합덕(合德)이 군자의 성도(成道) 합덕(合德)에 의하여 이루어지는 것이다. 그러므로 『주역』에서는 "진실로 그 사람(군자)이 아니면 도(道)는 헛되이 행하여지지 않는다."[17]고 하였고, 『정역』에서는 "천지가 일월(日月)이 없으면 빈껍데기이고, 일월이 군자(至人)가 아니면 헛된 그림자와 같다."[18]고 하여 군자에 의하여 삼재(三才)가 성도(成道) 합덕(合德)됨을 밝히고 있다.

그러면 "명명덕"과 "친민" 그리고 "지어지선"은 어떤 관계인가? 예로부터 "명명덕"과 "친민" 그리고 "지어지선"을 셋으로 보느냐 아니면 둘로 보느냐의 문제가 제기되어 왔다. 이 문제 역시 도생역성과 역생도성의 두 관점에서 이해가 가능하다.

도생역성(倒生逆成)의 관점에서 보면 "명명덕(明明德)"과 "친민(親民)"은 "지어지선(至於至善)"을 군자와 백성의 관계를 통하여 나타낸 것이며, "지어지선(至於至善)"은 "명명덕(明明德)"과 "친민(親民)"을 군자와 백성이 합덕(合德)된 관점에서 나타낸 것이다. 따라서 세 가지의 문제는 일체적 관계이다.

그러나 역생도성(逆生倒成)의 관점에서 논하면 군자가 학문을 통하여 먼저 "명명덕(明明德)"을 한 후에 "친민(親民)"이 가능하고, "명명덕(明明德)"하고 "친민(親民)"이 되어야 비로소 "지어지선(至於至善)"이 이루어진다. 이러한 관점에서 보면 "명명덕"과 "친민"의 관계를 본말(本末)의 관계로 볼 수도 있다. 그러므로 위에서 밝히고 있는 대학의 도(道)를 셋으로 보느냐 아니면 하나로 보느냐의 문제는 시비(是非)의 문제가 아니라 관점의 차이라고 할 수 있다.

역수원리를 중심으로 삼자의 문제를 이해하면 그 관계가 보다 분명하

17 『周易』, 繫辭下篇 第八章, "苟非其人이면 道不虛行하나니라."

18 金恒, 『正易』 第八張, "天地는 匪日月이면 空殼이오 日月은 匪至人이면 虛影이니라."

게 드러난다. "명명덕"은 용구(用九)원리라면 "친민"은 용육(用六)원리이다. 그런데 용구(用九)와 용육(用六)은 합덕(合德)작용이다. 그러므로 "지어지선"은 구육(九六)의 합덕(合德)에 의하여 십오(十五)가 존공위체(尊空爲體)되는 후천의 세계를 나타낸다. 십오 천지를 본체로 하여 이루어지는 구육합덕작용을 언급한 것이 "지어지선"이며, 그것을 용구(用九)의 관점에서 나타낸 것이 "명명덕"이고, 용육(用六)의 관점에서 나타낸 것이 "친민"인 것이다. 그러므로 "명명덕"과 "친민" 그리고 "지어지선"은 셋이면서도 하나라고 할 수 있다.

명명덕, 친민, 지어지선을 집중과 중용을 중심으로 나타내면 명명덕은 집중(執中)이며, 친민(新民)은 중용(中庸)이고 지어지선은 '집중이중용(執中而中庸)'이라고 할 수 있다. 따라서 『대학』의 도(道)를 종합적으로 나타내면 『중용』에서 언급한 "소리개가 하늘을 가로질러 날고, 물고기는 연못에서 뛰어 논다."[19]고 할 수밖에 없다.

【원문】

知止而后에 有定하며, 定而后에 能靜하며, 靜而后에 能安하며, 安而后에 能慮하며, 慮而后에 能得하나니라.

【우리말】

도달해야할 곳을 안 연후에 뜻이 세워지며, 뜻이 세워져야 마음이 고요하며, 마음이 고요해야 편안하며, 편안하면 사려(思慮)가 가능하고, 사려(思慮)가 되어야 비로소 체득(體得)할 수 있다.

【대학순역】

이 부분은 자신의 본래성을 자각(自覺)하는 구체적인 방법을 밝히고

19 『中庸章句』 第十二章, "詩云 鳶飛戾天 魚躍于淵 言其上下察也"

있다. 앞부분에서 대학(大人의 學問), 『대학』을 연구하는 방법으로 제시한 세 가지 문제 가운데서 명명덕(明明德)을 중심으로 그 방법을 제시한 것이다.

그런데 학문의 주체는 인간이기 때문에 인간의 존재 구조와 내용을 중심으로 이해하지 않을 수 없다. 인간의 존재 구조를 삼재의 도에 근거하여 이해하면 성(性)과 심(心) 그리고 신(身)의 삼원적(三元的) 구조로 나타낼 수 있다.

성(性)과 심(心) 그리고 신(身)의 삼원적 구조를 중심으로 학문의 방법을 논하기에 앞서 그 기초적인 개념을 살펴보면 본성(本性)은 마음의 근원(根源)으로 본성의 발현(發現)은 의(意)에 의하여 그 방향이 정(定)하여진다. 그러므로 정(情)의 절(節)과 부절(不節)은 의(意)에 의하여 이루어진다. 그리고 마음은 육신(肉身)의 주재자(主宰者)로 본성과 정(情)을 거느린다. 사(思)는 마음의 작용이며, 의(志)는 마음의 지향처(志向處)로 마음의 내용이다. 그리고 정(情)은 본성이 드러난 것인 동시에 의(意)가 겉으로 드러난 것으로 희노애락(喜怒哀樂)이 그것이다.

본성과 마음 그리고 몸의 관계는 두 관점에서 나타낼 수 있다. 도생역성의 관점에서는 본성이 마음을 매개로 몸에 의한 언행으로 드러난다. 마음의 내용은 의(意)이며, 그것이 몸을 통하여 정(情)으로 나타나는 것이다. 반면에 역생도성의 관점에서는 언행에 나타난 정을 통하여 그 의(意)를 파악하는 동시에 그 근저에 있는 본성에 도달하게 된다.

그런데 학문은 역생도성의 관점이 위주가 된 것이다. 그렇기 때문에 이 부분의 내용 역시 역생도성의 관점이 위주가 되지 않을 수 없다. 다만 역생도성은 도생역성과 음양의 관계이기 때문에 도생역성을 떠나서 역생도성이 성립될 수 없다.

학문이 역생도성(逆生倒成)이 위주이기 때문에 그 근거를 도생역성(倒生逆成)의 관점에서 찾는 과정이 입지(立志)이다. 입지(立志)를 내용으로 하는 것이 "지지이후유정(知止而后有定)" 이다. 지(止)는 마음이 지향

해야할 목표인 지선(至善)의 세계이며, 정(定)은 마음의 지향(志向) 방향으로 마음의 지향 방향을 정한 것이 유정(有定)이다. 그러나 마음이 형이하의 세계를 지향하는 것을 입지라고 하지 않는다. 오히려 사물을 지향하여 일어나는 마음인 욕심을 버리고 형이상의 세계를 지향하는 것이 입지이다.

그런데 형이상과 형이하의 관계를 마음을 중심으로 나타내면 내외(內外) 관계가 된다. 다시 말하면 마음 안의 근원적인 세계가 형이상의 세계이며, 마음 밖의 대상 사물의 세계가 형이하의 세계인 것이다. 그렇기 때문에 마음이 형이상의 세계를 향한다는 것은 자신의 내면의 근원처(根源處)인 본성(本性)을 향함을 뜻한다.

사람은 감각기관을 갖고 있기 때문에 마음이 감각기관에 끌려가기 쉽다. 그렇기 때문에 매순간 밖으로 향하는 마음을 붙들어서 마음 안으로 돌려야 한다. 그것은 마음이 대상 사물에 따라서 움직임으로써 이것과 저것을 나누고 가치(價値)를 부여(賦與)하여 가치가 있는 것만을 추구하고 가치가 없는 것을 버리고자 함으로서 결국 얻지도 버리지도 못함으로 인하여 마음 가운데서 갈등(葛藤)을 일으킴을 뜻한다. 그렇기 때문에 마음이 밖으로 향하면 결코 자유로울 수 없게 된다.

밖으로 향하는 마음을 안으로 돌리는 것을 『서경』에서는 "유정유일(惟精惟一)"[20]이라고 하였고, 『논어』에서는 극기(克己)라고 하였다. "유정유일"은 역생도성의 관점에서 보면 언제나 내면을 살펴서 끊임없이 일어나는 생각들을 한 순간도 놓치지 않고 한곳으로 돌려놓음의 의미이다. "극기"는 역생도성의 관점에서는 비본래적(非本來的) 자기(自己)를 버리는 것으로 나와 남을 구분하여 가치를 부여하고 탐착하는 이분법적 사고를 버리는 것을 뜻한다. 그것을 선유(先儒)들은 사욕(私慾)을 버리는 것[21]으로 이해하였다. 그러나 도생역성의 관점에서는 능히 본래의 자기

20 『書經』, 大禹謨篇, "人心惟危, 道心惟微, 惟精惟一, 允執厥中."

가 됨으로 맹자(孟子)가 말한 이른바 항상 근원을 벗어나지 않음[22]의 의미이다. 그것은 언제 어디서나 처한 상황의 주체가 됨을 뜻한다. 극기(克己)의 결과는 복예위인(復禮爲仁)으로 나타난다.

『주역』에서는 상하(上下) 관계를 통하여 극기복예위인을 나타내고 있다. 극기(克己)의 관점은 산택손괘(山澤損卦:䷨)를 통하여 이해할 수 있는데 산택손괘(山澤損卦:䷨)에서는 "아래를 덜어서 위로 더한다."[23]고 하였으며, 구체적으로는 "성내는 마음을 징창(懲創)하고, 욕심(慾心)을 막는다."[24]고 하였다. 반면에 복예위인(復禮爲仁)의 관점은 풍뢰익괘(風雷益卦:䷩)를 통하여 이해할 수 있다. 풍뢰익괘(風雷益卦:䷩)에서는 "위를 덜어서 아래로 더한다."[25]고 하였을 뿐만 아니라 구체적인 실천 방법으로 "선(善)을 보면 그것을 실천하고, 허물을 보면 고친다."[26]고 하였다.

마음이 밖으로 향하는 것을 항상 안으로 향하게 함으로서의 입지(立志)는 뜻이 도생역성의 관점에 서는 것으로 곧 형이상의 근원적 세계, 본성의 세계, 천도의 세계, 천명의 세계에 마음이 머무는 것을 뜻한다. 이처럼 마음이 천명에 머물게 되면 그것을 실천하게 된다. 그렇기 때문에 입지는 인간의 본래성의 내용인 명덕(明德)을 천하에 널리 밝히고자 하는 뜻을 세움이 된다.

그런데 뜻을 세우는 것은 자신에 대한 믿음이 수반되어야 비로소 가능하다. 다시 말하면 자신의 본성(本性)은 천도(天道)가 주체화한 존재이기 때문에 학문을 하는 자신이 본래 완전한 존재이며, 학문은 그것을 끊임없이 확인하고 실천하는 것임을 믿지 못하면 뜻을 세울 수가 없다. 그렇

21 黎靖德 編, 王星賢 點校, 『朱子語類卷第十二』 學六 12:71, "孔子所謂克己復禮, 中庸所謂致中和, 尊德性道問學, 大學所謂明明德, 書曰人心惟危, 道心惟微, 惟精惟一, 允執厥中 聖賢千言萬語, 只是教人明天理, 滅人欲", 北京, 中華書局, 1994.

22 『孟子』, 離婁章句下, "孟子曰 君子深造之以道 欲其自得之也 自得之則居之安 居之安則資之深 資之深則取之左右逢其原 故 君子欲其自得之也."

23 『周易』, 山澤損卦(䷨) 彖辭, "彖曰 損은 損下益上하야 其道上行이니"

24 『周易』, 山澤損卦(䷨) 大象, "象曰山下有澤이 損이니 君子以하야 懲忿窒欲하나니라."

25 『周易』, 風雷益卦(䷩) 彖辭, "彖曰益은 損上益下하니 民說无疆이오 自上下下하니 其道大光이라."

26 『周易』, 風雷益卦(䷩) 大象, "象曰 風雷益이니, 君子以하야 見善則遷하고 有過則改하나니라."

기 때문에 『주역』에서는 "진실한 믿음이 덕을 향상시키는 근거이다."[27] 고 하였을 뿐만 아니라 『논어』에서도 학문은 "진실한 믿음을 주체로 해야 함"[28]을 밝히고 있다. 진실한 믿음이 있다면 따로 밖에서 자신을 구하지 않고 바로 군자의 행을 실천할 수 있기 때문에 진실한 믿음이 성덕(成德)의 근거라고 하였던 것이다.

『주역』에서는 궁리(窮理), 진성(盡性), 지명(至命)을 논[29]하면서 먼저 "천지의 본성인 도덕성(道德性)에 조화롭게 순응(順應)하여 의(義)에 의하여 만사(萬事)를 다스리고자 함"[30]을 논하여 형이상(形而上)의 도덕세계를 지향하는 것이 입지(立志)임을 밝히고 있고 또한 다른 부분에서는 입지의 내용을 "믿음을 바탕으로 순응(順應)하고자 하고 또한 스승을 숭상함."[31]이라고 하여 입지(立志)의 근본이 믿음임을 밝히고 있다.

"지지이후유정(知止而后有定)"을 용심법(用心法)을 중심으로 살펴보면 "지지(知止)"는 마음이 밖으로 대상 사물을 향하여는 달려가는 것을 알고 그침을 뜻한다. 그리고 "유정(有定)"은 그 마음을 본성으로 돌려놓음의 의미이다. 그러므로 "지지이후유정(知止而后有定)"은 밖으로 향하는 마음을 되돌려서 본성으로 귀체(歸體)시킴의 의미이다. 이를 역수원리의 관점에서 나타내면 안에서 일어나는 생각이나 밖에서 일어나는 모든 일의 근원이 십오(十五)로 표상되는 천지(天地)의 심(心)임을 알고 천지의 심(心)으로 돌리는 십오존공위체(十五尊空爲體)라고 할 수 있다. 따라서 위의 내용을 『논어』에서 밝힌 학문원리를 중심으로 이해하면 집중(執中)에 관한 설명이라고 할 수 있다.

"정이후능정 정이후능안 안이후능려(定而后能靜 靜而后能安 安而后

27 『周易』, 重天乾卦(䷀) 三爻 文言, "子曰 君子 進德修業하나니 忠信이 所以進德也오 修辭立其誠이 所以居業也라."

28 『論語』, 子罕, "子曰 主忠信 毋友不如己者 過則勿憚改."

29 『周易』, 說卦 第一章, "和順於道德而理於義하며 窮理盡性하야 以至於命하니라."

30 『周易』, 說卦 第一章, "和順於道德而理於義"

31 『周易』, 繫辭上篇 第十二章, "履信思乎順又以尙賢"

能慮)"는 궁리(窮理)의 과정을 나타내는 것이다. 궁리(窮理)는 이치(理致)의 내면화(內面化)로 성덕(成德)의 과정이다. 이 때 "정(靜)"은 마음을 다른 곳으로 향하지 않아서 마음이 한결같아 흔들림이 없음을 가리키며, "안(安)"은 이해(利害)에 의한 갈등(葛藤)이 일어나지 않음을 나타내고, "려(慮)"는 이치의 연구를 나타낸다. 항상 마음을 안으로 향하는 입지(立志)가 이루어지면 마음이 다른 곳으로 지향하지 않기 때문에 흔들림이 없어서 편안하다. 이처럼 마음이 편안해야 능히 사려(思慮)를 할 수 있다.

사려(思慮)는 배움과 병행되어지는 것으로 경전을 통하여 배우고 그것을 익혀서 자신의 것으로 만드는 과정이다. 그러므로 『논어』에서는 "배우되 사려하지 않으면 스스로 얻는 것이 없으며, 사려하기만 하고 배우지 않으면 위태롭다."[32]고 하였다. 이러한 사려는 이치를 궁구하는 궁리이다. 이치의 연구는 단순한 분석과 종합에 그치는 것이 아니라 내면화, 일체화의 과정이다. 왜냐하면 이때의 이치가 물리적 존재의 법칙이 아니라 도덕원리(道德原理)로서의 성명의 이치(性命之理)이기 때문이다. 그렇기 때문에 『주역』에서는 "성인이 경전(經典)을 통하여 밝혀놓은 이치를 연구하여 자신의 주체성을 세움"[33]이라고 하였다.

그런데 독서가 일반적인 학문의 방법이지만 그것이 전부는 아니다. 일상의 삶 가운데서 접하는 모든 사물이 사려의 대상이며, 학문의 대상이다. 그런 점에서 보면 경전이 나를 가르치는 것이 아니라 경전으로 인하여 내가 배우는 것이다. 다시 말하면 경전은 내 안의 본성을 알게 하는 재료가 될 뿐 경전 안에 본성이 있거나 본성을 깨우침이 있는 것이 아니다.

"여이후능득(慮而后能得)"은 진성(盡性)을 나타낸다고 할 수 있다. 왜냐하면 이때의 "득(得)"은 사물적 존재를 얻음을 나타내는 것이 아니라

32 『論語』, 爲政篇, "子曰 學而不思則罔 思而不學則殆."
33 『周易』, 重天乾卦 (䷀) 文言, "修辭立誠"

궁구된 이치가 주체와 하나가 되어 덕(德)이 됨을 뜻하기 때문이다. 그렇기 때문에 "능득(能得)"은 인간의 본래성의 내용인 성명의 이치(性命之理)를 체득(體得)함을 뜻한다.

그런데 본성의 체득은 곧 천명(天命)의 자각과 함께 이루어진다. 그렇기 때문에 비록 이 부분에서는 천명의 자각을 언급하고 있지는 않지만 천명의 자각 역시 포함되었음을 알 수 있다. 『논어』에서 군자가 학문을 통하여 본성을 자각하는 집중(執中)을 논하면서도 "천명(天命)을 알지 못하면 군자가 될 수 없다."[34]고 하여 학문을 통하여 본성을 자각한 군자는 더불어 천명을 자각하게 됨을 밝히고 있다.

앞에서 역생도성의 관점을 중심으로 원문의 내용을 고찰하였는데 그것을 다시 도생역성의 관점에서 고찰하면 다음과 같다.

원문 가운데서 "지지이후유정(知止而后有定)"은 본성의 내용으로서의 인지(仁智)의 성(性) 가운데서 지성(智性)을 중심으로 이루어지는 작용을 나타내며, "정이후능정 정이후능안(定而后能靜 靜而后能安)"은 다음 부분의 "안이후능려(安而后能慮)"의 조건을 나타내고, "안이후능려(安而后能慮)"는 지성(智性)에 의한 사고작용을 나타내며, "여이후능득(慮而后能得)"은 작용의 결과를 나타낸다.

군자가 사물과 접함이 없을 때 본성이 밖으로 향하는 작용을 멈추고 그대로 고요한 상태에 있음을 나타내는 것이 "지지이후유정(知止而后有定)"이다. "지지(知止)"의 '지(知)'은 인식(認識) 또는 지각(知覺)의 주체인 지성(智性)이 대상 사물과 만나서 이루어지는 지각작용 또는 그 결과로서의 지식을 가리킨다. 그러므로 '지지(知止)'는 지각 작용이 멈추어 있음을 뜻한다. 이처럼 지각작용이 멈추어 있다는 것은 곧 본체로서의 본성을 가리키는 것이다. 그리고 "유정(有定)"은 본성 자체가 고요함을 나타낸다. 본성의 고요함은 어두움이 아니라 밝음이다. 그러므로 고요하

---

34 『論語』, 堯曰, "孔子曰 不知命, 無以爲君子也, 不知禮, 無以立也, 不知言, 無以知人也."

지만 밝고 밝아서 천지의 도를 지각할 수 있는 지각 능력을 머금고 있다. 본체 자체는 작용하지 않아서 고요하지만 그러나 모든 작용이 이루어질 수 있는 가능성을 갖고 있는 존재임을 나타내는 것이 "지지이후유정(知止而后有定)" 인 것이다. 왕양명은 정(定)을 마음의 본체[35]라고 하였다.

다음의 "정이후능정 정이후능안(定而后能靜 靜而后能安)" 은 본성의 상태를 그 작용인 마음의 측면에서 다시 나타낸 것이다. 유정(有定)이 본성의 차원에서 움직임이 없어서 고요한 상태를 나타내는 것이라면 능정(能靜)은 작용의 관점에서 흔들림이 없어서 고요한 상태를 나타낸다. 이는 마음이 어떤 것을 지향하는 바가 없음을 나타낸다. 그리고 능안(能安)은 마음이 고요하기 때문에 갈등(葛藤)이 없이 편안한 상태를 나타낸다.

"안이후능려(安而后能慮)" 는 마음이 고요하여 편안하기 때문에 그 어떤 것에도 걸림이 없이 사고 작용을 할 수 있음을 뜻한다. 만약 마음이 형이상(形而上)과 형이하(形而下), 무(無)와 유(有)의 어느 일면에서 치우쳐 있으면 사고(思考)를 올바로 할 수 없다. 사려(思慮)는 곧 본성을 본체로 하여 이루어지는 작용으로 그것이 그대로 만물을 그 정위(情僞)에 의하여 이해하고 설명하는 작용이다. 따라서 사려(思慮)는 역생도성의 관점에서는 좁은 의미에서의 궁리(窮理)인 동시에 도생역성의 관점에서는 모든 존재가 그 자체로 의미를 갖게 하는 과정이라고 할 수 있다.

"여이후능득(慮而后能得)" 은 사고의 결과 이루어진 판단을 바탕으로 인성(仁性)을 주체로 하여 실천함으로써 만물이 모두 제 자리를 찾아서 만물이 만물로 존재하게 함을 뜻한다. 예를 들면 개를 '개' 라고 이름을 붙여주고 개가 아닌 다른 존재와 구분하여 개를 개로써 대함으로써 비로소 개가 개로 존재하게 되는 것이다. 따라서 이러한 과정은 단순하게 지성(智性)에 의한 지각 작용에 그치는 것이 아니라 곧 실천이라고 할 수 있다. 이는 왕양명이 말한 천리(天理)인 내 마음의 양지(良知)를 사물에

35 王陽明, 『傳習錄』 卷上 41, "定者心之本體 天理也"

확충(擴充)하여 사물이 모두 그 이치를 얻게 함"[36]이라고 할 수 있다.

【원문】

物有本末하고, 事有終始하니, 知所先後면 則近道矣리라.

【우리말】

물건에는 본말이 있으며, 사건에는 종시가 있으니, 그 선후하는 바를 알면 도에 가까울 것이다.

【풀이】

앞의 명명덕(明明德), 친민(親民), 지어지선(止於至善)을 밝힌 부분과 지지이후유정(知止以后有定)에서 능득(能得)까지의 내용이 대학의 도를 군자 자신의 관점에서 밝히고 있는 것과 달리 이 부분에서는 사물(事物)을 중심으로 대학(大學)의 도(道)를 밝히고 있다.

이 부분에서 밝히고 있는 내용은 앞에서 언급된 자득(自得)의 구체적인 방법이라고 할 수 있다. 그것은 다시 말하면 궁리(窮理)의 범주(範疇)를 중심으로 궁리(窮理)의 방법을 밝힌 것이라고 할 수 있다.

세상에 존재하는 모든 것들의 존재 범주는 시간과 공간으로 구분할 수 있다. 그것을 『주역』에서는 천(天)과 지(地)로 나타내고 있다. 천(天)의 세계는 시간의 세계이며, 형이상적 근원은 시간성으로 그것을 『서경』과 『논어』에서는 역수원리로 규정하고, 『주역』과 『정역』에서는 역도(易道)로 규정하고 있다.

천도가 시간성(時間性)의 원리이기 때문에 그것을 자각한 군자를 논하면서 "군자가 이를 주체적으로 자각하여 스스로 자신을 강하게 함에 그

36 王陽明, 『傳習錄』 卷中 41, "若鄙人所謂致知格物者, 致吾心之良知於事事物物也。吾心之良知, 卽所謂天理也。致吾心良知之天理於事事物物, 則事事物物皆得其理矣。致吾心之良知者, 致知也。事事物物皆得其理者, 格物也。是合心與理而爲一者也。合心與理而爲一, 則凡區區前之所云, 與朱子晩年之論, 皆可以不言而喩矣。"

침이 없다."[37]고 하였다. 반면에 지(地)의 세계는 공간의 세계이며, 형이상적 근원으로서의 공간성(空間性)을 지도(地道)라고 한다. 『주역』에서는 "군자가 곤도(坤道, 地道)를 주체적으로 자각하여 실천할 때 두터운 덕(德)으로 만물을 싣는다."[38]고 하였다.

천지에 존재하는 것은 사건(事件)과 물건(物件)으로 그것을 하나로 나타내면 사물(事物)이 된다. 사물을 그 총체적 관점에서 나타낸 것이 만물(萬物)이다. 『주역』에서는 "천지가 존재한 연후에 만물이 존재하며, 만물이 존재한 연후에 남녀가 존재하고, 남녀가 존재한 연후에 부부가 존재한다."[39]고 하여 천지로부터 만물이 생성됨을 밝히고 있다.

그런데 천지로부터 만물이 생성되는 과정이 인간의 관점에서는 그대로 형이하의 세계에서 형이상의 세계에 도달하는 "하학이상달(下學而上達)"로서의 학문의 과정이 된다. 천지, 만물, 남녀의 형이하의 차원에서 부부(夫婦), 부자(父子), 군신(君臣)의 예의(禮義)가 행하여지는 형이상의 차원에 도달하는 것이 학문인 것이다.

"하학이상달"의 과정을 사건과 물건을 중심으로 살펴보면 만물로부터 그 존재근거인 천지를 찾아가고, 천지로부터 천지의 도를 찾아가는 과정이 된다. 그것은 물건(物件)으로부터 사건(事件)을 찾고, 사건으로부터 다시 그 존재근거인 시간성(時間性)을 찾는 것이다. 이는 곧 궁리(窮理)의 구체적인 방법이라고 할 수 있다.

물건으로부터 사건을 거쳐서 근원적 존재인 시간성에 도달하는 궁리를 그 주체인 군자를 중심으로 나타내면 개체적 차원으로부터 초월하여 형이상적 세계에 도달함이라고 할 수 있다. 그것을 『논어』에서는 "개체적 자기(自己)를 버리고 예(禮)로 돌아가서 인(仁)을 주체로 함"[40]으로 규

37 『周易』, 重天乾卦() 大象, "象日 天行이 健하니 君子以하야 自彊不息하나니라."

38 『周易』, 重地坤卦() 大象, "象日 地勢坤이니 君子以하야 厚德으로 載物하나니라."

39 『周易』, 序卦下, "有天地然後에 有萬物하고 有萬物然後에 有男女하고 有男女然後에 有夫婦하고 有夫婦然後에 有父子하고 有父子然後에 有君臣하고 有君臣然後에 有上下하고 有上下然後에 禮義有所錯이니라."

정하고 있다.

학문을 하지 않는 일상적인 사람은 자신은 물론 모든 존재를 물건적 관점에서 하나의 고정된 개체적 존재로 인식한다. 그러나 인간이라는 개념 자체가 사람과 사람의 관계를 가리키듯이 부모와 자식, 스승과 제자, 형과 동생과 같은 하나의 사건으로 존재한다. 다시 말하면 어떤 존재가 있어서 아들이 되고, 부모가 되는 것이 아니라 오직 자식, 부모와 같은 사건이 존재할 따름이다.

그런데 부모(父母)와 자식(子息)이라는 사태는 끊임없이 변화할 뿐 어느 한 순간도 머물지 않는다. 부자(父子)에서 군신(君臣)으로, 군신(君臣)에서 붕우(朋友)로 끊임없이 변화하는 것이 바로 생명의 변화로 그것은 곧 불역(不易)으로서의 역도(易道), 천도(天道)의 자기 현현인 변역(變易)이다.

변화의 도인 역도가 근거가 되어 나타난 현상이 변화임을 인간을 중심으로 나타내면 인간의 모든 언행은 곧 인간 본래성의 자기 현현임을 뜻한다. 『논어』에서는 "예(禮)를 회복함으로써 인(仁)과 하나가 된다."[41]고 하여 학문은 자기 본래성을 자각하여 그것을 주체로 하는 것임을 밝히고 있다.

학문을 하는 군자가 자신의 본래성을 자각하면 곧 천도를 자각하게 된다. 천도의 내용은 역수원리로 그것을 현대적 개념으로 정리하면 시간성의 원리이다. 시간성(時間性)은 형이상적 존재로 시간의 존재근거이다. 그렇기 때문에 시간으로서의 시종(始終)과 구분하여 종시(終始)로 규정하였다. 따라서 위의 내용은 만물로부터 그 존재근거인 시간성(時間性)을 찾는 것이 궁리(窮理)의 내용임을 밝힌 것이라고 할 수 있다.

이 부분을 도서(圖書)[42]원리를 중심으로 이해하면 사건은 용구(用九)원

40 『論語』, 顔淵, "顔淵問仁. 子曰 克己復禮爲仁."
41 『論語』, 顔淵, "顔淵問仁. 子曰 克己復禮爲仁."

리를 중심으로 논한 것이며, 물건은 용육(用六)원리를 중심으로 논한 것이다. 그렇기 때문에 용구(用九)와 용육(用六)이 합덕(合德)의 관계이듯이 사건과 물건은 일체적 관계이면서도 용구(用九)와 용육(用六)이 음과 양으로 구분되듯이 사건과 물건 역시 음양의 관계이다. 이러한 관계는 구육(九六)이 합덕된 십오(十五)본체(本體)도수(度數)의 차원에서 밝혀지게 된다.

【원문】

古之欲明明德於天下者는 先治其國하고, 欲治其國者는 先齊其家하고, 欲齊其家者는 先脩其身하고, 欲脩其身者는 先正其心하고, 欲正其心者는 先誠其意하고, 欲誠其意者는 先致其知하니 致知는 在格物이니라. 物格而后에 知至하고, 知至而后에 意誠하고, 意誠而后에 心正하며, 心正而后에 身脩하고, 身脩而后에 家齊하며, 家齊而后에 國治하고, 國治而后에 天下平이니라.

【우리말】

옛날의 천하에 밝은 덕을 널리 밝히고자 하는 사람은 먼저 그 나라를 다스리고, 나라를 다스리고 하는 사람은 먼저 그 가정을 다스리며, 가정을 다스리고자 하는 사람은 먼저 몸을 닦고, 몸을 닦고자하는 사람은 먼저 마음을 바르게 하고, 마음을 바르게 하려는 사람은 뜻을 정성스럽게 하고, 뜻을 정성스럽게 하려는 사람은 먼저 지극한 이치에 도달하였으니, 지극한 이치에 도달하는 것은 사물의 존재 근거로서의 근원적 존재의 존재 진리를 자각(自覺)하는데 있다. 천지의 도(道)를 자각(自覺)하여

42 圖書는 河圖와 洛書를 함께 부르는 개념으로 兩者를 河洛으로 부르기도 한다. 다만 河洛은 河水와 洛水라는 지방의 명칭을 통하여 양자를 구분하고 있지만 圖와 書라는 개념은 河圖와 洛書의 특징을 드러내고 있다고 여겨지기 때문에 이 책에서는 圖書를 河圖와 洛書의 竝稱으로 사용하고자 한다. 圖는 형이상적 세계를 상징적으로 나타낸 圖像으로 형이상의 세계를 중심으로 형이하의 세계를 지향하여 合德의 세계를 나타낸다. 그리고 書는 형이하의 세계를 중심으로 형이상의 세계를 지향하여 분석적 관점, 작용의 관점에서 나타낸 것이다.

야 성명(性命)의 이치(理致)를 알 수 있으며, 성명(性命)의 이치(理致)를 자각하여야 뜻이 실답고, 뜻이 실다워야 마음이 바르며, 마음이 바르면 몸이 닦여지고, 몸이 닦여지면 가정이 다스려지고, 가정이 다스려지면 나라를 다스릴 수 있으며, 나라를 다스릴 수 있으면 천하를 화평(和平)하게 할 수 있다.

【대학순역】

위의 내용은 구조를 중심으로 살펴보면 여덟 항목으로 되어있고, 각각의 항목은 다시 두 가지로 구성되어 있다. 여덟 항목을 구성하는 각각의 두 문제를 구분하여 살펴보면 격(格), 치(致), 성(誠), 정(正), 수(修), 제(齊), 치(治), 평(平)은 사건(事件)을 나타내며, 물(物), 지(知), 의(意), 심(心), 신(身), 가(家), 국(國), 천하(天下)는 물건(物件)으로 시종(始終)과 본말(本末)이 선후(先后) 관계로 규정되고 있다.

위의 내용 역시 도생역성의 관점과 역생도성의 관점에서 이해가 가능하다. 역생도성의 관점에서 살펴보면 격물(格物), 치지(致知), 성의(誠意), 정심(正心)은 수신(修身)의 내용으로 곧 명명덕(明明德)의 문제이며, 나머지 제가(齊家), 치국(治國), 평천하(平天下)는 친민(親民)의 문제이다. 격물(格物)에 의하여 치지(致知)가 이루어지고, 격물치지(格物致知)를 통하여 성의와 정심 그리고 수신이 이루어진다. 그리고 수신을 이룬 후에 비로소 제가와 치국, 평천하가 가능하게 된다. 따라서 격물치지로부터 평천하까지는 논리적 선후관계를 형성한다고 할 수 있다.

그것은 맹자가 밝힌 확충(擴充)과 같이 군자의 근원적 세계인 본성으로부터, 뜻, 마음, 몸, 가정, 국가, 천하로 그 인격성을 넓혀서 채워가는 과정이라고 할 수 있다. 그 점은 천하를 다스리고자하는 사람이 먼저 국가를 다스려야 한다고 하였을 뿐만 아니라 물격(物格) 이후에 지지(至知)라고 하여 격물로부터 평천하까지를 선후관계로 규정한 것을 보면 알 수 있다. 격물치지로부터 성의, 정심, 수신, 제가, 치국, 평천하는 확충의 관계를 나타내는 것이다.

그러나 도생역성의 관점에서 보면 격물치지(格物致知)가 되었을 때 그 것이 그대로 성의(誠意), 정심(正心), 수신(修身)으로 나타나고 군자와 백성의 관계를 중심으로 나타내면 제가, 치국, 평천하로 드러난다. 그렇기 때문에 위의 내용은 본래 일체적 문제를 군자를 중심으로 지(知), 의(意), 심(心), 신(身)의 관점에서 나타낸 후에 이어서 가정과 국가 그리고 천하의 관점에서 나타낸 것이다.

그러면 역생도성의 관점에서 학문의 방법을 중심으로 그 구체적인 내용을 살펴보자. 격물치지(格物致知)는 궁리(窮理)의 과정이며, 성의(誠意), 정심(正心), 수신(修身)은 진성(盡性)으로 그리고 제가(齊家), 치국(治國), 평천하(平天下)는 지명(至命)으로 구분할 수 있다.

격물은 사물에 이르러서 사물의 존재 근거로서의 근원적 이치인 천지의 도(天地之道)를 연구하는 것을 말한다. 이 부분에서 사물에 이르러서 사물의 존재 근거를 찾는다는 것은 사물의 속성으로서의 물리적 법칙을 찾는 것이 아니다. 왜냐하면 사물은 단지 내적인 본성의 발현을 위한 자료가 될 뿐 사물의 이치 자체를 추구하는 것이 아니기 때문이다. 그런 점에서 보면 사물 자체가 나를 알게 하는 것이 아니라 사물로 인하여 내가 안다고 할 수 있다.

사물에 이르러서 이치를 추구할 때 궁리(窮理)의 대상으로서의 사물에는 사물의 근본적인 이치(理致)를 담고 있는 경전뿐만 아니라 형이하의 모든 존재가 모두 포함된다. 다만 경전은 근원적 존재인 도(道)를 그대로 천명(闡明)한 전적(典籍)이기 때문에 경전을 통하여 궁리(窮理)를 하는 것이 보다 효율적이라고 할 수 있다. 왜냐하면 천지의 도는 오직 성인에 의하여 밝혀지며, 그 내용을 담고 있는 전적이 경전이기 때문이다. 그러므로 경전을 통하여 많은 선성인(先聖人)들의 말씀과 행적을 연구함으로써 덕(德)을 쌓을 수 있다.[43]

그러나 경전의 연구를 통한 궁리(窮理)는 단순하게 지식을 기억의 창고에 저장하는 것이 아니라 이치를 연구하여 주체화함으로써 자신의 덕(德)으로 변화시키는 것을 뜻한다. 『논어』에서는 "널리 문장을 배우고, 예로 그것을 주체화한다."[44]고 하여 문장에 담긴 이치를 연구하여 그것을 인예의지(仁禮義智)의 사덕(四德)으로 주체화(主體化)해야 함을 밝히고 있다. 그런 점에서 보면 궁리(窮理)는 단순하게 사물의 이치를 연구하는 것에 그치지 않고 치지(致知), 성의(誠意), 정심(正心), 수신(修身)에 이르는 전 과정과 더불어 이해되어야함을 알 수 있다.

치지(致知)는 "지극한 이치에 이른다." 즉 "지혜(智慧)를 얻는다."는 것으로 그것은 곧 천지의 도(道)의 자각과 더불어 인간의 존재 근거로서의 성명의 이치(性命之理)를 자각함을 뜻한다. 군자가 학문을 통하여 궁리함으로써 자신의 본래성의 자각과 더불어 자신에게 주어진 역사적 사명인 천명(天命)을 자각하는 것이 치지(致知)의 내용이라고 할 수 있다.

치지가 천지의 도와 성명의 이치를 자각함이라는 것은 경전을 통하여 객관적 존재인 이치로 표상된 천지의 도와 성명의 이치를 주체화하여 학문의 주체인 자기 자신과 일체화시켰음을 뜻한다. 그것은 학문을 통하여 천지의 도와 성명의 이치가 본래 내 본래성 안에 일체화되어 존재함을 확인하였음을 뜻한다. 내 본래성의 내용이 성명의 이치이며, 그 존재 근거가 천도임을 자각한 것이다.

성명의 이치를 자각하면 인예의지(仁禮義智)의 사덕(四德)을 갖추게 된다. 그렇기 때문에 학문을 천명을 자각한 군자를 성덕(成德)된 존재라고 부른다. 사덕(四德) 가운데 하나인 지성(智性)을 중심으로 치지(致知)를 이해하면 치지(致知)는 '지혜(智慧)를 이룸' 이다. 그리고 지식(知識)을 중심으로 치지(致知)를 나타내면 '지식(知識)을 지극하게 함' 이라고 할 수 있다.

성의(誠意)는 정성스러운 뜻으로 자신의 존재 근거로서의 성명의 이치

43 『周易』, 山天大畜卦(䷙) 大象, "君子以하여 多識前言往行하여 而畜其德하나니라."
44 『論語』, 雍也, "子曰 君子博學於文 約之以禮 亦可以弗畔矣夫"

에 순응(順應)하는 것이며, 천지의 도(天地之道)에 순응하고자 하는 뜻이다. 성인과 군자의 명덕(明德)을 천하에 펼치고자 하는 뜻이 성의(誠意)인 것이다. 그러므로 성의는 성인과 군자의 뜻이라고 하겠다.

바른 마음(正心)은 성의(誠意)를 내용으로 하는 마음이다. 성의를 내용으로 하는 마음은 『서경』에서 도심(道心)으로 규정한 것이라고 할 수 있다. 본래 형이상의 근원적 존재 자체의 관점에서 마음을 논하면 도심(道心)이고, 인간의 관점에서 논하면 인심(人心)으로 도심과 인심이 따로 존재하는 것이 아니다. 정심(正心)은 인간의 본래성 자체가 잘 드러나서 절도에 맞는 마음으로 천지의 마음 그 자체이기 때문에 확연(廓然)대공(大公)의 마음이다. 본성의 내용인 선성(善性)의 발로(發露)가 바로 정심(正心)인 것이다.

수신(修身)은 성의, 정심(正心)이 이루어짐으로써 언행(言行)이 예의(禮義)를 주체로 이루어지는 것을 의미한다. 성의(誠意), 정심(正心)이 육신을 통하여 그대로 드러나서 지행(知行)이 합일(合一)되고, 학행(學行)이 합일(合一)되며, 언행(言行)이 합일(合一)되는 상태를 수신(修身)으로 규정한 것이다. 그것은 자각한 성명의 이치가 군자의 주체가 됨을 뜻한다. 다시 말하면 자각한 성명의 이치가 군자의 덕(德)으로 변화하여 그것이 언행(言行)의 근거가 됨을 뜻한다.

다음의 내용은 군자에게 주어진 역사적 사명이 완수되어짐으로써 정명(正名)된 사회를 구축(構築)하는 것을 뜻한다. 정명(正名)은 삼재(三才)가 모두 정위(正位)에 거처함으로써 명실(名實)이 상부(相符)하는 세계를 말하는 것으로 그것을 제가, 치국, 평천하로 규정하였다.

제가(齊家)는 예(禮)에 의하여 맺어진 아름다운 사회 즉 인성(仁性)이 발현되어지는 사회로서의 가정의 운용(運用)을 뜻한다. 『주역』에서는 "부모가 부모답고, 자식이 자식다우며, 형이 형답고, 동생이 동생다우며, 남편이 남편답고, 아내가 아내다워서 가도(家道)가 바로 서면 비로소 국가가 바로 선다."[45]고 하였다. 이처럼 정명(正名)된 가정(家庭)을 만드는 것이 제가(齊家)이다.

치국(治國)은 의(義)에 근거한 왕도정치(王道政治)의 실천 구현을 뜻한다. 이러한 세계를 『논어』에서는 임금이 임금답고 신하가 신하다운 세계(世界)라고 하였다. 『주역』에서는 "재화를 다스리고, 언사를 바르게 하며, 백성들로 하여금 사람이 아닌 길을 걷지 않도록 금하는 것을 말하여 의(義)라고 한다."[46]라고 규정하여 의(義)가 치국의 원리임을 나타내고 있다.

평천하(平天下)는 천지인(天地人)의 삼재(三才)의 세계가 모두 정위(正位)에 거처함으로써 예의(禮義)가 행하여지는 도덕적인 세계를 구축함을 의미한다. 천하는 인간에 의하여 형성된 인격적 사회를 지칭하며, 평천하는 정도(正道)에 의하여 천하를 화평(和平)하게 함을 의미하는 것이다.

위의 내용을 역수원리를 중심으로 살펴보면 수신(修身) 이전이 용구(用九)원리를 중심으로 대학의 도를 나타낸 것이라면 수신 이후는 용육(用六)원리를 중심으로 대학의 도를 언급한 것이라고 할 수 있다. 이는 여덟 항목이 신(身)을 중심으로 각각 도역(倒逆)에 의하여 구성되었음을 뜻한다.

신(身)을 중심으로 심성 내면을 향하는 역생도성(逆生倒成)의 방향이 정심(正心), 성의(誠意), 치지(致知), 격물(格物)이며, 신(身)을 바탕으로 심성 밖을 향하는 도생역성(倒生逆成)의 방향이 제가(齊家), 치국(治國), 평천하(平天下)인 것이다. 이렇게 보면 이 부분 역시 십오존공위체(十五尊空爲體)하여 구육합덕위용(九六合德爲用)하는 도서(圖書)원리[47]가 바탕이 되었음을 알 수 있다.

---

45 『周易』, 風火家人卦(䷤) 彖辭, "家人은 女正位乎內하고 男正位乎外하니 男女正이 天地之大義也라. 家人이 有嚴君焉하니 父母之謂也라. 父父子子兄兄弟弟夫夫婦婦而家道正하리니 正家而天下定矣리라."

46 『周易』, 繫辭下篇 第二章, "理財하며 正辭하며 禁民爲非曰義라."

47 研經院 編著, 『周正易經合編』, 「天之曆數原理圖說」 참조.

그런데 십오존공위체는 천(天)과 지(地)의 본성을 나타내는 도수(度數)를 중심으로 십오도(十五度)가 존공(尊空)하여 본체(本體)가 되는 원리를 나타내며, 구육합덕위용은 천도(天道)의 내용을 나타내는 체십용구(體十用九)와 지도(地道)의 작용을 나타내는 체오용육(體五用六)의 합덕(合德)작용을 나타낸다. 양자는 각각 본체(本體)와 작용(作用)의 관점에서 천지(天地)의 도(道)를 나타낸 것이다.

천도의 내용인 십오존공위체원리와 구육합덕위용원리를 인도의 관점에서 나타내면 십오존공위체원리는 군자가 자신의 존재근거인 천도(天道)를 주체로 하는 것이며, 구육합덕위용은 확립된 주체성(主體性)을 근거로 사덕(四德)을 실천함을 뜻한다.

십오존공위체원리는 군자가 천도인 중도(中道)를 주체로 확립하는 것으로 그것을 중도(中道)를 중심으로 나타내면 집중(執中)이며, 구육합덕위용은 군자가 중도(中道)를 주체로 정도(正道)로 실천함으로 그것을 중도를 중심으로 나타내면 중도(中道)를 실천하는 중용(中庸)이 된다.

그런데 집중(執中)의 문제가 앞 부분에서는 사건과 물건의 회통(會通)과 합덕(合德), 사물과 나와의 회통(會通)과 합덕(合德)으로 나타나고 있다. 앞에서 먼저 인간 자신의 관점에서 명명덕(明明德), 친민(親民), 지어지선(止於至善)을 논하고 이어서 지지이후유정(知止以后有定)으로부터 능득(能得)까지를 언급하였으며, 다음 부분에서는 사물의 관점에서 사건과 물건을 구분하여 대학의 도를 밝히고 있다. 그리고 이 부분에 이르러서 비로소 수신(修身)을 중심으로 양자를 합덕(合德)하여 밝히고 있다.

이 부분에서 격물로부터 평천하에 이르기까지의 과정을 보면 물격(物格) 이후에 지지(知至)라고 하여 양자를 선후관계로 규정하고 있지만 그 결과를 성의(誠意), 정심(正心)의 수신(修身)의 문제로 나타내고 있음을 보면 사물과 만나서 사물의 이치를 궁구하여 나의 지식을 지극하게 하는 지식의 문제, 도문학(道問學)의 문제와 성의(誠意), 정심(正心)의 존덕성(尊德性)의 문제가 수신(修身)을 중심으로 합덕되어 있음을 알 수 있다.

따라서 이 부분은 나와 사물이 회통하여 합덕(合德)하는 학문과 수양의 두 가지 측면이 함께 언급되고 있다.

격물치지(格物致知)를 분석하여 살펴보면 주체와 객체의 만남 그리고 객체의 본질을 궁구함, 주체와 객체가 하나가 됨으로 구분하여 나타낼 수 있다. 주체와 객체의 만남은 주체가 사물에 나아가서 사물과 만남으로 그것을 주회암(朱晦菴)의 주장을 중심으로 나타내면 즉물(卽物)이라고 할 수 있다. 그리고 객체의 본질을 궁구함은 사물의 본질인 이치(理致)를 연구하는 궁리(窮理)이며, 사물과 주체가 하나가 됨을 앎의 문제를 중심으로 나타내면 치지(致知)가 된다.[48] 그러면 치지(致知)는 무엇인가?

격물치지를 학문을 중심으로 살펴보면 사물의 이치를 궁구하는 과정이 곧 즉물궁리(卽物窮理)라고 할 수 있다. 다만 주체가 사물과 직접 만나는 경우와 언어와 문자라는 매개를 통하여 간접적으로 만나는 경우가 서로 다를 뿐이다. 그러므로 스승이라는 사람을 매개로 언어와 문자라는 수단을 통하여 사물의 이치와 만나는 방법뿐만 아니라 사물과 직접 만나서 그 본질로서의 이치를 궁구하는 것이 모두 학(學)이라고 할 수 있다. 그리고 주체와 객체를 일치시키는 과정이 문(問)으로 그 결과를 나타내는 것이 치지(致知)이다.

그런데 팔조목(八條目)을 삼강령(三綱領)과 관련하여 나타내면 수신(修身)을 중심으로 제가(齊家), 치국(治國), 평천하(平天下)는 친민(親民)의 일이며, 격물치지(格物致知), 성의(誠意), 정심(正心), 수신(修身)은 명명덕(明明德)의 일이다. 그리고 격물치지(格物致知)가 이루어졌을 때 성의와 정심 그리고 수신이 이루어질 수 있기 때문에 격물치지가 명명덕과 관련 일 가운데서 가장 중요한 문제라고 할 수 있다.

궁리를 중심으로 격물치지가 가능한 전제 조건과 그 방법을 나타낸 것이 "지지이후유정(知止以后有定)" 부터 "여이후능득(慮以后能得)" 까지

48 陳來는 『朱子哲學』에서 朱子의 格物致知의 격물에 卽物, 窮理, 至極의 세 가지 의미가 내포되어 있다고 하였다.(陳來저 이종란외 옮김, 『주희의 철학』, 예문서원, 2008, 317쪽 참조)

의 내용이다. "여이후능득(慮以后能得)" 이 사려를 통하여 이치를 궁구함으로써 체득(體得)하는 것이라면 그 이전은 궁리가 가능하기 위한 전제조건을 나타낸 것이다. 마음이 대상 사물을 향하는 나가는 것을 그칠 줄을 알아야 비로소 마음을 한 곳으로 모으는 것이 가능하며(知止以后有定), 마음을 한 곳으로 모았을 때 비로소 고요하며(定以后能靜), 고요하기 때문에 편안하고(靜以后能安), 편안하기 때문에 사려가 가능하며(安以后能慮), 사려가 가능하기 때문에 비로소 이치를 궁구할 수 있는 것(慮以后能得)이다. 그러면 궁리는 어떻게 해야 하는가?

궁리의 범주(範疇)와 방법(方法)을 나타내는 것이 앞에서 이미 살펴본 "물유본말(物有本末)" 에서부터 "지선후즉근도의(知所先後則近道矣)" 까지의 내용이다. 사(事)와 물(物)은 궁리의 범주를 나타내는 것으로 사(事)는 시간을 그리고 물(物)은 공간을 나타낸다. 그리고 물건에는 본말이 있고, 사건에는 종시(終始)가 있음을 밝혀서 사물의 존재근거가 본말과 종시임을 밝히고 있다. 따라서 본말과 종시를 중심으로 궁리를 해야 함을 알 수 있다.

그리고 "그 선후하는 바를 알면 도에 가깝다."는 것은 궁리의 방법을 나타낸다. 그것은 사물(事物)에 나아가서 그 존재근거인 본말과 종시를 궁구하는 것이 곧 도(道)에 나아가는 방법임을 밝힌 것이다. 이렇게 보면 본말과 종시 그리고 선후하는 바를 앎 그것이 격물치지의 구체적인 방법과 방향을 나타낸 것이라고 할 수 있다.

시종과 종시를 통하여 언급되는 시간과 본말을 통하여 언급되는 공간은 일체적인 관계이면서도 구분되어지는 관계이다. 『주역』에서는 종시에 대하여 언급하면서 "종(終)한 즉 시(始)가 있음이 천도(天道)의 운행(運行)이다."[49]고 하여 종시, 시종의 문제가 천도와 관련된 것임을 밝히고 있다. 따라서 종시, 시종은 천도인 역수원리와 관련하여 언급된 개념임을 알

49 『周易』 山風蠱卦 彖辭, "先甲三日後甲三日 終則有始天行也."

수 있다. 시종은 시간적 관점에서 언급된 개념이며, 종시는 시간의 존재근거가 되는 형이상적 존재인 시간성을 나타내는 개념인 것이다.

시간성(時間性)인 종시성(終始性)이 시종으로 나타나고, 그것을 공간적 관점에서 나타내면 본말이 된다. 그러므로 『주역』에서는 "종시원리를 크게 밝히면 육위(六位)가 때에 따라서 이루어진다."[50]고 하였을 뿐만 아니라 "육효(六爻)가 서로 섞이는 것은 오직 시위(時位)를 나타내는 것이니 그 초(初)는 어렵고 그 상(上)은 쉽게 알 수 있으니 본말이다."[51]고 하여 초효(初爻)와 상효(上爻)를 시종과 본말로 규정하여 시종이 곧 본말임을 밝히고 있다. 주회암과 왕양명도 "물(物)은 사(事)이다."[52]고 하여 이 점을 밝히고 있다.

시종과 본말이 일체적이고, 종시가 시종의 근거이기 때문에 선후하는 바를 안다는 것은 본말에서 시종을 찾고, 시종에서 종시를 찾음을 의미한다. 그러므로 가장 외적인 측면에서 물(物)을 말하면 그 가운데 사(事)가 포함되어 있을 뿐만 아니라 사(事)의 내용인 시종의 근거로서의 종시성(終始性) 역시 함께 언급한 것임을 알 수 있다.

사물의 내용이 본말, 시종 그리고 종시성이기 때문에 사물에 나아가서 그 이치를 궁구함으로서의 즉물궁리(卽物窮理)는 곧 사물의 존재근거인 종시(終始)원리를 궁구함을 뜻한다. 그리고 종시원리를 『논어』와 『서경』에서는 물리적 시간을 표상하는 형식인 역수를 통하여 역수원리로 밝히고 있다. 따라서 역수원리를 중심으로 격물의 즉물궁리를 이해하면 곧 역수원리를 궁구함이 된다.

즉물궁리의 결과인 치지(致知)는 주체와 객체가 하나가 됨을 뜻한다. 치지는 앎의 관점에서는 '앎이 지극해짐' 으로 '가장 궁극적인 앎의 세계

---

50 『周易』 重天乾卦 彖辭, "大明終始 六位時成."

51 『周易』 繫辭下篇 第九章, "易之爲書也 原始要終 以爲質也 六爻相雜 唯其時物也 其初難知 其上易知 本末也 初辭擬之 卒成之終."

52 朱晦菴, 『大學章句』, "物猶事也"

에 도달함'으로 이해할 수 있다. 가장 궁극적인 이치는 근원적인 이치인 천도(天道)이다. 그러므로 치지는 천도의 자각을 일컫는 것이라고 할 수 있다. 다만 천도의 자각은 주체의 관점에서는 본성의 자각을 통하여 이루어진다. 『맹자(孟子)』에서 "그 마음을 다하면 본성을 알고, 본성을 알면 곧 천도(天道)를 안다."[53]고 하여 본성의 자각이 곧 천도의 자각임을 밝히고 있다.

학문의 주체인 군자가 학문을 통하여 본성을 자각하고, 더불어 천도(天道)를 자각할 때 천도는 곧 천명(天命)으로 자각된다. 『주역』에서는 "대형이정(大亨以正)은 천도(天道)이다.", "대형이정(大亨以正)은 천명(天命)이다."[54]고 하여 천도와 천명이 같은 존재임을 밝히고 있다. 천도를 인간 주체적 관점에서 나타낸 것이 천명이고, 천명을 객관적 관점에서 나타내면 천도인 것이다. 그러므로 치지를 역수원리를 중심으로 이해하면 천도인 역수원리를 인간 주체적으로 자각(自覺)함으로써 천명을 자각함이라고 할 수 있다.

그런데 주회암은 격물과 치지는 단지 하나일 뿐으로 격물은 이(理)로 말한 것이며, 치지는 마음으로 말한 것[55]이라고 하였다. 이처럼 격물과 치지가 일체라는 것은 곧 아는 주체와 앎의 대상인 객체가 하나임을 뜻한다. 그렇기 때문에 주회암(朱晦菴)은 치지는 자아(自我)에 나아가서 말한 것이며, 격물은 사물에 나아가서 말한 것[56]이라고 하였다. 『대학』에서는 격물하여 이루어지는 치지와 그 결과 나타나는 앎의 주체와 대상이 하나가 된 상태를 구분하여 지지(知至)로 나타내고 있다.

격물과 치지가 일체라는 것은 곧 앎의 관점에서는 무지(無知)를 뜻하는

---

53 『孟子』 盡心章句上, "孟子曰, "盡其心者, 知其性也. 知其性, 則知天矣."

54 『周易』의 地澤臨卦 彖辭에서는 "大亨以正 天之道也."라고 하였고, 天雷无妄卦의 彖辭에서는 "大亨以正 天之命也."라고 하였다.

55 蔡靖德編, 『朱子語類』 卷第十五 大學二 經下, "致知格物只是一事 非今日格物 明日又致知 格物以理言也 致知以心言也."

56 蔡靖德編, 『朱子語類』 卷第十五 大學二 經下, "致知是自我而言 格物是就物而言"

동시에 아는 주체의 관점에서는 무아(無我)를 뜻한다. 따라서 『대학』에서의 지지(至知)는 『논어』에서 언급된 무지(無知)임을 알 수 있다. 그리고 무지는 무아의 상태를 앎의 주체의 관점에서 나타낸 것이기 때문에 지지(至知)는 곧 무아임을 알 수 있다. 그러므로 격물치지의 궁극적인 경지 역시 무지(知至), 무아에 있음을 알 수 있다. 무지, 무아는 형이상의 차원에서 앎과 앎의 주체를 언급한 것이며, 치지, 기(己)는 형이하의 차원에서 앎과 앎의 주체를 언급한 것이다. 다시 말하면 형이상의 차원에서 앎과 주체를 구분하여 나타낼 수 없는 일체적 관점을 중심으로 앎과 그 주체를 나타낸 것이 무지, 무아이며, 형이하의 차원에서 앎과 주체를 구분하여 나타낸 것이 치지와 극기(克己), 수기(修己)의 기(己)인 것이다.[57]

그런데 현상의 측면에서 본래적인 나를 찾아가는 하학이상달의 관점에서 보면 상달(上達)된 상태에서는 학문이 필요한 존재로서의 개체적인 내가 없기 때문에 무아이지만 그러나 모든 존재의 이로움을 위하여 인예의지(仁禮義智)의 사덕(四德)을 실천하는 도덕적 나는 존재한다. 이러한 두 관점이 동시에 나타내는 것이 『논어』의 극기복예위인(克己復禮爲仁)과 위인유기(爲仁由己)이다.[58] 앞의 '기(己)'를 극복의 대상으로서의 비본래적(非本來的) 자기로 이해하면 위의 '기(己)'를 본래적 자기로서의 참나를 가리킨다.

비록 극복해야할 비본래적 자기라고 하였지만 양자를 모두 하나의 동일한 '기(己)'로 표현한 까닭은 양자가 둘이 아니기 때문이다. 본래 하학이상달(下學而上達)도 본래적 자기의 작용일 뿐이며, 사덕(四德)을 실천하는 것도 본래적 자기의 작용일 뿐이다. 하학이상달(下學而上達)의 관점에서 논하는 비본래적 자기는 역생도성의 관점에서 몸을 중심으로 언급한 것이며, 사덕(四德)을 실천하는 주체로서의 본래적 자기는 도생역

---

57 拙稿, 「曆數原理를 통해 본 『論語』의 無知와 『大學』의 致知」, 『동아시아고대학』 제19호, 동아시아고대학회, 2009, 35쪽에서 40쪽.

58 『論語』 顔淵, "顔淵問仁 子曰 克己復禮爲仁 一日克己復禮 天下歸仁焉 爲仁由己 而由人乎哉."

성의 관점에서 본성을 중심으로 언급한 것이다. 그런데 본래 본성과 몸이 둘이 아니며, 도생역성과 역생도성이 둘이 아니듯이 양자는 단지 하나의 관점에서 나를 나타낸 것에 불과하다. 그러므로 자기를 도역(倒逆: 順逆)으로 구분하기 이전의 본래적 차원에서 때에 따라서 다양하게 드러낼 뿐이다.

무지(無知)와 치지(致知)의 관계 역시 형이하의 개체적 관점에서 보면 치지(致知)이지만 형이상의 보편적 관점에서 보면 무지(無知)인 동시에 그것이야 말로 지지(至知)이다. 그러므로 셋이 하나이다. 그렇기 때문에 본래 하나여서 무엇이라고 나타낼 수 없는 본래의 세계를 셋 으로 나누어서 나타낸 것일 따름이다.

사건(事件)과 물건(物件)이 회통(會通)하여 합덕(合德)하고, 사물과 내가 회통하여 합덕(合德)하는 것은 사람이 사물과 일체의 관점에서 어느 일면에 치우침이 없이 자유로움을 뜻한다. 다시 말하면 내가 없는 무아(無我)이기 때문에 나와 남, 나와 사물을 구분하여 집착함이 없다. 그러므로 격물(格物)하여 치지(致知)가 이루어졌어도 앎이 없는 무지(無知)이다. 이처럼 나와 남, 나와 사물에 걸림이 없음을 중도(中道)를 중심으로 나타내면 중도(中道)를 본체(本體)로 하는 집중(執中)이다.

그런데 수신(修身) 이후에는 제가(齊家), 치국(治國), 평천하(平天下)의 사회의 문제가 하나로 이어지고 있다. 이는 중도(中道)를 본체로 하는 집중(執中)을 바탕으로 그것을 정도(正道)로 실천하는 중용(中庸)의 관점에서 논의가 이루어지고 있음을 뜻한다. 이로부터 사물과 사람 그리고 사람과 사람, 사람과 천하가 회통(會通)하여 합덕(合德)된 관점에서 대학의 도(道)가 밝혀지고 있음을 알 수 있는 동시에 『대학』의 내용이 집중(執中)과 중용(中庸)을 중심으로 이해가 가능함을 알 수 있다.

【원문】

自天子以至於庶人히 壹是皆以脩身爲本이니라. 其本이 亂而末治者ㅣ

否矣며, 其所厚者에 薄이오 而其所薄者에 厚한이 未之有也이니라.

【우리말】

천자(天子)로부터 서인(庶人)에 이르기까지 하나같이 모두 수신(修身)을 근본(根本)으로 삼나니 그 근본(根本)이 어지러우면서 지말(支末)이 다스려지는 경우가 없으며, 그 후(厚)해야 할 것에 박(薄)하고, 그 박(薄)해야 할 것에 후(厚)한 경우가 있지 아니하니라.

【대학순역】

위의 내용은 역생도성의 관점에서 모든 사람이 수신을 근본으로 삼아야 함을 밝힌 것이다. 그것은 천자(天子)와 서인(庶人)을 막론하고 각각에게 주어진 위치에서 자신에게 주어진 일을 올바로 행할 수 있기 위해서는 반드시 수신이 되어야함을 뜻한다. 수신이 근본(根本)이고 제가, 치국, 평천하가 지말(末)이기 때문에 수신(修身)이 되어야 비로소 제가와 치국, 평천하가 가능하다. 그러므로 수신이 되지 않고 치국, 평천하가 이루어질 수 없다.

이 부분을 역수원리를 중심으로 이해하면 역생도성의 기본도수가 일태극(一太極)임을 밝힌 것이다. 태극은 현상적 관점에서 근원적 존재를 규정한 것으로 그것을 삼재의 관점에서 나타내면 지도(地道)이다. 형이하의 관점에서 근원적 존재를 규정하면 만물이 모두 하나로 귀결(歸結)되기 때문에 수(數)로는 도역(倒逆)의 작용을 표상하는 증감(增減)을 일관하는 기본수인 일(一)로 표상한 것이다.

천자(天子)로부터 서인(庶人)에 이르는 모든 사람이 비록 처한 위치는 서로 다르지만 그러나 본래성을 가진 인격적 존재인 사람이라는 점에서는 동일하다. 그러므로 사람답게 살기 위해서는 본래성을 주체화하는 과정으로서의 수신(修身)이 필요하다. 그렇기 때문에 가장 존귀한 지위에 있는 천자(天子)로부터 가장 천(賤)한 지위에 있는 일반의 백성들에 이르기까지 모두 수신(修身)을 근본으로 하여야 한다고 하였다.

천지(天地)의 수(數)에 의하여 구성된 낙서(洛書)를 중심으로 이 문제를 살펴보면 다음과 같다. 낙서(洛書)에서 사역변화원리를 상징적으로 나타내는 수(數)가 사상수(四象數)이다. 구(九)팔(八)칠(七)육(六)의 태양수와 일(一)이(二)삼(三)사(四)의 태음수가 사상수의 내용이다. 각각의 사상수(四象數)가 표상하는 사역변화원리는 잠시 뒤로하고 사상수를 구성하는 수와 수의 관계를 살펴보면 구(九)팔(八)칠(七)육(六)과 일(一)이(二)삼(三)사(四)를 막론하고 일(一) 다음의 수가 이(二)이고, 이(二) 다음의 수가 삼(三)이며, 삼(三) 다음의 수가 사(四)일 뿐 그 내용은 언제나 일(一)이다. 이는 변화하는 현상의 근저에는 변화하지 않는 근원이 존재함을 뜻한다. 『주역』에서는 "변화하는 현상으로서의 역에는 그 변화원리인 태극이 있다."[59]고 하여 이 점을 밝히고 있다. 『정역』에서는 사상수를 일관하는 일수(一數)를 삼극(三極)의 도(道)를 중심으로 태극(太極)으로 규정하고 있다.

그러나 일수(一數)가 표상하는 내용은 시간상으로 과거(過去)와 미래(未來)의 관계를 나타내는 것으로 과거와 미래가 합덕된 현재를 현상적 측면에서 나타낸 것이라고 할 수 있다.[60] 마찬가지로 선천(先天)과 후천(后天)을 일관하는 근원적인 세계가 원천(原天)으로 원천(原天)은 선천과 후천을 일관(一貫)하기 때문에 일수(一數)를 통하여 이를 표상할 수 있다.

일상의 사건과 물건 역시 근원적 존재인 도(道)가 현현(顯現)된 존재이기 때문에 사물은 항상 때에 따라서 끊임없이 변화하여 고정됨이 없다.

---

59 『周易』, 繫辭上篇 第十一章, "易有太極하니 是生兩儀하고 兩儀ㅣ生四象하고 四象이 生八卦하니 八卦ㅣ定吉凶하고 吉凶이 生大業하나大業하"

60 본래 시간의 세 樣相을 중심으로 그 관계를 밝히는 문제는 三極의 道를 중심으로 이해되어야 한다. 三極의 道를 중심으로 과거와 미래 그리고 현재를 이해하면 一太極은 地道, 過去性이며, 十无極은 天道, 未來性이기 때문에 양자가 合德된 본래적 시간으로서의 永遠한 現在를 나타내는 것은 五皇極이다. 그러나 이 부분에서 밝히고자 하는 것은 이러한 五皇極을 현상적 측면에서 다시 말하면 三才의 관점에서 數와 數의 관계를 중심으로 一數를 통하여 그 특성만을 밝히고자 하는 것이다.

이처럼 모든 존재가 끊임없이 변화하기 때문에 사람의 삶 역시 그 어떤 사물에도 얽매임이 없어야 한다. 그것은 군자는 본성을 주체로 사덕을 실천하며 살아가야 함을 뜻한다.

본말(本末)의 관계를 다시 후박(厚薄)을 통하여 나타낸 것이 다음의 부분이다. 후(厚)하게 함은 근본(根本)을 말하며, 박하게 함은 지말(末)을 가리킨다. 두텁게 해야 할 존재는 근본인 수신의 문제이며, 박하게 해야 할 것은 제가(齊家) 이하의 문제이다. 이로부터 수신(修身)을 근본으로 그것의 확충(擴充)을 나타내는 것이 제가(齊家), 치국(治國), 평천하(平天下)임을 알 수 있다.

주회암은 이 부분까지를 공자(孔子)가 말씀하고 증자(曾子)가 기록한 경(經)으로 규정하고, 이어서 다음의 내용은 앞의 경문(經文)을 부연(敷衍)하여 논한 것으로 증자(曾子)의 말을 그 문인(門人)들이 기록하였다고 하였다.[61]

2. 전십장(傳十章)

【원문】

康誥에 曰克明德이라하며, 太甲에 曰顧諟天之明命이라하며, 帝典에 曰克明峻德이라 하니 皆自明也ㅣ니라.

【우리말】

「강고」에서 말하기를 "능히 덕을 밝힌다."고 하였고, 「태갑」에 말하기를 "이 하늘의 밝은 명을 돌아본다."고 하였으며, 「제전」에서 말하기를 "능히 큰 덕을 밝힌다."고 하였으니 모두 스스로 밝힘을 나타낸다.

---

61 朱晦菴, 『大學章句』, "右經一章 蓋孔子之言而曾子述之 其傳十章則曾子之意 而門人記之也"

【대학순역】

위의 내용은 『서경』의 여러 편의 내용을 예로 들어서 "명명덕(明明德)"을 부연하여 설명하고 있는 부분이다. 이 부분의 내용을 요약하여 나타낸 것이 자명(自明)이다. "명(明)"은 "명명덕"의 경우와 같이 "밝힌다."는 뜻이다.

그런데 여기에 "자(自)"를 더하여 "자명(自明)"이라고 한 점을 유의할 필요가 있다. 천명(天命) 또는 명덕(明德)을 밝히는 것은 스스로 밝히는 것이지 다른 사람이나 다른 존재가 대신할 수 없는 것이다. 스스로 밝힌다는 것은 남이 대신할 수 없음을 의미하는 동시에 마음 안에서 찾아야지 밖으로 대상을 향해서 찾아서는 안 됨을 뜻한다.

『주역』의 산뢰이괘(山雷頤卦:䷚)에서는 "너의 신령스런 거북을 버리고 나를 쳐다보며 턱을 들어뜨리니 흉(凶)하다."[62]고 하였다. 여기서 영귀(靈龜)는 하도(河圖)를 가리키는 것으로 이는 곧 천도인 역수원리를 가리킨다. 그것을 "너의 것"이라고 한 것은 천도(天道)가 인간의 본래성으로 주체화하였음을 밝힌 것이다. 그렇기 때문에 자신의 본래성을 자각함으로써 천도인 역수원리를 자각하게 된다. 그럼에도 불구하고 자신에게 있는 보배와 같은 존재를 버리고 남에게 턱을 늘어뜨리고 침을 흘리면서 음식을 구걸하기 때문에 흉(凶)한 것이다. 이는 자신의 본래성을 자각하고자 하지 않고 밖에서 진리를 찾아 헤매는 것을 일컫는다. 이를 통하여 천명(天命)의 자각이 본성의 자각을 통하여 이루어짐을 알 수 있다.

"자명(自明)" 역시 도생역성과 역생도성의 관점에서 이해가 가능하다. 도생역성의 관점에서 자명(自明)은 군자가 자신의 본래성을 주체로 사덕(四德)을 천하여 널리 펼치는 실천을 의미한다. 그것을 앞에서 언급된 조목(條目)을 중심으로 살펴보면 제가, 치국, 평천하가 모두 사덕(四德)을

62 『周易』, 山雷頤卦(䷚) 初爻 爻辭, "初九는 舍爾靈龜하고 觀我하야 朶頤니 凶하니라."

천하에 널리 밝히는 자명(自明)이라고 할 수 있다.

그러나 역생도성의 관점에서 자명(自明)은 군자가 학문을 통하여 자신의 본래성을 자각함을 뜻한다. 본래성의 자각은 그 존재근거인 천명의 자각과 함께 이루어지기 때문에 본래성의 자각은 천명의 자각이다. 이를 『논어』에서는 형이상과 형이하의 관계를 중심으로 "형이하로부터 배워서 형이상의 세계에 도달함"[63]으로 규정하고 있다. 이는 학문을 통하여 형이하의 세계에서 형이상의 세계에 도달함이다. 그것을 본래성을 중심으로 나타내어 나와 남을 구분하여 자신에게 집착하는 마음을 버리고 예(禮)로 돌아감으로써 인(仁)을 체득(體得)함[64]으로 나타내기도 하였다.

그런데 본래 도생역성과 역생도성은 음양(陰陽)의 관계이다. 따라서 실천과 자각은 본래 둘이 아니라 하나이다. 자각도 실천이며, 실천도 역시 자각인 것이다. 이처럼 음양이 합덕(合德)된 관점에서 보면 자명(自明)은 자신의 본래성을 자각하여 지혜(智慧)가 밝아짐을 뜻하는 동시에 자신의 본래성을 천하에 널리 밝힘으로서 천하를 이롭게 함을 가리킨다.

그러면 자명(自明)의 대상이 무엇인지 살펴보자. 위의 내용을 보면 덕(德), 준덕(峻德), 천지명명(天之明命)이라고 하였다. 덕(德)은 작용을 위주로 언급한 개념으로 군자 자체를 중심으로 실천의 관점에서 나타낸 것이다. 반면에 덕(德)을 본체의 관점에서 나타낸 것이 천명(天命)이다. 그것을 위의 원문에서는 천(天)의 명명(明命)이라고 하였다.

천명(天命)을 천지명명(天之明命)으로 규정한 것은 그것이 지혜와 관련이 있음을 밝히기 위함이다. 이 부분이 "명명덕"의 내용을 부연하여 설명하고 있음을 생각하면 명덕(明德)을 그 존재근거인 천(天)을 중심으로 나타낸 것이 천명(天命), 천지명명(天之明命)임을 알 수 있다. 천명은 또한 미래적 관점에서 군자의 도를 밝힌 것으로 그것을 과거적 관점에서

63 『論語』, 憲問, "子曰 莫我知也夫 子貢曰 何爲其莫知子也 子曰 不怨天 不尤人 下學而上達 知我者其天乎"
64 『論語』, 顔淵, "克己復禮爲仁"

나타내면 천성(天性)이 된다.

천명(天命)과 천성(天性)은 일체적 존재로 그것을 덕(德)을 중심으로 나타낸 것이 명덕(明德)이고, 명(命)을 중심으로 나타낸 것이 천명(天命)이다. 그러므로 천지명명(天之明命)을 그 내용인 역수(曆數)원리를 중심으로 이해하면 역수원리를 인간 주체적으로 자각하여 천명(天命)을 자각함을 뜻한다.

천명(天命)은 역사적 사명으로 그것은 인성(仁性)과 지성(知性)을 전제로 하지 않고는 자각되어지지 않는다. 천도를 인간 주체적으로 자각함으로써 시의성(時義性)을 자각하지 않으면 천명(天命)을 알 수 없으며, 천명(天命)을 알아도 자비(慈悲), 인(仁)이 없다면 그것을 천명(天命)으로 봉행할 수 없다. 그렇기 때문에 천명의 자각은 인성(仁性)과 지성(知性)을 바탕으로 이루어질 수밖에 없다.

주회암은 이 부분을 전(傳)의 제일장으로 규정하고, 명명덕(明明德)에 관하여 논한 부분으로 규정하고 있다.[65]

【원문】

湯之盤銘에 曰苟日新이어든 日日新하고 又日新이라하며, 康誥에 曰作新民이라하며, 詩曰周雖舊邦이나 其命維新이라하니 是故로 君子는 無所不用其極이니라.

【우리말】

탕(湯)이 목욕하는 그릇에 새겨서 말하기를 "진실로 어느 날 새로워졌거든 나날이 새롭게 하고 또 날로 새롭게 하라."고 하였다. 「강고」에서 말하기를 "새로운 백성들을 진작(振作)시키라."라고 하였다. 『시경』에서 말하기를 "주(周)나라가 비록 옛 나라이지만 그 명(命)이 새롭다."고 하

65 朱晦菴, 『大學章句』, "右傳之首章 釋明明德 此通下三章至止於信 舊本誤在沒世不忘之下."

였다. 그렇기 때문에 군자는 그 극(極)을 사용하지 않은 바가 없다.

【대학순역】

이 부분은 친민(親民)을 시간을 중심으로 나타낸 것이다. 군자가 덕(德)을 통하여 백성(百姓)들과 하나가 되는 친민(親民)을 백성들을 중심으로 나타내면 백성들을 새롭게 하는 신민(新民)이 된다. 그것은 곧 자신의 인격성(人格性)을 자각하지 못하고 살아가는 소인(小人)의 상태에서 인격적 주체로 서는 것이다. 그러므로 백성들을 새롭게 하는 것이 된다.

주회암은 이 부분을 신민(新民)을 해석한 부분으로 이해하였다. 그러나 신민은 자신(自新)을 전제로 하지 않고는 이루어질 수 없기 때문에 자신(自新)과 신민(新民)을 함께 논한 것이라고 할 수 있다. 그러면 자신(自新)과 신민(新民)의 두 관점에서 위의 내용을 살펴보자.

탕의 반명(盤銘)은 자신과 백성 그리고 자타(自他)를 함께 언급하면서 그것을 시간의 관점에서 날로 표현하고 있다. 그러므로 위의 내용을 나와 남 그리고 우리를 중심으로 살펴보면 "구일신(苟日新)"은 자신을 나타낸 것이며, 그 이하는 신민(新民)을 나타낸 것이라고 할 수 있다. 자신과 신민을 막론하고 그 내용은 덕(德)의 관점에서 논의된 것이다. 군자가 학문을 통하여 자신의 본성을 자각함으로서 덕을 주체로 하여 인격적 삶을 살아갈 수 있게 되었을 때를 "구일신(苟日新)"으로 규정한 것이다.

그런데 인도의 근거는 천도이다. 그러므로 인도를 이해하기 위해서는 천도를 논하지 않을 수 없다. 천도를 중심으로 살펴보면 "구일신(苟日新)"은 선천(先天)이 끝나고 후천이 시작되는 선후천 변화라고 할 수 있다.

선천과 후천을 인도를 중심으로 살펴보면 선천(先天)은 오직 개인의 이익을 목적으로 살아가는 소인(小人)의 세계이며, 후천은 본성(本性)을 주체로 형이상(形而上)과 형이하(形而下)를 일체화시켜서 살아가는 군자(君子)의 세계이다. 그러므로 인도적 관점에서의 선후천 변화는 학문을 통하여 소인적(小人的) 삶을 마치고 군자적(君子的) 삶을 살아가는 것이다. 『주역』에서는 "건도(乾道)가 변화하면 각각 성명이 바르게 된다."[66]고 하여 선천이 후천으로 변화하는 선후천변화를 언급하고 있다. 그것을 후천의 관점에서 나타낸 것이 "구일신(苟日新)"이라고 할 수 있다.

『주역』에서는 역도(易道)의 내용을 종시(終始)원리로 밝히고 있다. 그것은 선천이 끝나고 후천이 시작되는 선후천 변화가 역도의 내용임을 밝힌 것이다. 그렇기 때문에 『주역』의 육효(六爻) 중괘(重卦) 역시 선후변화원리인 종시원리를 바탕으로 형성된 것이다. 『주역』에서는 "종시원리를 투철하게 자각함으로써 여섯 위가 때에 따라서 이루어진다."[67]고 하여 종시원리를 자각하여 그것을 여섯 시위를 통하여 나타낸 것이 육효(六爻) 중괘(重卦)임을 밝히고 있다.

"구일신(苟日新)"을 천도인 "대명종시(大明終始)"의 관점에서 살펴보면 다음과 같다. "대명종시"는 선천이 끝나고 후천이 시작되는 천도(天道)를 인간 주체적으로 자각하여 선천적 삶을 마치고, 후천의 삶을 시작하는 것이다. 그런데 선천적 삶을 마치는 것은 선천적인 용심(用心)을 그치는 것이다. 그것은 개체적 욕심(慾心)에 의하여 이루어지는 마음을 그침(大明終)으로써 마음이 흔들림이 없이 고요함(知止而后有定)이라고 할 수 있다. 마음이 형이상의 근원적인 세계를 향하여 있음으로 인하여 흔들림이 없이 고요하면 능히 편안(定而后能靜 靜而后能安)하며, 마음이 편안하기 때문에 본성이 그대로 발현하여 능히 사려를 할 수 있고, 사려를 통하여 능히 지혜를 얻을 수 있다.(安而后能慮 慮而后能得). 그러므로 "정이후능정정이후능안안이후능려려이후능득(定而后能靜 靜而后能安 安而后能慮 慮而后能得)"은 본성을 주체로 이루어지는 후천의 세계의 전개를 나타내는 것(大明始)이라고 할 수 있다.

---

66 『周易』, 重天乾卦(䷀) 彖辭, "乾道變化 各正性命"

67 『周易』, 重天乾卦(䷀) 彖辭, "大明終始 六位時成"

다음의 "일일신(日日新) 우일신(又日新)"은 "육위시성(六位時成)"을 나타낸 것이라고 할 수 있다. 육효(六爻)가 표상하는 여섯 시위(時位)에 따라서 예의(禮義)가 행하여지듯이 천지의 작용인 용구(用九)와 용육(用六)이 인간의 언행을 통하여 구체화하는 구육합덕위용(九六合德爲用)을 나타낸 것이 "일일신(日日新) 우일신(又日新)"인 것이다.

"구일신(苟日新)"이 군자가 자신의 본성을 자각하여 덕을 주체로 살아감을 나타내는 것이라면 다음의 "일일신 우일신(日日新, 又日新)"은 백성들로 하여금 더불어 덕(德)의 세계에서 살게 함을 나타낸다고 할 수 있다. 이는 군자가 해야 할 사업이 도(道)로 천하를 제도(濟度)하는 도제천하(道濟天下)[68]임을 나타낸 것이라고 할 수 있다. 군자의 덕은 광대하여 한계가 없으며, 백성들 역시 끊임없이 생장하기 때문에 군자가 끝없이 백성들을 제도함을 나타낸 것이다.

"작신민(作新民)"은 새로운 백성들을 홍작(興作)시킨다는 것으로 "일일신 우일신"을 한마디로 나타낸 것이라고 할 수 있다. 신민(新民)을 백성의 관점에서 이해하면 비로소 사람이 된다는 의미인 동시에 신(新)을 중심으로 이해하면 자신의 인격성을 새롭게 자각한다는 의미가 된다.

다음 부분은 이 부분의 결론이라고 할 수 있다. "주(周)나라가 비록 옛나라이지만 그 명(命)이 새롭다."는 것은 주(周)나라가 비록 은(殷)나라를 대신하여 통치의 주체는 바뀌었지만 백성들은 오랜 전부터 존재하였기 때문에 그 천명(天命)이 새롭게 주어졌을 따름임을 밝힌 것이다.

마지막 부분을 보면 군자는 극(極)을 사용하지 않음이 없다고 하여 군자(君子)가 자신의 덕(德)을 주체로 그것을 발용(發用)하는 관점에서 논하고 있음을 알 수 있다. 극은 중(中)과 같은 의미로 그것을 한마디로 나타내면 용중(用中)으로 그것이 곧 중용(中庸)이다.

주회암은 이 부분을 전(傳)의 제이장(第二章)으로 규정하고, 신민(新

68 『周易』, 繫辭上篇 第四章, "知周乎萬物而道濟天下라."

民)에 관하여 해석하고 있다고 하였다.[69]

【원문】

詩云 邦畿千里여 惟民所止라하니라. 詩云緡蠻黃鳥ㅣ여, 止于丘隅ㅣ라 하야늘 子ㅣ曰於止에 知其所止로소니 可以人而不如鳥乎아.

【우리말】

『시경(詩經)』에서 말하기를 "나라의 기내(畿內)가 천리이니 오직 백성들이 머물 곳이다."고 하였고, "민만히 우는 황조(黃鳥)여, 언덕의 깊은 곳에 머문다."고 하였다. 공자(孔子)가 말하기를 "살 곳에서 살줄을 아니 사람이 새보다 못하면 사람이라고 하겠는가?"라고 하였다.

【대학순역】

이 부분은 "지선에 머묾(止於至善)"에 대한 설명이다. 처음 부분에서는 군자에 의하여 왕도정치가 행하여지는 도덕적 세계가 백성들이 머물러야할 곳임을 밝히고 이어서 새가 날이 저물면 높은 언덕의 깊은 숲으로 돌아가는 것을 통하여 사람이라면 마땅히 살아야할 세계가 있음을 밝히고 그 구체적인 내용을 문왕을 통하여 밝힌 후에 군자를 통하여 이상적인 삶을 밝히고 있다.

공간적 관점에서 군주가 머무는 곳은 곧 형이상의 도덕적 세계를 상징적으로 나타낸다. 그렇기 때문에 백성이 마땅히 머물 곳이라고 하였다. 군주는 곧 인예의지(仁禮義智)의 사덕(四德)을 내용으로 하는 도덕성을 주체로 살아가는 존재이다. 그리고 왕도정치는 백성들로 하여금 도덕적 세계에 머물도록 하는 것이다. 그렇기 때문에 인예의지(仁禮義智)의 사덕(四德)의 세계가 군자가 살아가는 세계인 동시에 백성이 마땅히 살아

69 朱晦菴, 『大學章句』, "右傳之二章 釋新民."

야할 세계이다.

사람으로서 머물러야할 곳을 알고 그곳에 머무는 것이 마땅히 행하여야할 일임을 새를 통하여 논하고 있다. 도덕적 세계는 날이 저물면 새가 찾아 가는 둥지와 같은 곳이다. 사람도 역시 자신이 어떤 존재이며, 어떻게 살아야 할 것인지를 알고, 그렇게 살아야 한다. 『주역』에서는 "그 도달해야할 곳을 알아서 도달하니 가히 기미(幾微)와 함께 하며, 그 마칠 곳을 알아서 마치니 가히 더불어 의(義)를 보존할 수 있다."[70]고 하였다.

【원문】

詩云 穆穆文王이여, 於라, 緝熙敬止라하니, 爲人君엔 止於仁하시고, 爲人臣엔 止於敬하시고, 爲人子엔 止於孝하시고, 爲人父엔 止於慈하시고, 與國人交엔 止於信이러시다.

【우리말】

『시경』에서 말하기를 "공경하고 공경할 분이로구나, 문왕이여, 아! 항상 본성인 명덕(明德)을 밝혀서 공경히 그것을 주체로 살았다."하였다. 사람의 군주(君主)가 되어서는 인(仁)에 머물고, 사람의 신하가 되어서는 경(敬)에 머물며, 사람의 자식이 되어서는 효(孝)에 머물고, 나라의 사람들과 사귐에 있어서는 신(信)에 머물렀다.

【대학순역】

이 부분에서 지선(至善)에 머무는 것을 문왕을 통하여 구체적으로 밝히고 있다. 문왕은 할아버지인 태왕(太王)의 왕천하 사업을 계승하여 덕(德)으로 세상을 감화함으로써 장차 아들인 무왕(武王)으로 하여금 주(周)나라를 세울 수 있도록 그 토대를 마련하였다. 이러한 문왕의 언행은

70 『周易』, 重天乾卦(䷀) 文言, "知至至之라 可與幾也며 知終終之라 可與存義也니."

모두 본성을 주체로 자신과 백성들로 하여금 지선에 머물도록 실천하는 것이다.

사람이 마땅히 머물러야할 세계인 도덕의 세계를 이치로 나타내면 성명(性命)의 이치이다. 이를 구체적으로 나타내면 인예의지(仁禮義智)의 사덕(四德)이다. 그렇기 때문에 이 부분에서는 지선(至善)의 세계를 사덕(四德)을 중심으로 나타내고 있다. 그 구체적인 내용을 보면 인군이 되어서는 인(仁)을 주체로 하고, 신하가 되어서는 경(敬)을 주체로 하였으며, 자식이 되어서는 효(孝)를 주체로 하였고, 부모가 되어서는 자(慈)를 주체로 하였으며, 다른 나라와 외교를 할 때는 신(信)을 주체로 하였다. 효(孝), 자(慈), 경(敬)은 예(禮)의 구체적인 절목이라고 할 수 있으며, 신(信)은 의(義)의 구체적인 절목이라고 할 수 있다. 따라서 위의 내용은 인예의지(仁禮義智)의 사덕(四德)을 가리킴을 알 수 있다. 따라서 삼강령 가운데서 지선에 머무는 일은 곧 나와 남이 모두 인예의지(仁禮義智)의 사덕(四德)을 주체로 살아감을 뜻함을 알 수 있다.

【원문】

詩云 瞻彼淇澳한데 菉竹猗猗로다. 有斐君子ㅣ여, 如切如磋하며, 如琢如磨ㅣ라. 瑟兮僩兮며, 赫兮喧兮니 有斐君子ㅣ여, 終不可諠兮라하니 如切如磋者는 道學也ㅣ오, 如琢如磨者는 自脩也ㅣ오, 瑟兮僩兮者는 恂慄也ㅣ오, 赫兮喧兮者는 威儀也ㅣ오, 有斐君子終不可諠兮者는 道盛德至善을 民之不能忘也ㅣ니라.

【우리말】

『시경』에서 말하였다. "저 기수(淇水)의 모퉁이를 보니 푸른 대나무가 무성하구나. 문채가 나는 군자여, 자른 듯 가는 듯하며, 쪼는 듯 가는 듯하구나. 치밀하고 굳세며, 빛나고 점잖도다. 문채가 나는 군자여, 끝내 잊을 수 없구나."라고 하였다. 끊고 가는 것은 학문을 말함이며, 쪼는 듯

가는 듯은 스스로 닦음이며, 치밀하고 굳셈은 두려워함이요, 빛나고 점잖다는 것은 위의를 말하며, 문채가 나는 군자를 끝내 잊을 수 없다는 것은 성대한 덕과 지극한 선을 백성들이 능히 잊지 못함을 말한다.

【대학순역】

위의 내용은 물가의 푸른 대나무가 아름답듯이 학문을 통하여 덕을 닦은 군자의 언행(言行)이 문체가 남을 밝히고 있다. 그리고 이어서 군자의 학문을 뼈, 상아, 옥, 돌과 같은 물건들을 가공하는 일에 비유하여 나타내고 있다.

군자는 학문을 통하여 지선(至善)의 세계에 도달한다. 그러므로 위의 부분은 군자를 통하여 도덕적인 세계에 도달하는 방법을 밝히고 있다고 할 수 있다. 군자는 학문을 하는 동시에 자신을 닦아서 본성을 자각하고 더불어 천명을 자각하여 그것을 실천하는 존재인 것이다.

절(節)과 탁(琢)은 학(學)의 과정을 나타내는 것이며, 차(磋)와 마(磨)는 문(問)의 과정을 나타내는 것이다. 절(節)과 탁(琢)이 처음 시작하는 거친 가공을 가리키듯이 학(學)이 대상화된 지식에 담긴 이치(理致)를 일차적으로 내면화하는 과정이라면 차(磋)와 마(磨)가 가리키듯이 일차적으로 내면화된 이치(理致)를 일체화하여 체득(體得)하는 과정이 문이다. 그렇기 때문에 이를 『대학』에서는 각각 학(學)과 자수(自修)로 구분하여 나타내고 있다.

앞에서 살펴본 학문의 태도를 나타내는 것이 다음 부분이다. 학문을 하는 군자는 항상 천도, 천명에 대하여 공경(恭敬)하기 때문에 치밀하고 굳세게 학문을 하며, 그렇기 때문에 빛나고 점잖아서 위의(威儀)를 갖게 된다. 그리고 학문의 결과 갖추게 되는 성대한 덕과 지극한 선이 백성들로 하여금 잊지 못하게 하는 것이다.

【원문】

詩云하되 於戱ㅣ라 前王不忘이라하니 君子는 賢其賢而親其親하고, 小人은 樂其樂而利其利하나니, 此以沒世不忘也ㅣ니라.

【우리말】

『시경』에서 말하였다. "아아, 전왕(前王)을 잊지 못하겠구나." 하였으니 군자(君子)는 현자(賢者)를 현자로 여기고 친한 사람을 친하게 여기며, 소인(小人)은 즐거움을 즐기며, 이로운 것을 이롭게 하도록 한다. 이것이 세상이 다하도록 잊지 못하는 까닭이다.

【대학순역】

이 부분에서는 군자는 현자와 소인을 모두 각각의 세계에서 살게 한다고 하여 왕도정치가 실현된 이상적인 세계를 밝히고 있다. 이때의 소인(小人)은 백성(百姓)으로 이해할 수도 있다. 그러나 이 부분은 덕을 주체로 이루어지는 이상적 정치인 왕도정치가 구현된 세계를 상징적으로 나타낸 부분으로 이해가 가능하다.

군자에 관한 위의 내용을 보면 현자를 현자로 대하고, 양친을 양친으로 대한다고 하였다. 그런데 『중용』에서는 현자를 현자로 대하는 것이 의(義) 가운데서 가장 중요한 일이며, 양친 부모를 양친 부모로 대하는 것이 예(禮) 가운데 가장 중요한 일[71]이라고 하였다. 이는 군자는 인지(仁知)의 성(性)을 주체로 예의(禮義)의 명(命)을 실천하며 살아가는 존재임을 밝힌 것이다.

그러나 소인은 그 즐거워하는 바를 즐거워한다. 이는 예(禮)에 합당한 일을 하기 보다는 본능을 따르는 삶을 살아감을 뜻한다. 그렇기 때문에 이로움을 이로움으로 여길 뿐 의(義)로움을 이로움으로 여기지 않는다.

---

71 朱晦菴, 『中庸章句』 第二十章, "仁者人也 親親爲大 義者宜也 尊賢爲大 親親之殺 尊賢之等 禮所生也."

이에 대하여 『논어』에서는 "군자는 의(義)에 밝고, 소인은 이로움(利)에 밝다."[72]고 하였다.

군자는 형이상적 세계를 주체로 살아가며, 소인은 형이하적 세계를 중심으로 살아간다. 그렇기 때문에 군자는 군자의 삶을 살아가고 소인은 소인의 삶을 살아가도록 하는 것이 선왕(先王)이 베푼 올바른 정치임을 뜻한다.

그러면 소인(小人)은 그대로 소인으로 살아가야 하는가? 그렇지 않다. 군자의 삶은 소인의 삶의 표준이 되어 소인을 교화하며, 소인은 군자를 스승으로 삼아서 스스로 변화를 꾀하게 된다. 그렇기 때문에 군자와 소인을 막론하고 모두 선왕의 정치를 그리워하게 되는 것이다.

주회암은 이 부분까지를 전(傳)의 제삼장(第三章)으로 규정하고, "지어지선(至於至善)"에 관하여 풀이하고 있다고 하였다.[73]

【원문】

子ㅣ曰聽訟吾猶人也ㅣ나 必也使無訟乎인져하시니, 無情者ㅣ 不得盡其辭는 大畏民志니 此謂知本이니라.

【우리말】

공자가 말하였다. "송사를 처리함에 있어서 나 역시 다른 사람과 같지만 반드시 송사가 없게 해야 한다." 진실이 없는 사람은 그 말을 다 하지 못하게 함은 크게 백성들의 뜻을 두려워하기 때문이니 이를 일러 근본을 안다고 한다.

【대학순역】

송사(訟事)는 자신의 본성인 도덕성(道德性)을 주체로 살아가는 사람

72 『論語』, 里仁, "子曰 君子喩於義 小人喩於利."

73 朱晦菴, 『大學章句』, "右傳之三章 釋止於至善 此章內 自引淇澳詩以下 舊本 誤在誠意章下."

에게는 일어나지 않는 문제이다. 군자(君子)가 어찌 백성들의 잘못을 송사(訟事)로 처리하겠는가? 오직 덕(德)으로 백성들을 다스릴 따름이다. 그렇기 때문에 송사를 명확하게 처리하는 것이 중요한 것이 아니라 송사가 일어나지 않도록 하는 것이 중요함을 강조한 것이다. 이는 현대적 관점에서도 적용되는 문제이다. 사람이 법을 논하기 전에 도덕적 삶을 살아간다면 법은 저절로 지켜질 수밖에 없다. 그렇기 때문에 송사를 벌이기 이전에 본성을 주체로 살아가는 도덕적 존재가 되는 것이 근본적인 문제인 것이다.

공자(孔子)가 송사(訟事)를 없게 하고자 한다는 것은 군자로 하여금 천하를 지선(至善)의 세계에 머물도록 하려는 사명을 밝힌 것이다. 군자는 왕도정치를 통하여 백성들을 도덕적 존재로 변화시켜야 한다. 그것이 바로 백성들의 뜻인 동시에 백성들의 뜻은 곧 나타난 천의(天意)이다. 그렇기 때문에 군자가 백성들의 뜻을 두려워하게 되는 것은 곧 천명(天命)을 두려워하는 것이 된다.

군자는 성인의 도를 통하여 백성들을 인격적 세계로 고양시키는 사명을 자각하였기 때문에 천명을 두려워하고 그것을 실천하게 된다. 따라서 백성들로 하여금 송사를 벌이지 않게 하는 것이 겉으로 드러난 현상이라면 그 이면에서 밝혀지는 모든 백성들이 도덕적 존재로 살아가는 세계의 구축이라는 근본 문제를 실천하는 군자야말로 근본을 아는 존재라고 하지 않을 수 없다.

송사(訟事)를 군자의 학문을 중심으로 이해하면 학문의 과정에서 삼재의 도(道)에 대하여 문제의식을 갖는 것을 뜻한다. 그것은 경전에 나타난 성인의 말씀에 담긴 내용을 학문을 통하여 주체화하는 과정에서 나타나는 현상이다. 그러므로 송사(訟事)가 일어나는 과정은 성장의 과정인 선천(先天)이라고 할 수 있다.

학문의 과정에서 근본문제에 대한 강한 문제의식은 생장의 추진력이 된다. 만약 문제의식이 없다면 학문 자체를 시작하지 않을 뿐만 아니라 학문을 하여도 발전이 없다. 그렇기 때문에 『주역』에서는 "그러므로 혹시나 하나니 혹시나 하는 것은 의심하는 것으로 그렇기 때문에 허물이 없다."[74]고 하였다.

그러나 일반적인 의심과 학문적인 문제의식은 서로 다르다. 왜냐하면 어떤 일에 대한 의심은 더 이상 일의 진전이 없지만 학문적인 측면에서의 문제의식은 기본적으로 믿음을 바탕으로 이루어지기 때문에 더욱 강하고 지속적인 추진을 하게 된다. 공자는 "어떻게 해야 할 것인가 어떻게 해야 할 것인가라고 말하지 않으면 나도 어떻게 할 수 없을 따름이다."[75]고 하여 문제의식을 깊이 가진 사람만이 가르침을 베풀어서 결과를 얻을 수 있음을 밝히고 있다.

송사가 학문의 과정에서 나타나는 선천적 일이라면 송사가 없는 세계는 곧 천도와 합일(合一)된 세계를 나타낸다. 그러므로 그것은 후천(后天)의 세계라고 할 수 있다. 따라서 반드시 송사가 없게 한다는 것은 후세의 군자로 하여금 반드시 후천의 세계에서 살도록 하겠다는 의미이다.

군자가 천도(天道)와 합일(合一)되었다는 것은 곧 본성(本性)을 자각하였음을 뜻한다. 그리고 본성의 세계가 후천의 세계이다. 그러므로 후천(后天)에 살도록 하는 것은 곧 본성을 주체로 살아가게 함이다. 『주역』에서는 "옛 성인이 역경(易經)을 저작한 목적은 후세의 군자(君子)로 하여금 성명의 이치에 순응(順應)하게 하려함"[76]이라고 하여 군자로 하여금 성명(性命)의 이치(理致)에 순응(順應)하는 후천의 세계에 살도록 하기 위하여 역경을 저작하였음을 밝히고 있다.

주회암은 이 부분을 전(傳)의 제사장(第四章)으로 규정하고, 본말(本末)에 관하여 풀이하고 있다고 하였다.[77]

---

74 『周易』, 重天乾卦(䷀) 九四爻 文言, "故 或之 或之者疑之也 故 无咎."

75 『論語』, 衛靈公, "子曰 不曰如之何 如之何者 吾未如之何也已矣."

76 『周易』, 說卦 第二章, "昔者聖人之作易也는 將以順性命之理니"

77 朱晦菴, 『大學章句』, "右傳之四章 釋本末 此章 舊本誤在止於信下."

【원문】

此謂知本. 此謂知之至也ㅣ니라.

【우리말】

이를 일러 근본을 안다고 하고, 이를 일러 앎의 지극함이라고 한다.

【대학순역】

주회암은 정자(程子)의 주장에 따라서 "이를 일러 근본을 안다고 한다.(此謂知本)"를 연문(衍文)이라고 하였다. 그리고 "이를 일러 앎의 지극함이라고 한다.(此謂知之至也)"에 대하여 "이 구절의 앞에 따로 없어진 문장이 있고, 이것은 다만 결론일 뿐이다."[78]고 하였다. 그리고 이 부분을 전(傳)의 제오장(第五章)으로 규정하고, "격물치지의 뜻을 풀이하였는데 없어졌다. 이 장은 옛 본에는 다음 장과 통하여 경문의 아래에 잘못 놓여 있었다."[79]고 하였다. 그리고 "근간에 일찍이 정자의 뜻을 저으기 취하여 빠진 부분을 보충하여 다음과 같이 말하였다."[80]고 하고 그 내용을 다음과 같이 밝히고 있다.

> 이른바 격물(格物)이 치지(致知)에 있다는 것은 나의 지식을 지극히 하고자 한다면 사물에 나아가 그 이치(理致)를 궁구(窮究)함에 있음을 말한 것이다. 인심(人心)의 영특함은 앎이 있지 않음이 없고, 천하의 사물은 이치가 있지 않음이 없건마는 다만 이치에 대하여 궁구하지 않음이 있기 때문에 그 앎이 다하지 못함이 있는 것이다. 이 때문에 대학에서 처음 가르칠 때에 반드시 배우는 사람으로 하여금 모든 천하의 사물에 나아가서 이미 알고 있는 이치로 인하여 더욱 궁구해서 그 극에 이름을 구하지 않음이 없게 하는 것이다. 그리하여 힘쓰기를 오래하여 하루아침에 활연히 관통함에 이르면 모든 사물의 표리(表裏)와 정조(精粗)가 이르지 않음이 없고, 내 마음의 전체대용이 밝지 않음이 없을

78 朱晦菴, 『大學章句』, "此句之上別有闕文 此特其結語耳"

79 朱晦菴, 『大學章句』, "蓋釋格物致知之義而今亡矣 此章 舊本通下章 誤在經文之下."

80 朱晦菴, 『大學章句』, "間嘗竊取程子之意 以補之曰"

것이니 이것을 물격(物格)이라고 하고, 이것을 지지(知至)라고 한다.[81]

【원문】

所謂誠其意者는 毋自欺也ㅣ니 如惡惡臭하며, 如好好色이 此之謂自謙이니, 故로 君子는 必愼其獨也ㅣ니라.

【우리말】

이른바 그 뜻을 정성스럽게 한다는 것은 스스로를 속이지 않는 것이니 스스로를 속이는 것을 싫어함이 악취를 싫어하듯이 하며, 속이지 않음을 좋아하기를 색을 좋아하듯이 하니 이를 일러 스스로 만족하다고 한다. 그러므로 군자는 반드시 홀로 있을 때를 삼간다.

【대학순역】

앞에서 명명덕과 친민 그리고 지어지선에 관하여 부연하여 설명을 한 후에 이 부분부터는 이른바 여덟 조목으로 나누어 나타낸 대인의 도의 구체적인 내용을 부연하여 설명하고 있다. 다만 격물과 치지는 따로 논하지 않고 나머지 성의, 정심, 수신, 제가, 치국, 평천하에 관하여 논하고 있다.

이 부분에서는 성의를 한마디 말로 나타내어 자기를 속이지 아니함이라고 하였다. 이는 성의를 부정적으로 나타낸 것으로 본래 속이는 자와 속는 자가 둘이 아니고 하나이다. 속이는 자는 개체적 심(心)으로 그것은 자기 중심의 마음 곧 본능을 따라서 일어나는 욕심이며, 속임을 당하는 것은 자신의 본래 면목인 본성(本性)이다. 그러므로 자기가 자기를 속인 마음은 본성(本性)과 괴리(乖離)되어 나타나는 마음이며, 그러한 마음의 내용인 뜻은 거짓된 뜻이기 때문에 성의가 아니다.

---

81 朱晦菴, 『大學章句』, "所謂致知在格物者 言欲致吾之知 在卽物而窮其理也 蓋人心之靈 莫不有知 而天下之物 莫不有理 惟於理有未窮 故其知有不盡也 是以大學始敎 必使學者 卽凡天下之物 莫不因其已知之理而益窮之 以求至乎其極 至於用力之久而一旦豁然貫通焉 則衆物之表裏精粗 無不到 而吾心之全體大用 無不明矣 此謂物格 此謂知之至也"

그러나 자기가 자기에게 진실하면 그것은 곧 자기가 자기를 공경하는 것이며, 자기가 자신에게 만족하는 것이다. 자기가 자기를 속이지 않음을 색을 좋아하듯이 좋아하며, 자기가 자기를 속임을 싫어함이 악취를 싫어하듯 하는 것이 바로 자기가 자기를 공경하여 진실하게 대하는 것이다.

자기가 자기를 공경하는 까닭은 형이상적 자기와 형이하적 자기가 체용의 관계이기 때문이다. 체용은 본래 일체적이면서 서로 구분되어지는 관계이다. 그러므로 양자를 구분하여 그 관계를 중심으로 나타내면 개체적 자기가 전체적 자기를 따르고, 형이하적 자기가 형이상적 자기를 따르는 것이라고 할 수 있다.

홀로라는 것은 남과 내가 서로 떨어져 있음의 의미가 아니라 나와 남이 하나임, 일체라는 의미이다. 그러므로 형이상적 자기, 본래적 자기를 가리키는 개념이다. 학문을 통하여 덕을 쌓고자 하는 군자는 형이하의 관점에서 형이상의 세계에 도달하고자 하는 존재이다. 그러므로 마음을 항상 형이상의 근원적 세계에 두지 않을 수 없다. 그렇기 때문에 군자는 반드시 신독(愼獨)한다고 하였다.

그런데 자기가 자기를 속임이 없음이 성의라면 본래 자기와 현실적 자기가 하나가 되었을 때가 바로 성의(誠意)이다. 다시 말하면 본성을 자각하고 천명(天命)을 자각함으로써 본성과 하나가 되고, 천명과 하나가 되었을 때 나타나는 마음의 내용이 바로 성의인 것이다.

『주역』에서는 괘효(卦爻)를 통하여 표상되는 역도를 성인의 뜻(聖人之意)[82]으로 규정하고 있다. 그리고 성인의 뜻을 따라서 그 마음과 하나가 되어 성인의 뜻을 실천하는 존재가 군자이다. 그러므로 성의는 도제천하(道濟天下)하고자 하는 군자의 뜻, 백성들을 도덕적 세계로 이끌고자 하는 뜻을 가리킨다. 성덕된 군자의 뜻이 성의인 것이다. 그렇기 때문에 성

82 『周易』, 繫辭上篇 第十二章, "子曰書不盡言하며 言不盡意니 然則聖人之意를 其不可見乎아 聖人이 立象하야 以盡意하며 設卦하야 以盡情僞하며 繫辭焉하야 以盡其言하며 變而通之하야 以盡利하며 鼓之舞之하야 以盡神하니라."

의는 천지의 마음과 하나가 된 마음이며, 천지의 뜻과 하나가 된 뜻이다.

【원문】

小人이 閒居에 爲不善하되 無所不至하다가 見君子而后에 厭然揜其不善하고 而著其善하나니 人之視己ㅣ 如見其肺肝이니 然則何益矣리오.

【우리말】

소인은 한가하게 거처할 때는 불선(不善)을 행함이 이르지 못할 곳이 없다가 군자(君子)를 보면 암연히 그 불선(不善)을 가리고 선(善)을 드러낸다. 사람들의 보는 것이 폐와 간을 보는 듯이 분명하니 무슨 이로움이 있겠는가?

【대학순역】

이 부분에서는 군자가 아닌 소인(小人)을 중심으로 성의를 부연(敷衍)하여 설명하고 있다. 소인은 불선(不善)을 행하는 존재이다. 그것도 이르지 못한 곳이 없다는 것은 언제 어디서나 거리낌이 없음을 뜻한다.

불선은 자기가 가기를 속임을 뜻한다. 그것은 개체적 자기가 본래적 자기를 무시하고 방자(放恣)하게 행함을 뜻한다. 『주역』에서는 본래적 자기(自己)와 비본래적(非本來的) 자기(自己)를 선후 관계를 통하여 개체적 자기가 본래적 자기를 앞서면 미혹되고, 개체적 자기가 본래적 자기를 앞세우면 주체를 얻어서 이롭다[83]고 하였다.

그런데 소인(小人) 자신도 그것을 모르는 것이 아니다. 그렇기 때문에 자기와 자기가 하나가 되어 살아가는 군자를 보면 자신의 불선(不善)을 감추고 선(善)을 드러내려는 것이다. 그러나 선과 불선은 모두 감추고자 하여 감출 수 없는 것이다. 왜냐하면 사람의 본성은 본래 일체일 뿐만 아

83 『周易』, 重地坤卦(䷁) 卦辭, "先하면 迷하고 後하면 得主하야 利하니라."

니라 천지의 본성과 일체이기 때문에 소인(小人)의 불선(不善)을 그대로 온 우주가 알기 때문이다. 그래서 다른 사람이 자기 자신의 불선을 봄이 폐와 간을 보듯이 분명하다고 하였다.

『논어』에서는 그 사람의 행동을 보아서 이익을 추구하는가 아니면 의(義)를 추구하는가를 살피고, 그 사람이 소인의 도(道)를 좇는가 아니면 군자의 도(道)를 좇는가를 관찰하면 결코 속일 수 없다[84]고 하였다.

그러면 불선을 감출 수 없다면 어떻게 해야 하는가? 당연히 스스로 자신을 속이지 않아야 한다. 그것은 학문을 통하여 소인의 상태를 벗어나서 군자에 이르러야함을 뜻한다. 성의(誠意)를 논하면서 군자와 소인을 언급한 까닭은 평면적 관점에서 서로 비교하여 시비(是非)를 가리려는 것이 아니라 학문의 관점에서 소인(小人)의 차원에서 군자의 차원으로 변화해야함을 밝힌 것이다.

시간의 관점에서 변화를 중심으로 소인과 군자의 관계를 살펴본다는 것은 곧 형이하의 관점이 아닌 형이상의 관점에서 양자의 관계를 살펴봄을 뜻한다. 형이상의 관점이란 소인과 군자의 언행을 중심으로 살펴보는 것이 아니라 그 존재 근거인 본성의 관점에서 살펴보는 것이다.

형이상의 차원에서 보면 소인의 본성과 군자의 본성이 다르지 않기 때문에 가치상의 우열이 있지 않다. 그러므로 소인(小人)도 불선(不善)을 잘 알고 자신의 불선한 행동을 드러내지 않으려고 한다. 바로 그 점에서 군자와 소인을 막론하고 선과 불선을 알고 선을 행하고자 하는 본성이 있음을 알게 된다.

소인이 비록 본성을 속이고 불선을 행하며 살아가지만 선과 불선을 알고 선을 행하는 것이 바른 것임을 알기 때문에 비록 불선을 행하더라도 그것 역시 선을 행하는 군자가 되어가는 과정에서 나타나는 현상이라고 할 수 있다. 그런 점에서 빠르고 느리고의 차이는 있을지라도 언젠가는

84 『論語』, 爲政, "子曰 視其所以 觀其所由 察其所安 人焉廋哉 人焉廋哉"

반드시 모두 군자가 된다는 점에서 소인과 군자를 엄격하게 구분하여 가치상의 우열(優劣)을 정할 수 없는 것이다.

군자와 소인의 관계는 도서상수(圖書象數)원리를 중심으로 살펴보면 보다 분명하게 드러난다. 선천(先天)이 비록 윤역(閏曆)의 시대로 음(陰)과 양(陽)이 나누어져서 성장하지만 그러나 음양(陰陽)의 윤역 자체는 본체도수인 십오도(十五度)가 나누어져서 윤도수(閏度數)가 된 것이다. 따라서 윤역이라고 하여 본체(本體)의 작용을 벗어난 것은 아니다.

역생도성(逆生倒成)의 관점에서 원역(原曆)으로부터 윤역이 시생하여 생장하지만 도생역성(倒生逆成)의 관점에서 보면 그것이 모두 본체도수의 작용에 불과하다. 본래 윤역의 선천과 음양이 합덕된 정역(正曆)의 후천(後天)은 일체적 관계이기 때문이다. 『정역(正易)』에서는 "선천은 후천에 정사(政事)하고, 후천은 선천에 정사한다."[85]고 하여 이 점을 분명하게 밝히고 있다.

간지도수(干支度數)원리를 중심으로 살펴보면 본체와 작용이 합덕된 본래의 세계 자체를 그대로 표상한 것이 간지도수이다. 그렇기 때문에 간지도수(干支度數)가 표상하는 세계는 음양(陰陽)이 합덕(合德)된 세계로 그 가운데서 음양(陰陽)의 윤역(閏曆)이 생장하여 정역(正曆)으로 변화하는 선후천변화가 이루어지는 것이다. 선후천이 합덕된 본래의 세계 안에서 선천에서 후천으로의 변화가 이루어지는 것이다.

천도의 선후천원리에 근거하여 이루어지는 인도 역시 음양의 윤역원리를 중심으로 군자와 소인의 관계를 고찰할 수 있다. 역수원리의 관점에서 보면 소인(小人)이 학문을 통하여 군자로 변화하는 것 역시 천도의 안에서 이루어지는 것이다. 그것은 인간의 성명지리(性命之理)라는 본원적(本源的) 세계 안에서 이루어지는 작용이 소인이 군자로 변화하는 작용임을 뜻한다.

---

85 金恒, 『正易』 第四張, "后天은 政於先天하니 水火니라. 先天은 政於后天하니 火水니라."

【원문】

此謂誠於中이면 形於外니 故로 君子는 必愼其獨也ㅣ니라.

【우리말】

이를 일러 성(誠)이 마음 가운데 있으면 밖으로 드러난다고 한다. 그러므로 군자는 반드시 홀로 있을 때를 삼가야 한다.

【대학순역】

이 부분에서는 군자가 항상 본성에 마음을 집중(執中)하여 마음 안팎에서 일어나는 모든 사건을 엄밀하게 살피는 것을 게을리 하지 않고 한결같이 신독(愼獨)함을 성(誠)과 언행(言行)의 관계를 중심으로 다시 부연하여 설명하고 있다.

소인은 몸과 그 존재근거인 본성을 둘로 나누어 보기 때문에 마음을 감출 수 있다고 생각한다. 그러나 군자는 본성과 그 작용으로서의 마음 그리고 그 결과인 몸을 통하여 드러나는 언행이 일체임을 알기 때문에 언행 이전에 마음을 바르게 하고, 마음의 내용인 뜻을 정성스럽게 하는 것이다.

중심에 성(誠)이 있으면 밖으로 드러난다는 것은 바꾸어 말하면 성(誠)이 내외(內外)를 합덕(合德)시키는 존재라는 의미가 된다. 그렇기 때문에 『중용』에서는 성(誠)이 자기만을 완성시키는 것이 아니라 만물을 완성시키는 존재라고 규정한 후에 자기를 완성시키는 것이 인(仁)이며, 사물을 완성시키는 것이 지(知)로 그것이 바로 성(性)의 덕(德)으로 내외(內外)를 합덕(合德)시키는 도[86]라고 하였다.

성(誠)이 인물(人物)을 합덕(合德)시키는 도(道)라는 것은 곧 성(誠)이

86 朱晦菴, 『中庸章句』 第25章, "誠者는 物之終始니 不誠이면 無物이니 是故로 君子는 誠之爲貴니라. 誠者는 非自成己而已也ㅣ라 所以成物也ㅣ니 成己는 仁也ㅣ오 成物은 知也ㅣ니 性之德也ㅣ라 合內外之道也ㅣ니 故로 時措之宜也ㅣ니라."

천도와 인도를 일관하는 원리인 동시에 천(天)과 인(仁)을 합덕(合德)시키는 원리임을 뜻한다. 그렇기 때문에 『중용』에서는 "성(誠)은 천도이고, 성(誠)하는 것은 인도이다."[87]고 하여 천도와 인도를 일관하는 존재가 성(誠)임을 밝히고 있다.

신독(愼獨)은 성의(誠意)의 공부방법이라고 할 수 있다. 신독(愼獨)의 독(獨)을 일반적으로는 남과 떨어져 있음의 의미로 이해하여 남이 알지 못하고 자신만 아는 곳으로 이해하고 있다. 그러나 나와 남이라는 구분은 단지 물리적 관점, 형이하적 관점에서 이루어지는 것으로 그러한 나는 본래적 나가 아니다. 본래의 나는 나와 남이 없는 형이상적 차원의 나이며, 그것은 도덕주체로서의 참된 나이다. 그러한 참된 나로 살아가는 존재를 성덕된 존재로서의 성인과 군자라고 한다. 그러므로 군자의 차원에서는 독(獨)이라는 것은 나와 남이 하나가 된 일체를 가리킨다. 곧 천지(天地)합덕(合德), 천인(天人)합덕, 신물(神物)합덕, 신인(神人)합덕된 세계를 나타내는 것이 독(獨)인 것이다.

독(獨)이 형이상적 존재인 도덕주체성을 가리키기 때문에 신독(愼獨)은 곧 도덕주체성을 향하여 항상 깨어있음의 의미가 된다. 신독(愼獨)의 구체적인 방법은 『서경』의 "유정유일(惟精惟一)"과 『대학』의 "지지이후유정(知止而后有定)"에서 찾을 수 있다. 마음을 항상 엄밀하게 관찰하여 본성을 향하게 하는 일(惟精惟一)이 신독(愼獨)이다. 그것을 『대학』에서는 마음이 밖으로 형이하의 세계를 향하여 나아가는 것을 알고 그것을 그쳐서 본성으로 되돌려서 마음이 한 곳으로 향하게 함(知止而后有定)으로 밝히고 있다.

신독(愼獨)을 개체적 자기를 중심으로 나타내면 부정적 언사(言事)를 통하여 표현된다. 『논어』에서는 "자기를 이겨서 예(禮)로 돌림으로써 인(仁)

87 朱晦菴, 『中庸章句』 第20章, "誠者는 天之道也ㅣ오 誠之者는 人之道也ㅣ니 誠者는 不勉而中하며 不思而得하야 從容中道하나니 聖人也ㅣ오 誠之者는 擇善而固執之者也ㅣ니라."

을 주체로 한다."[88]고 하여 개체적 자기를 극복해야함을 밝히고 있다. 극복의 대상인 자기는 본래는 존재하지 않는 허상적(虛像的) 존재이다. 다시 말하면 본성이라는 형이상적 존재근거가 없는 사고의 주체로서의 나 또는 몸을 움직이는 나는 없다. 그럼에도 불구하고 사고 자체를 자기 자신으로 착각하여 집착하면 성의(誠意)가 되지 않는다. 『주역』에서는 "앞서면 미혹되며, 뒤로 하면 주체를 얻어서 이롭다."[89]고 하였다. 이는 극기의 구체적인 방법으로 사고 자체를 주체적 존재로 착각하면 본성을 찾지 못하기 때문에 사고 자체도 본성의 현현임을 믿는 것이 중요함을 뜻한다.

【원문】

曾子ㅣ 曰十目所視며 十手所指니 其嚴乎인져.

【우리말】

증자(曾子)가 말하기를 "열개의 눈이 보고 열 개의 손가락이 가리키니 그 무섭구나."라고 하였다.

【대학순역】

일상적인 관점에서 보면 열개의 눈과 열개의 손은 곧 다섯 사람으로 많은 사람을 뜻한다. 따라서 이 부분은 나의 언행을 많은 사람들이 보고 있기 때문에 삼가지 않을 수 없음을 나타낸 것이라고 할 수 있다.

그러나 역수원리를 중심으로 도생역성의 관점에서 보면 십(十)은 근원적 존재인 무극(无極)을 가리키는 개념이다. 그러므로 십목(十目), 십수(十手)는 천지의 마음이 천지의 눈으로 보고, 천지의 손가락으로 가리킴을 뜻한다.

---

88 『論語』, 顔淵, "克己復禮爲仁"

89 『周易』, 重地坤卦(䷁) 卦辭, "先하면 迷하고 後하면 得主하야 利하니라."

천지의 마음은 곧 모든 사람의 마음으로 그것은 본성이 그대로 발현된 마음이다. 이처럼 천지의 마음과 개체적 사람의 마음이 서로 다르지 않기 때문에 내 마음에서 일어나는 모든 것은 천지가 알게 된다. 내가 알면 천지가 알고, 내가 행하면 천지가 행하는 것이다. 그렇기 때문에 『중용』에서 "감추어져 있는 것보다 잘 드러난 것이 없고, 미세한 것보다 잘 드러난 것이 없다."[90]고 하였다. 개체적 관점에서 보면 감추어져 있는 것 같지만 온 천지에 드러나고, 작은 것 같지만 온 천지가 다 보는 것이다.

그러나 이를 『정역』에서 밝히고 있는 간지도수(干支度數)를 중심으로 나타내면 십목(十目)은 기사(己巳)를 가리키고, 십수(十手)는 기해(己亥)를 가리킨다고 할 수 있다. 기사(己巳)와 기해(己亥)는 간지도수의 관점에서는 십무극(十无極)원리를 그 작용인 수화(水火)를 통하여 나타낸 것이다. 『정역』에서는 기사(己巳), 기해(己亥)와 무술(戊戌), 무진(戊辰)을 통하여 천심(天心)과 지심(地心)을 표상하고 있다.[91]

괘효(卦爻) 역학(易學)의 관점에서 이 부분을 이해하면 십목(十目)과 십수(十手)는 하나의 중괘(重卦) 괘상(卦象)을 표상한다고 할 수 있다. 설괘(說卦)에 의하면 눈은 이괘(離卦)를 표상하며, 손은 간괘(艮卦)를 표상한다.[92] 그러므로 이괘(離卦)와 간괘(艮卦)에 의하여 구성된 중괘(重卦)인 화산려(火山旅), 또는 산화비괘(山火賁卦)를 가리키는 개념이라고 할 수 있다.

삼극(三極)의 도(道)를 중심으로 십목(十目), 십수(十手)를 살펴보면 십목(十目)과 십수(十手)는 다섯 사람을 가리킨다. 그러므로 군자(君子)의 언행(言行)이 오황극(五皇極)을 본체(本體)로 이루어지므로 오황극(五皇極)의 현현(顯現)이 언행(言行)임을 나타내는 것으로 생각할 수 있다.

---

90 朱晦菴, 『中庸章句』 第一章, "莫見乎隱이며 莫顯乎微니 故로 君子는 愼其獨也ㅣ니라."

91 『正易』의 「无極體位度數」와 「皇極體位度數」에서는 己亥, 己巳, 戊辰, 戊戌을 중심으로 天心은 "己巳, 戊辰, 己亥, 戊戌이니라."라고 하였고, 地心을 "戊戌, 己亥, 戊辰, 己巳니라."라고 하였다.

92 『周易』, 說卦 第九章, "乾爲首오 坤爲腹이오 震爲足이오 巽爲股오 坎爲耳오 離爲目이오 艮爲手오 兌爲口라."

【원문】

富潤屋이오 德潤身이라 心廣體胖하나니 故로 君子는 必誠其意하니라.

【우리말】

부유함은 집을 윤택하게 하고, 덕은 몸을 윤택하게 하니 마음이 넓으면 몸도 살찌게 된다. 그러므로 군자는 반드시 그 뜻을 정성스럽게 한다.

【대학순역】

이 부분은 격물(格物)로부터 성의(誠意)에 이르기까지의 과정을 몸과 마음을 바탕으로 밝히고 있다. 덕(德)은 본성(本性)을 자각하였을 때 갖추어지게 되는 것이다. 그러므로 덕(德)이 몸을 윤택하게 한다는 것은 격물치지(格物致知)가 되면 성의(誠意)가 되고, 성의(誠意)가 되면 정심(正心)이 되며, 정심(正心)이 되면 수신(修身)이 됨을 밝힌 것이다. 그것을 다시 정심(正心)과 수신(修身)을 중심으로 나타낸 것이 다음 부분이다. 마음이 넓으면 몸이 살찐다는 것은 성의가 되면 정심이 되고, 정심이 되면 수신이 됨을 나타낸 것이다.

그런데 마음이 넓으면 몸이 살찐다는 것은 마음이 넓어야 그 사람의 세계가 넓어짐을 나타낸 것이다. 마음이 몸에 갇혀 있으면 그 사람의 세계가 몸에 한정이 되기 때문에 작은 세계에서 살아가는 사람이라는 의미에서 소인(小人)이라고 한다. 그러므로 몸이 살찐다는 것은 생리적인 몸이 윤택해지는 것을 가리키는 것에 그치지 않고 그 사람이 살아가는 차원(次元)이 변화(變化)함을 뜻한다.

마음이 넓으면 몸도 살이 찌게 되기 때문에 마음이 넓어지려면 덕(德)을 쌓아야 하며, 덕(德)을 쌓으려면 반드시 뜻을 정성스럽게 해야 하고, 성의(誠意)가 되려면 지혜(智慧)가 있어야 하며, 지혜(智慧)가 있으려면 격물(格物)이 되어야 한다. 결국 이 부분은 격물치지(格物致知)로부터 성의(誠意)가 됨을 정심(正心)과 수신(修身)을 통하여 나타낸 것이라고 할 수 있다.

주회암은 이 부분까지를 전(傳)의 제육장(第六章)으로 규정하고, 성의(誠意)를 풀이하고 있다고 하였다.[93]

【원문】

所謂脩身이 在正其心者는 身有所忿懥則不得其正하고 有所恐懼則不得其正하고 有所好樂則不得其正하고 有所憂患則不得其正이니라.

【우리말】

이른바 몸을 닦는 것이 마음을 바르게 함에 있다는 것은 몸에 화나는 것이 있으면 바름을 얻지 못하며, 두려워하는 것이 있으면 바름을 얻지 못하며, 좋아하고 즐겨하는 것이 있으면 바름을 얻지 못하며, 근심하고 걱정하는 것이 있으면 바름을 얻지 못함을 가리킨다.

【대학순역】

이 부분에서는 정심(正心)을 통하여 수신(修身)이 이루어짐을 밝히고 있는데 마음이 희노애락(喜怒哀樂)의 정(情)으로 발현된 관점에서 몸(身)과 마음(心)을 중심으로 논하고 있다.

원문을 보면 우환(憂患), 호요(好樂), 공구(恐懼), 분치(忿懥)가 있음으로 인하여 마음의 바름을 얻지 못한다고 하였다. 이는 희노애락의 정이 있으면 바른 마음이 될 수 없다고 하는 것과 같다. 따라서 희노애락의 감정이 없어야 비로소 정심이 될 수 있다고 오해할 수 있다.

그러나 만약 사람이 희노애락의 감정이 없다면 그를 사람이라고 할 수 없다. 뿐만 아니라 마음 자체도 바른 마음(正心)과 바르지 못한 마음이 따로 없다. 그럼에도 불구하고 『서경』에서는 도심(道心)과 인심(人心)[94]

93 朱晦菴, 『大學章句』, "右傳之六章 釋誠意."

을 구분하여 나타내고 있다. 이는 마음이 발현된 상태를 중심으로 나타낸 것일 뿐 도심과 인심이 별개의 존재임을 밝힌 것이 아니다. 다시 말하면 형이상의 관점에서 마음을 나타내면 도심(道心)이고, 형이하의 관점에서 사람을 중심으로 나타내면 인심(人心)일 따름이다.

원문에서 언급되고 있는 바른 마음 역시 마음 자체를 가리키는 것이 아니라 바르게 작용하는 마음을 가리킨다. 그러므로 용심(用心)의 관점에서 보면 정심은 곧 바르게 발용된 마음이라고 할 수 있다.

정심이 바르게 발용된 마음이라고 할 때 그 전제조건인 우환(憂患), 호요(好樂), 공구(恐懼), 분치(忿懥)가 없어야한다는 것은 곧 희노애락(喜怒哀樂)이 절도에 맞게 발용됨을 뜻한다. 『중용』에서는 희노애락(喜怒哀樂)의 정(情)이 절도에 맞게 발용됨을 중화(中和)를 이룬 마음[95]으로 나타내고 있다. 중화(中和)를 이룬 마음은 인간의 본성이 그대로 발현된 마음을 가리킨다. 따라서 중화(中和)를 이룬 마음이 인간의 본래의 마음인 동시에 참된 마음이고 바른 마음이다.

그런데 희노애락의 감정이 절도에 맞게 발용되지 못하는 까닭은 마음 가운데서 호오(好惡), 시비(是非), 선악(善惡)과 같은 분별심이 있기 때문이다. 마음 가운데 분별심이 일어나면 대상 사물에 끌려가서 집착을 하게 되고, 마음이 사물에 끌려가면서 희노애락의 감정이 절도에 맞게 발용되지 못하게 된다.

또한 마음이 시비(是非), 대소(大小), 선악(善惡), 미추(美醜) 등의 가치에 집착(執着)하면 사물을 보아도 그 본질을 볼 수 없다. 오직 정심(正心)을 통해서만이 본질(本質)을 파악할 수 있을 뿐이다. 그렇기 때문에 정심이 아닌 마음으로 감각기관을 움직여도 보고 듣고 냄새를 맡을 수 없다고 하였다.

---

94 『書經』, 大禹謨, "人心惟危 道心惟微 惟精惟一 允執厥中"

95 朱晦菴, 『中庸章句』 第一章, "喜怒哀樂之未發을 謂之中이오 發而皆中節을 謂之和ㅣ니 中也者는 天下之大本也ㅣ오 和也者는 天下之達道也ㅣ니라. 致中和ㅣ면 天地ㅣ 位焉하며 萬物이 育焉이니라."

본래 마음에는 우환(憂患), 호요(好樂), 공구(恐懼), 분치(忿懥)가 없다. 그럼에도 불구하고 스스로 분치(忿懥), 공구(恐懼), 우환(憂患), 호요(好樂)을 만들어서 그 가운데 함몰(陷沒)되는 것이 소인(小人)이며, 희노애락(喜怒哀樂)의 감정을 절도(節度)에 맞게 발용(發用)하여 함이 없이 함으로써 항상 정심(正心)이 되는 것이 군자(君子)이다.

【원문】

心不在焉이면 視而不見하며, 聽而不聞하며, 食而不知其味니라. 此謂脩身이 在正其心이니라.

【우리말】

마음이 없으면 보아도 보이지 않으며, 들어서 들리지 않고, 먹어도 그 맛을 모른다. 이것을 일러서 몸을 닦음이 마음을 바르게 함에 있다고 한다.

【대학순역】

이 부분 역시 수신(修身)이 정심(正心)에 있음을 밝히고 있다. 이 부분의 중심 개념은 심(心)이다. 심(心)을 형이상적 관점에서 보는가 아니면 형이하적 관점에서 보는 가에 따라서 그 내용이 달라진다.

우선 일상적인 관점에서 심(心)을 이해하면 마음이 없다는 것은 관심(關心)이 없다는 것을 뜻한다. 그러므로 위의 내용은 관심(關心)이 없으면 마음이 몸을 주재(主宰)하지 못하기 때문에 형상(形象)을 보아도 형상 자체가 보이지 않고, 소리를 들어도 소리 자체가 들리지 않으며, 음식을 먹어도 음식의 맛 자체를 볼 수 없음을 뜻한다.

그러나 마음을 형이상적 관점에서 역생도성(逆生倒成)을 중심으로 이해하면 입지(立志)가 되지 않아서 궁리(窮理)가 되지 않은 상태에서는 일상의 어떤 일을 당해서도 그 근원을 만날 수 없음을 뜻한다. 따라서 이러한 관점에서는 근원적인 세계를 모르고 살아가는 소인의 세계를 마음을 중심으로 나타낸 것이다.

형이상적 관점에서 마음은 그 존재근거인 본성(本性), 그리고 본성의 존재근거인 천도(天道)를 가리킨다. 다시 말하면 본성이 그대로 발현된 존재를 가리키는 개념이 마음으로 그것이 바로 정심(正心)이다. 다만 그것이 본래의 마음이기 때문에 정심(正心)이라고 하지 않고 그냥 심(心)이라고 하였다. 따라서 "마음이 없다."는 것은 "정심(正心)이 없다."는 것으로 그것은 본성과 어긋나게 발용(發用)하는 마음인 욕심(慾心)을 가리킨다. 욕심에 의하여 감각기관을 주재하면 곧 형상, 소리, 맛과 같은 형이하적 존재에 매달려서 그 존재근거인 형이상적 존재와 만날 수 없다. 그러므로 정심(正心)이 아니면 물리적 존재를 아무리 보아도 형상만을 볼 뿐 그 존재근거인 천도(天道)를 볼 수 없고, 아무리 소리를 들어도 그 존재근거인 천도(天道)를 들을 수 없으며, 아무리 맛을 보아도 그 존재근거인 천도(天道)를 맛보지 못하는 것이다.

그러나 도생역성의 관점에서 보면 정심(正心)을 주체로 살아가는 사람은 곧 본성을 주체로 살아가는 사람이다. 본성을 주체로 살아가는 사람은 다름 아닌 군자이다. 본성을 주체로 살아가는 군자는 형이하의 세계에 얽매이지 않을 뿐만 아니라 형이상의 세계에도 얽매이지 않는다. 그렇기 때문에 감각기관을 통하여 형상, 소리, 맛을 만나면서 동시에 그 존재근거인 천도(天道)와 만나게 된다. 다시 말하면 정심(正心)이 감각기관을 주재하면 항상 형이하의 사물적 존재와 형이상적 존재를 동시에 만나는 것이다.

그런데 정심(正心)의 상태는 다름 아닌 무심(無心)의 상태이다. 형이상과 형이하의 어느 것에도 얽매임이 없기 때문에 무심(無心)인 것이다. 그것은 다시 말하면 나와 남을 구분하여 집착하는 마음이 없는 것을 뜻한다. 따라서 무심(無心)은 곧 무아(無我)를 뜻한다. 내가 없기 때문에 나와 대응하는 사물이 존재할 수 없다. 그러므로 무심(無心)의 상태에서 감각기관을 통하여 만나는 사건과 물건 그 어떤 것에도 흔들리지 않는다.

무심(無心)의 상태에서 눈으로 무엇을 보아도 보이는 모습에 끌려 다니지 않기 때문에 어떤 형상을 보아도 보는 바가 없으며, 귀로 무엇을 들어도 들리는 소리에 끌려 다니지 않기 때문에 어떤 소리를 들어도 들은 바가 없고, 입으로 어떤 음식을 먹어도 음식의 맛에 끌려 다님이 없기 때문에 혀로 맛을 보아도 맛을 본 바가 없는 것이다. 그러므로 군자는 무엇을 하여도 함이 없이하기 때문에 그 결과를 자신의 공(功)으로 여기지 않고 항상 겸손(謙遜)하게 된다.

주회암은 이 부분을 전(傳)의 제칠장(第七章)으로 규정하고 정심(正心), 수신(修身)을 풀이하고 있다고 하였다.[96]

【원문】

所謂齊其家ㅣ 在脩其身者는 人이 之其所親愛而辟焉하며, 之其所賤惡而辟焉하며, 之其所畏敬而辟焉하며, 之其所哀矜而辟焉하며, 之其所敖惰而辟하나니,

【우리말】

이른바 집을 다스림이 그 몸을 닦는데 있다는 것은 사람들이 친애하는 것에 편벽되며, 천하게 여기고 싫어하는 바에 편벽되고, 두려워하고 공경하는 것에 편벽되며, 가엽게 여기고 불쌍하게 여기는 것에 편벽되며, 거만하고 태만히 여기는 것에 편벽된다.

【대학순역】

군자의 도를 여덟 조목을 통하여 밝히고 있는 부분 가운데서 제가(齊家) 이후는 삼강령을 중심으로 나타내면 친민(親民)을 단계적으로 나타낸 것이라고 할 수 있다. 친민을 가정 사회를 중심으로 제가(齊家)로 논

---

96 朱晦菴, 『大學章句』, "右傳之七章 釋正心修身."

하고, 국가 사회를 중심으로 치국(治國)으로 논하고, 천하를 중심으로 평천하(平天下)로 논한 것이다.

그런데 친민(親民)은 덕(德)을 주체로 그것을 작용의 관점에서 나타낸 것이다. 그렇기 때문에 친민의 내용을 구체적으로 밝힌 제가(齊家), 치국(治國), 평천하(平天下)에서는 몸(身)을 중심으로 먼저 제가(齊家)를 논하고 이어서 치국(治國)과 평천하(平天下)를 논한 것이다.

제가(齊家)가 수신(修身)에 있다는 것은 제가(齊家) 이하가 몸을 통하여 이루어지는 실천의 관점에서 논함을 밝힌 것이다. 명덕(明德)이 주체가 되어 이루어지는 군자(君子)의 언행(言行)이 가정에서는 제가(齊家)로 드러난다.

그런데 가정을 다스리기 위하여 전제되는 선결(先決) 조건인 수신(修身)은 마음이 시비(是非), 선악(善惡), 귀천(貴賤) 등의 어느 한 쪽에 머물지 않음을 통하여 이루어진다. 수신(修身)은 마음 가운데서 유무(有無), 시비(是非), 선악(善惡), 대소(大小), 미추(美醜), 귀천(貴賤)의 어느 일면에 치우침이 없어서 사물을 평등하게 대할 수 있을 때 비로소 가능한 것이다. 이는 바꾸어 말하면 군자(君子)의 언행(言行)은 어떤 존재를 대할 때도 항상 유무(有無), 귀천(貴賤), 시비(是非), 선악(善惡), 미추(美醜)에 관계없이 평등하게 대하여야 함을 나타낸 것이다.

이 부분에서 제가(齊家)의 조건(條件)이 수신(修身)에 있음을 밝히면서 마음 가운데서 친애(親愛)하고, 천오(賤惡)하고, 외경(畏敬)하고, 애긍(哀矜)하고, 오타(敖惰)하는 바가 있으면 마음이 한 쪽으로 치우친 것이 있다고 말한 까닭은 사람이 분별지(分別智)에 빠져서 가치(價値)를 부여하고 집착(執着)하면 그 반대의 면을 볼 수가 없어서 올바른 판단과 행동을 할 수 없기 때문이다. 그러므로 이 부분에서 밝히고 있는 수신(修身)의 방법 역시 이분법적(二分法的) 사고(思考)의 지양(止揚)이라고 할 수 있다.

이분법적 사고의 지양은 『논어』에서는 극기(克己)로 규정하고 있고, 『대학』에서는 공간적 관점에서 물건(物件)을 중심으로 그 변화하는 형상

(形狀)에 집착(執着)하지 말 것을 나타낸 것이다. 만약 그 어떤 것을 친애(親愛)하거나 천(賤)하게 여기고 싫어하는 것과 같은 기준을 세우고, 그 기준에 따라서 언행(言行)을 판단하면 상대방의 언행을 올바로 이해할 수 없다. 그렇기 때문에 상대방의 언행이 아닌 그 근본(根本)인 본성(本性)을 보는 것이 바로 수신(修身)이라고 할 수 있다.

제가(齊家)가 수신(修身)에 있음을 부모와 자식의 관계를 중심으로 살펴보면 부모는 자식을 대할 때 자신의 좋아하는 것을 자식이 추구(追求)하기를 바라고 자신이 천(賤)하게 여기고 싫어하는 일을 하지 않기를 바라기 때문에 오히려 자식의 앞길을 막는 결과를 낳게 된다. 또한 자식을 너무 친애(親愛)하거나 불쌍하게 여기게 되면 역시 그러한 마음에 사로잡혀서 자식을 자식으로 대할 수 없게 된다. 이는 모두 자식을 형이상적 관점에서 자신과 같은 인격 주체로 대하는 것이 아니라 자신의 소유물로 여기기 때문이다. 그러므로 부모가 자식에게 예(禮)로 대할 수 없게 되는 것이다. 부모의 자식에 대한 예(禮)는 자애(慈愛)로 나타난다. 자애(慈愛)는 무조건적이지 어떤 조건도 붙여서는 안 된다. 왜냐하면 인(仁)이 바탕이 되어 나타난 것이 바로 예(禮)이기 때문이다.

【원문】

故로 好而知其惡하며, 惡而知其美者ㅣ 天下에 鮮矣니라. 故로 諺에 有之하니 曰人이 莫知其子之惡하며, 莫知其苗之碩이라하니라. 此謂身不脩ㅣ면 不可以齊其家니라.

【우리말】

그러므로 좋아하면서도 그 잘못을 알며, 싫어하면서도 그 아름다움을 아는 사람은 천하에 드물다. 그러므로 속담에 이르기를 "사람들은 자식의 악함을 알지 못하고, 싹의 큼을 알지 못한다."고 하였다. 이를 일러 몸이 닦여지지 않으면 그 가정이 다스려지지 않는다고 말한다.

【대학순역】

이 부분에서는 앞부분에 이어서 제가(齊家)의 조건이 수신(修身)임을 부자(父子)의 관계를 통하여 밝히고 있다.

만약 어떤 사람이 다른 사람을 좋아하면서도 그 사람의 불선(不善)을 알려면 스스로 좋아함에 함몰되지 않아야 한다. 그것은 곧 좋아하면서도 좋아하는 내가 없어야함을 뜻한다. 그렇기 때문에 좋아하지만 좋아함이 없는 것이다. 어떤 대상을 싫어하면서도 그 아름다움 또는 장점을 알려면 싫어함 자체에 빠지지 않아야 한다.

다른 사람을 좋아하거나 싫어하면서도 시비(是非)를 가릴 수 있음은 현상적 측면에서 그 사람의 사고나 언행에 얽매이지 않음을 뜻한다. 다시 말하면 그 사람이 선(善)한 사고(思考)를 하거나 불선(不善)한 사고를 하는 것을 막론하고 그것이 모두 본성의 작용임을 알 때 그것에 얽매이지 않으며, 그 사람이 선한 행동을 하거나 불선한 행동을 하는 것을 보고 그 근원이 본성(本性)임을 알 때 비로소 그 어떤 말과 행동에도 얽매이지 않는 것이다.

형이상의 세계를 알아야 형이하의 세계에 얽매이지 않고, 형이하의 세계를 알아야 형이상의 세계에 얽매이지 않는다. 형이상과 형이하 어느 일면에도 과불급이 없이 자유로워야 비로소 양면을 모두 밝게 볼 수 있고 걸림이 없이 살아갈 수 있는 것이다. 그러므로 위의 내용은 곧 그 사람이 형이상과 형이하 그 어느 것에도 얽매임이 없어야 수신(修身)이 되고, 제가(齊家)가 됨을 밝힌 것이다.

역생도성(逆生倒成)의 관점에서 보면 형이상의 근원을 알기 위해서는 학문을 통하여 자기를 버리는 극기(克己)가 되어야하고, 극기(克己)가 되면 형이상의 근원적 존재인 본성(本性)과 만나게 되는 것이다. 그러나 형이상의 세계, 본성의 세계에 도달하였을지라도 안팎이 둘 아니게 하는 확충(擴充)의 과정이 필요하다. 다시 말하면 형이상과 형이하가 본래 일체이기 때문에 양자를 일체화하는 과정이 필요한 것이다. 그렇기 때문에 수신(修身)이 되었을 지라도 제가(齊家)하고, 치국(治國)하고, 평천하(平天下)하는 과정이 필요하다.

수신(修身)이 되지 않으면 사랑하는 자식의 불선(不善)을 알 수 없고, 자식의 군자(君子)가 될 가능성을 알 수 없다. 그것은 수신이 되지 않으면 형이하적 측면에서는 자식의 언행을 올바로 볼 수 없을 뿐만 아니라 형이상의 측면에서 자식의 본성(本性)을 볼 수 없음을 뜻한다. 그러므로 자식을 자식으로 대할 수 없게 된다. 다시 말하면 자식에게 자애(慈愛)라는 예(禮)로 대할 수 있으려면 먼저 그 근본인 도덕(道德) 주체성(主體性)을 확립하는 수신(修身)의 과정이 필요한 것이다. 그렇기 때문에 수신(修身)이 되지 않으면 제가(齊家)를 할 수 없다고 하는 것이며, 제가(齊家)는 곧 수신(修身)에 있다고 하는 것이다.

수신(修身)이 되지 않으면 제가(齊家)가 될 수 없음을 시간적 관점에서 나타낸 것이 다음 부분이다. 싹이 장차 크게 될 것을 알지 못한다는 것은 싹이라는 지금의 모양에 집착(執着)됨을 뜻한다. 다시 말하면 공간적 관점에서 싹이라는 모양에 집착하지 말고 그것을 시간적 관점에서 변화의 과정으로 보아야하는 것이다. 그것이 바로 앞에서 언급된 사건(事件)과 물건(物件)의 선후(先後)를 알면 도(道)에 가깝다고 말한 것이다.

싹은 본래 열매가 씨로 화한 것이기 때문에 장차 열매로 화(化)할 것임은 자명(自明)한 것이다. 그러므로 본래 싹은 열매가 씨로 심어진 존재라는 도생역성(倒生逆成)의 관점과 씨가 튼 싹은 반드시 가꾸는 과정을 통하여야 비로소 열매로 화(化)할 것이라는 역생도성(逆生倒成)의 관점을 동시에 보아야 비로소 수신(修身)이 되었다고 할 수 있다.

주회암은 이 부분을 전(傳)의 제팔장(第八章)으로 규정하고 그 내용은 수신(修身), 제가(齊家)를 풀이하고 있다고 하였다.[97]

---

97 朱晦菴, 『大學章句』, "右傳之八章 釋修身齊家."

【원문】

所謂治國이 必先齊其家者는 其家를 不可教ㅣ오 而能教人者ㅣ 無之하니, 故로 君子는 不出家而成教於國하나니, 孝者는 所以事君也ㅣ오, 弟者所以事長也ㅣ오, 慈者所以使衆也ㅣ니라.

【우리말】

이른바 나라를 다스림이 먼저 그 가정을 다스림에 있다고 하는 것은 가정을 가르치지 않고 능히 다른 사람을 다스리는 사람은 없기 때문이다. 그러므로 군자는 가정을 벗어나지 않고 나라에서 가르침을 이루니 효(孝)라는 것은 임금을 섬기는 덕목이고, 자애(慈愛)는 대중(大衆)을 부리는 덕목이다.

【대학순역】

이 부분에서는 가정을 다스리지 않고는 나라를 다스릴 수 없음을 밝히고 있다. 그것은 제가(齊家)가 이루어진 후에 치국(治國)이 가능함을 뜻할 뿐만 아니라 제가(齊家)원리와 치국(治國)원리가 다르지 않음을 뜻한다.

제가(齊家)원리와 치국(治國)원리는 곧 군자의 본성의 내용인 사덕(四德)이다. 그렇기 때문에 예(禮)를 중심으로 치국원리를 논하고 있다. 원문의 효(孝), 제(弟), 자(慈)는 모두 예(禮)의 구체적인 절목(節目)이다. 그것을 치국(治國)원리에 응용하여 양친(兩親)을 섬기는 효(孝)로 군주를 섬기고, 형을 대하는 공경(恭敬)함으로 윗사람을 섬기며, 자식을 사랑하는 자애(慈愛)로 백성을 사랑함을 밝히고 있다.

그런데 본래 사람은 더불어 살아가는 존재이기 때문에 개체적 나로 살아가는 동시에 가정의 구성원으로 살아가고 또한 국가의 구성원, 천하의 구성원, 천지의 구성원으로 살아간다. 그러므로 비록 나를 중심으로 수신(修身), 제가(齊家), 치국(治國), 평천하(平天下)를 논하였지만 단지 관점의 차이가 있을 뿐 모두 하나의 원리가 일관되고 있다고 하지 않을 수 없다. 인간 본래성으로서의 인예의지(仁禮義智)의 사덕(四德)이 제가, 치국, 평천하를 일관하는 원리인 것이다.

다만 현상적 측면에서 보면 나를 닦아서 덕을 쌓고, 그 결과 형성된 도덕 주체성을 바탕으로 그것을 다시 가정으로, 국가로, 천하로, 우주로 넓혀가는 확충(擴充)이 필요하다. 그렇기 때문에 선후(先後) 관계를 통하여 평천하의 선결조건을 치국(治國)으로 그리고 치국(治國)의 선결조건을 제가(齊家)로, 제가(齊家)의 선결조건을 수신(修身)으로, 수신(修身)의 선결조건을 정심(正心)으로, 정심(正心)의 선결조건을 성의(誠意)로, 성의의 선결조건을 치지(致知)로, 치지(致知)는 격물(格物)에 있음을 밝힌 것이다.

【원문】

康誥에 曰如保赤子ㅣ라 하니 心誠求之면 雖不中이나 不遠矣니 未有學養子而后에 嫁者也ㅣ니라.

【우리말】

「강고(康誥)」에서 말하기를 "어린 아이를 보호하듯이 마음으로 정성스럽게 구하면 비록 적중하지는 않으나 멀리 벗어나지 않는다. 아이를 기르는 방법을 배우고서 시집을 가는 사람은 없다."고 하였다.

【대학순역】

이 부분 역시 치국(治國)원리의 근본이 사람이면 누구나 갖추고 있는 본성(本性)이기 때문에 진심(眞心)으로 스스로 구하면 얻을 수 있음을 밝히고 있다. 군자가 부모가 자식을 사랑하듯이 진실로 백성들을 사랑하는 마음으로 치국(治國)원리를 구한다면 결국 얻을 것임을 밝힌 것이다. 이는 『대학』에서 자명(自明)을 논한 것과 그 맥이 통하며, 『논어』에서 "군자는 모든 문제를 자기 자신에서 찾는다."[98]고 한 것과 같다.

어린 아이를 기르는 방법을 배운 후에 시집을 간다는 것은 근본(根本)

---

98 『論語』, 衛靈公, "子曰 君子求諸己 小人求諸人."

과 지말(支末)의 관계를 상징적으로 나타낸 것이다. 어린 아이를 사랑하는 마음이 근본이며, 그것을 어린아이의 상태에 따라서 구체적인 행동으로 옮기는 것은 지말(支末)이다. 그러므로 근본이 세워져야 지말(支末)이 올바로 작용할 수 있듯이 본성(本性)을 자각하여 그것을 주체로 하는 근본이 먼저 서야 한다. 이를 『논어』에서는 "근본이 세워지면 도(道)가 생한다."[99]이라고 하였다.

나라를 다스리는 치국(治國)원리 역시 본성인 사덕(四德)을 주체로 할 때 비로소 올바른 정치가 이루어질 수 있다. 그렇기 때문에 『주역』에서는 "인(仁)을 체득(體得)함으로써 다른 사람의 윗사람이 될 수 있다."[100]고 하여 그 점을 밝히고 있다.

그런데 인(仁)은 실천의 주체이며, 자각의 주체는 지(知)이다. 이 인(仁)과 지(知)를 중심으로 위의 문장을 이해하면 어린 아이가 원하는 것을 알고 그것을 찾아서 만족시켜주는 것은 지(知)이다. 그리고 어린아이를 사랑하는 마음은 인(仁)이다. 그러므로 아이를 키우는 구체적인 방법을 모르더라도 아이를 사랑하는 마음이 있으면 찾을 수 있다는 것은 인(仁)이 근본이 되어 지(知)가 이루어짐을 나타낸 것이라고 할 수 있다.

인(仁)과 지(知)의 관계를 백성을 다스리는 정치에 응용하면 백성들을 다스릴 때 부모가 어린 자식을 보호하고자하는 사랑의 마음을 가지고 어린아이를 대하듯이 백성들에게도 그들을 사랑하는 인(仁)이 주체가 되어 정치를 행하면 그 구체적인 문제는 저절로 해결될 것임을 뜻한다. 맹자(孟子)가 정치를 그 주체인 인(仁)을 중심으로 인정(仁政)[101]으로 규정한 것이나 인성(人性)이 발현된 불인인지심(不忍人之心)으로 불인인지정(不忍人之政)을 행[102]하라는 것 모두 그러한 의미를 담고 있다.

---

99 『論語』, 學而, "君子務本 本立而道生."

100 『周易』, 重天乾卦(䷀) 文言, "君子 體仁이 足以長人이며"

101 『孟子』, 離婁章句上, "堯舜之道 不以仁政 不能平治天下."

102 『孟子』, 公孫丑章句上, "孟子曰 人皆有不忍人之心. 先王有不忍人之心, 斯有不忍人之政矣. 以不忍人之心, 行不忍人之政, 治天下可運於掌上."

군자가 학문을 함에 있어서도 남을 나와 일체로 보는 사랑이 없다면 지혜(智慧)가 열리지 않는다. 왜냐하면 본래 모든 존재의 근거는 도(道)이고, 그것이 각각의 만물로 현현(顯現)된 것이기 때문에 비록 사물 자체가 근본은 아니지만 이미 근본은 밝혀진 것이다. 그러므로 그것을 수용(收用)하는가 그렇지 않는가의 문제는 근본(根本), 진리(眞理), 도(道) 자체의 문제가 아니라 학문을 하는 사람 자신의 문제이다. 그러므로 스스로 마음을 열지 않으면 그 어떤 존재의 실상도 볼 수 없는 것이다.

어린 아이를 사랑하는 마음을 가진 부모는 자식이 고통을 당할 때 그것을 제거하기 위하여 거짓됨이 없이 진심(眞心)으로 간절하게 그 방법을 찾게 된다. 그렇기 때문에 비록 적중(的中)하지는 않을지라도 반드시 그 방법을 찾게 된다. 마찬가지로 지혜(智慧)도 역시 자비(慈悲)의 마음이 없다면 결코 열리지 않는 것이다.

【원문】

一家ㅣ 仁이면 一國이 興仁하고, 一家ㅣ 讓이면 一國이 興讓하고, 一人이 貪戾하면 一國이 作亂하나니 其幾如此하니 此謂一言이 僨事ㅣ며, 一人이 定國이니라.

【우리말】

한 가정이 인(仁)하면 나라에서 인(仁)이 흥작(興作)되고, 하나의 가정에서 양보(讓步)하면 국가에서 양보가 흥작하며, 한 사람이 욕심을 부려서 인도를 벗어나면 국가가 어지러워진다. 그 기미가 이와 같으니 이를 일러 한마디의 말이 일을 어긋나게 하고, 한 사람이 나라를 정한다고 한다.

【대학순역】

이 부분에서는 사덕(四德) 가운데서 인(仁)을 중심으로 한사람에 의하여 가정이 다스려질 수도 있고 어지러울 수도 있으며, 국가가 다스려질 수도 있고 어지러워질 수 있음을 통하여 본성(本性)의 세계는 가정과 국가를 막론하고 회통(會通)하는 근원임을 밝히고 있다.

격물, 치지, 성의, 정심, 수신, 제가, 치국, 평천하를 논할 때 만약 역생도성(逆生倒成)의 관점에서 확충(擴充)만을 생각하면 오직 수신(修身)만을 행할 뿐 제가나 치국 더 나아가서 평천하를 염두에 두지 않는 사람은 소승적인 사람이며, 대승적 차원에서 평천하를 모르는 사람이라고 곡해(曲解)할 수 있다.

그러나 본래 도생역성(倒生逆成)의 관점에서 보면 수신, 제가, 치국, 평천하는 하나의 문제일 뿐 별개의 문제가 아니다. 그런 점에서 보면 소승(小乘)과 대승(大乘), 소사(小事)와 대사(大事)는 때의 문제일 뿐 범위의 문제가 아님을 알 수 있다. 다시 말하면 어떤 방향을 위주로 삶을 영위하는 때인가가 문제가 되는 것이다.

선천과 후천 역시 생장이 위주가 되는가 아니면 성도(成道)합덕(合德)이 위주가 되는가의 차이에 있을 뿐이다. 역생도성을 위주로 하는 것이 선천이며, 도생역성을 위주로 하는 것이 후천이지만 본래 도생역성과 역생도성이 체용(體用)의 일체적 관계이듯이 선천과 후천 역시 일체적 관계이다.

『대학』에서 밝히고 있는 군자의 도(道) 역시 때로는 선천적 관점에서 학문을 위주로 논하기도 하고, 때로는 후천적 관점에서 실천을 위주로 논하기도 하고, 때로는 학문과 실천이 일체화된 관점에서 논하기도 하였다. 그러므로 어느 일면을 중심으로 이해하여 시비(是非)를 가릴 것이 아니라 그 관점을 살펴서 의미를 파악하는 것이 중요하다. 그런 점에서 보면 세상에 옳지 않고, 참되지 않으며, 선(善)하지 않고, 의미가 없는 존재는 하나도 없다.

모든 존재의 의미를 이해하기 위해서는 만물이 돌아가는 귀결처(歸結處), 귀체처(歸體處)를 주체로 해야 한다. 만법(萬法)이 돌아가는 하나는 곧 내안에 이미 갖추어져 있는 본성(本性)이다. 그러므로 본성(本性)을 주체로 할 때 비로소 수신, 제가, 치국, 평천하의 문제가 하나의 일이면서 동시에 만 가지 일임을 알게 된다.

원문에서 제시하고 있는 가정을 다스리는 덕목(德目)으로서의 예(禮)와 나라를 다스리는 덕목인 의(義)는 모두 군자가 행하여야 할 덕목인 사덕(四德)의 내용이다. 군자는 자신의 본성인 인성(仁性)과 지성(知性)을 자각하여 예의(禮義)를 실천하는 존재이다. 그것을 개인과 가정 그리고 국가의 측면에서 논하면 수신(修身)원리이자 제가(齊家)원리 그리고 치국(治國)원리가 된다. 그렇기 때문에 치국(治國)이 가능하려면 제가(齊家)를 하지 않으면 안 된다. 그렇기 때문에 치국은 먼저 제가에 있다고 하였다.

군자가 자신을 다스리는 것도 인성(仁性)과 지성(知性) 그리고 그것을 본체로 이루어지는 작용으로서의 예의(禮義)이며, 가정을 다스리는 것도 인성(仁性)과 지성(知性)을 체(體)로 한 예의(禮義)이고, 국가를 다스리는 것도 예의(禮義)이며, 천하를 화평하게 하는 것도 예의(禮義)이다. 그러므로 군자의 본성인 인예의지(仁禮義智)의 사덕(四德)이 수신과 제가 그리고 치국, 평천하의 주체이다.

그러나 공간적 관점에서 사회를 중심으로 살펴보면 수신(修身)이 가정 사회에서는 제가로 나타나고, 국가 사회에서는 치국으로 나타나며, 천하의 관점에서는 평천하로 나타나기 때문에 국가를 다스림이 가정을 다스림에 근거한다고 하였다. 『주역』에서는 "가도(家道)가 바르게 된 후에 천하가 정(定)하여진다."[103]고 하여 이 점을 밝히고 있다.

【원문】

堯舜이 帥天下以仁하신데 而民이 從之하고, 桀紂이 帥天下以暴한데 而民이 從之하니 其所令이 反其所好ㅣ면 而民이 不從하나니

103 『周易』, 風火家人卦(䷤) 彖辭, "父父子子兄兄弟弟夫夫婦婦而家道正하리니 正家而天下定矣리라."

【우리말】

요순이 인으로 천하를 이끌자 백성들이 따랐으며, 걸주가 포악으로 천하를 이끌자 백성들이 따랐다. 그 내리는 명령이 백성들이 좋아하는 것과 거슬리면 백성들이 따르지 않는다.

【대학순역】

이 부분은 본성을 자각하고 그것을 주체로 살아가는 인격적 존재인 군자의 위상(位相)을 밝힌 것이다. 요순(堯舜)과 걸주(桀紂)의 예를 통하여 천하를 이끌어가는 것은 인간의 본래성인 인(仁)임을 밝히고 있는 것이다. 인(仁)은 모든 사람들이 본유하고 있는 덕목이기 때문에 인(仁)을 주체로 하지 않으면 백성들의 마음을 얻을 수 없을 뿐만 아니라 민심을 얻지 못하면 나라를 다스릴 수 없다.

성인(聖人), 군자(君子)와 소인(小人)을 막론하고 본성(本性)을 주체로 함은 같다. 단지 요순(堯舜)은 본성을 그대로 따랐고, 걸주(桀紂)는 본성을 거슬렀을 뿐이다. 그러므로 요순(堯舜)은 본성을 선(善)하게 사용하는 예를 나타낸 것이며, 걸주(桀紂)는 본성을 불선(不善)하게 사용하는 예를 나타낸 것일 따름이다.

요순이 인으로 백성들을 대하였기 때문에 백성들이 심복(心腹)하여 따랐으며, 걸주가 불인(不仁)으로 백성들을 대하였기 때문에 비록 백성들이 무력에 의하여 목숨을 잃지 않기 위하여 따랐지만 그러나 무력에 의하여 어쩔 수 없이 따랐을 뿐 진정으로 따른 것이 아니다. 그러므로 백성들이 따른 것은 걸주가 아니라 그의 권력이다. 그렇기 때문에 통치자의 명령이 백성들이 좋아하는 바에 거스르면 따르지 않는다고 하였다.

군자와 소인을 중심으로 이 문제를 살펴보면 내 몸을 구성하는 생명체들이 원하는 것을 거슬러서 움직이고자 하면 결국은 몸을 잃게 됨을 뜻한다. 몸은 본래 본성을 따라서 살아가기를 원한다. 영원한 생명을 원하는 것이 바로 그것이다. 그것은 곧 생사(生死)가 없는 형이상의 세계, 영원한 삶을 살고자하는 것이 몸이 원하는 것이다. 그럼에도 불구하고 일시적인 욕망의 충족을 위하여 몸을 사용하면 결국 그것이 영원한 생명을 잃는 결과를 초래하게 된다.

수많은 생명체의 집합인 몸을 이끌어가는 선장과 같은 마음이 어떤 마음인가에 따라서 소인(小人)의 길을 걷기도 하고 군자(君子)의 길을 걷기도 하듯이 한 사람의 삶이 온 천지(天地)에 영향을 미치게 된다. 그렇기 때문에 앞부분에서 한 사람이 천하를 평안하게 하기도 하고, 나라를 망하게도 한다고 하였다. 『중용』에서는 "중화(中和)를 이루면 천지(天地)가 제 자리를 잡고 만물이 길러진다."[104]고 하였을 뿐만 아니라 『서경』에서는 "천공(天工)을 사람이 대신한다."[105]고 하여 한 사람의 인격체에 의하여 천하가 도덕적 감화를 입고 변화하기도 하고, 한 사람의 폭군에 의하여 천하가 어지러워지기도 함을 밝히고 있다. 이는 수신과 제가, 치국의 근원이 모두 인간 본래성에 있음을 밝힌 것이다.

【원문】

是故로 君子는 有諸己而後에 求諸人하며, 無諸己而後에 非諸人하나니 所藏乎身不恕ㅣ오 而能喩諸人者ㅣ 未之有也ㅣ니라. 故로 治國이 在齊其家ㅣ니라.

【우리말】

그러므로 군자는 자신이 스스로 갖춘 후에 다른 사람에게 구하며, 자신이 없는 후에 다른 사람을 비난한다. 몸에 충서를 갖추지 못하고 능히 다른 사람을 깨우치는 사람은 있지 않다. 그러므로 나라를 다스림은 가정을 다스림에 있다고 한다.

104 朱晦菴, 『中庸章句』 第一章, "致中和ㅣ면 天地ㅣ 位焉하며 萬物이 育焉이니라."
105 『書經』, 皐陶謨, "天工人其代之."

【대학순역】

앞에서 수신과 제가 그리고 치국을 막론하고 그 근본원리는 인간의 본래성의 내용인 사덕임을 살펴보았는데 이 부분에서는 확충(擴充)을 중심으로 수신(修身)이 제가(齊家), 치국(治國)의 근본임을 밝히고 있다.

군자는 먼저 스스로 본성을 자각함으로써 도덕 주체성을 확립한 후에 다른 사람으로 하여금 본성을 주체로 살아갈 것을 요구하며, 자신에게 불인(不仁)이 없는 연후에 비로소 다른 사람의 불인(不仁)을 지적하여 바로잡는다.

만약 자신을 스스로 주재할 수 없는 존재가 남을 다스리고자 한다면 그것은 불가능한 일이다. 어떤 사람이든 학문을 통하여 본성(本性)을 자각(自覺)하여 그것을 주체로 하였을 때 비로소 나와 남을 구분하지 않고 일체로 보는 인(仁)과 상대방의 상황에 따라서 시의성(時義性)에 맞게 대처하는 지혜(智慧)가 발하게 되어 의도적인 행위가 없어도 저절로 남을 감화하게 된다.

원문에서는 마음 가운데 용서하는 마음이 없으면 능히 다른 사람을 깨우칠 수 없다고 하여 군자가 인(仁)을 주체로 예(禮)로 대할 때 비로소 다른 사람을 깨우칠 수 있음을 밝히고 있다. 예를 주체로 행하는 군자는 다른 사람의 허물을 허물로 아는 지혜와 더불어 그것을 용서하는 관용(寬容)의 마음으로 불선(不善)한 행위를 한 사람을 대한다.

군자는 다른 사람과 대할 때 항상 자기를 버리고 그 사람과 하나가 되기 때문에 그 사람으로 하여금 스스로 변화하게 하는 것이다. 위의 글에서 비록 용서하는 마음으로 남을 깨우친다고 하였으나 본래 군자는 자신과 남을 둘로 보지 않는 진실한 마음을 바탕으로 살아가기 때문에 남을 대할 때 관용의 마음을 갖게 되는 것이다.

군자 자신이 먼저 불선(不善)의 행위에 얽매임이 없이 모든 것을 수용할 수 있는 관용(寬容)의 마음을 가질 때 비로소 상대방 역시 그 마음을 갖게 된다. 그러므로 군자는 자기가 먼저 본성을 주체로 한 후에 남에게 요구할 뿐 자신에게 없는 것을 남에게 먼저 요구하지 않는다고 하였다.

나라를 다스리는 사람이 나라를 다스리는 것도 역시 이와 같다. 백성들의 불인(不仁)을 비난하지 말고 먼저 스스로 자신의 불인(不仁)을 제거한 후에 인(仁)을 바탕을 의(義)로서 백성을 대하여야 하는 것이다.

군자의 관점에서 보면 가정 사회는 예(禮)를 바탕으로 맺어진 전형적인 인간사회이며, 국가사회는 의(義)를 바탕으로 맺어진 전형적인 인간사회이다. 그것을 함께 나타낸 것이 바로 오륜(五倫)이다. 가정사회의 관점에서 언급되는 부모와 자녀, 아내와 남편, 형과 아우는 인간의 본래성인 예의(禮義)가 그대로 드러난 아름답고 진실(眞實)하며 선(善)한 관계이다. 그리고 국가사회의 관점에서 언급되는 임금과 신하, 스승과 제자, 어른과 어린 사람, 벗과 벗 역시 인간의 본래성의 내용인 예의(禮義)가 그대로 드러난 아름답고 진실(眞實)하며, 선(善)한 관계이다.

【원문】

詩云桃之夭夭ㅣ여 其葉蓁蓁이로다. 之子于歸여 宜其家人이라하니 宜其家人而后에 可以教國人이니라. 詩云宜兄宜弟라하니 宜兄宜弟而后에 可以教國人이니라.

【우리말】

『시경(詩經)』에서 말하기를 "복숭아 꽃의 아름다움이여, 그 잎이 무성하구나. 이 아가씨 시집감이여, 마땅히 그 집을 편안케 하리로다."라고 하였다. 그 집안을 마땅하게 한 후에 나라의 사람들을 가르칠 수 있다. 『시경(詩經)』에서 말하기를 "형에게도 마땅하고, 동생에게도 마땅하다."고 하였으니 형에게 마땅하고 동생에게 마땅한 연후에 비로소 나라의 사람들을 가르칠 수 있다.

【대학순역】

이 부분에서는 제가원리와 치국원리를 아가씨가 시집을 가서 그 집을 의롭게 만드는 것을 통하여 나타내고 있다. 이는 역시 제가원리와 치국원리가 다르지 않음을 나타낸 것인 동시에 제가가 이루어짐으로써 비로소 치국이 이루어짐을 나타낸 것이다.

이 부분을 통하여 유가(儒家)의 관점을 보다 분명하게 알 수 있다. 군자(君子)의 도(道)가 실천되는 장(場)을 가정과 국가 그리로 천하로 규정한 것은 유가(儒家)의 관점이 현재에 있음을 단적으로 보여주는 것이다. 과거의 업(業)이나 미래의 천국(天國), 극락(極樂)과 같은 세계에 관심이 있는 것이 아니라 과거와 미래가 하나가 된 영원한 현재 자체에 그 관점이 있는 것이다.

현재는 과거와 미래로부터 단절된 것이 아니라 일체라는 점에서 보면 과거와 미래의 경계점, 접점인 동시에 구분점이라고 할 수도 있다. 그러나 본래 근원적 존재인 시간성(時間性)의 현현(顯現)이 현재(現在)이다. 그러므로 본래적 관점에서의 현재는 영원한 현재이다. 과거와 미래가 합덕(合德)된 본래적 시간이라는 점에서 영원한 현재이며, 형이상의 근원적 존재인 시간성의 현현이라는 점에서 영원한 현재인 것이다.

유학이 영원한 현재를 바탕으로 하고 있다는 것은 곧 역수원리의 관점에서는 도생역성을 본체로하여 이루어지는 역생도성의 작용에 관점이 있음을 뜻한다. 도생역성의 관점에서는 유가의 세계는 영원한 세계이며, 역생도성의 관점에서는 과거와 미래가 합덕된 현재이다.

유가철학이 지향하는 영원한 현재의 세계를 사역(四曆)을 중심으로 나타내면 원역(原曆)을 본체(本體)로 하여 이루어지는 정역(正曆)의 세계를 지향함을 뜻한다. 한국유학에서는 이러한 특성이 분명하게 드러난다. 한국 고유사상을 천명(闡明)하고 있는 「단군신화(檀君神話)」를 보면 원역(原曆)을 체(體)로 하여 이루어지는 정역(正曆)의 세계를 천도를 상징하는 환웅(桓雄)과 지도를 상징하는 웅녀(熊女)의 합덕체(合德體)인 단

군(檀君)의 세계를 나타내는 고조선(古朝鮮)을 통하여 밝히고 있다.[106]

유가(儒家)가 정역(正曆)의 세계를 지향하기 때문에 과거적 사물 세계, 현상 세계에 매달리지도 않고, 미래적 원리 세계, 형이상의 세계, 도(道)의 세계에 매달리지도 않는다. 오히려 형이상과 형이하가 하나가 된 지금 여기에서 과거와 미래를 함께 보는 것이 바로 유학(儒學)의 관점이다.

유학이 영원한 현재의 관점에서 군자의 도를 밝히고 있음을 잘 드러내는 것이 바로 천지인(天地人) 삼재(三才) 가운데서 인간을 중심으로 하며, 인간을 논할 때도 현재의 자신, 가정사회, 국가사회, 천하를 중심으로 하고 있음이 그것이다. 그렇기 때문에 이 부분에서도 군자의 도를 가정사회, 국가사회를 중심을 밝히고 있다.

【원문】

詩云 其儀不忒이라 正是四國이라하니 其爲父子兄弟 ㅣ 足法而后에 民이 法之也 ㅣ 니라. 此謂治國이 在齊其家 ㅣ 니라.

【우리말】

『시경(詩經)』에서 말하기를 "그 위의(威儀)가 사특(邪慝)하지 않으니 바로 이 사방의 나라를 바르게 한다."고 하였다. 부모와 형제의 법이 족히 된 연후에 비로소 백성들의 법이 될 수 있다. 이를 일러 나라를 다스림이 가정을 다스림에 있다고 말한다.

【대학순역】

이 부분 역시 앞부분에 이어서 치국(治國)의 선결 조건이 제가(齊家)임을 밝히고 있다. 처음부터 끝까지 『시경(詩經)』의 시(詩)를 인용하여 그 점을 밝히고 있다.

106 이현중, 「正易의 曆數原理와 檀君神話의 時間觀」, 『동아시의 시간관』, 동아시아고대학회, 경인문화사, 2008 참조.

앞의 처음 부분에서는 시집가는 아름다운 신부(新婦)를 활짝 핀 아름다운 복숭아꽃에 비유하여 가정이 예(禮)에 의하여 잘 다스려질 것을 밝히고 있다. 그리고 이어서 집안을 잘 다스린 후에 비로소 나라의 사람들을 가르칠 수 있다고 하였다.

앞의 두 번째 부분과 이 부분에서는 가정의 구성원인 부자(父子)와 형제(兄弟)를 중심으로 형제가 형제답고 부자가 부자다움으로서 비로소 백성들의 모범이 될 수 있음을 밝히고 있다. 부자(父子)가 부자(父子)답고 군신(君臣)이 군신(君臣)다움을 『주역』과 『논어』에서는 정명(正名)[107]으로 규정하고 있다. 따라서 이 부분은 정명(正名)원리를 통하여 치국의 선결 과제가 제가임을 밝히고 있다고 할 수 있다.

정명원리는 실(實)과 명(名)이 합덕됨을 나타낸 것으로 공자는 정치원리를 정명원리로 규정하고 있다. 그는 정치라는 것은 정명이라고 하였을 뿐만 아니라 그 구체적인 내용을 국가 사회와 가정 사회의 측면에서 임금이 임금답고 신하가 신하다움과 부모가 부모답고 자식이 자식다움으로 밝히고 있다.

명과 실이 서로 부합(符合)하는 정명(正名)은 곧 본성을 주체로 살아감을 뜻한다. 인간의 본성인 인예의지(仁禮義智)의 사덕(四德)을 주체로 살아가는 군자의 삶을 사회의 관점에서 정명으로 밝힌 것이다.

주회암은 이 부분을 전(傳)의 제구장(第九章)으로 규정하고 제가(齊家), 치국(治國)을 풀이하고 있다고 하였다.[108]

【원문】

所謂平天下ㅣ 在治其國者는 上이 老老而民이 興孝하며, 上이 長長而民

107 『論語』의 子路篇에서는 "子路曰 衛君待子而爲政 子將奚先 子曰 必也正名乎"라고 하고 顔淵에서는 "季康子問政於孔子 孔子對曰 政者正也."라고 하여 政治原理를 正名原理로 밝히고 "齊景公問政於孔子 孔子對曰 君君, 臣臣, 父父, 子子."라고 하여 正名原理의 구체적인 내용을 밝히고 있다. 그리고 『周易』의 風火家人卦(䷤) 彖辭에서는 "家人은 女正位乎內하고 男이 正位乎外하니 男女正이 天地之大義也라. 家人이 有嚴君焉하니 父母之謂也라. 父父子子兄兄弟弟夫夫婦婦而家道正하리니 正家而天下定矣리라."라고 하여 正名原理의 구체적인 내용을 밝히고 있다.

108 朱晦菴, 『大學章句』, "右傳之九章 釋齊家治國."

이 興弟하며, 上이 恤孤而民이 不倍하나니 是以로 君子는 有絜矩之道也ㅣ니라.

【우리말】

이른바 천하를 화평하게 함이 나라를 다스림에 있다는 것은 윗사람이 늙은이를 늙은 이로 대함으로서 백성들의 효를 흥기시키며, 윗사람이 어른을 어른으로 대함으로서 백성들의 제(悌)를 흥기시키며, 윗사람이 고아를 구휼함으로서 백성들이 배반하지 않는다. 그러므로 군자는 혈구의 도가 있다.

【대학순역】

이 부분에서는 천하(天下)를 화평(和平)하게 함이 나라를 다스림에 있음을 윗자리의 사람이 효(孝)를 행하고, 제(弟)를 행하며, 자(慈)를 행하면 백성(百姓)들이 배반(背叛)하지 않고 역시 감화(感化)가 되어 변화함을 통하여 밝히고 있다.

천하를 화평하게 하거나 나라를 다스리는 존재 그리고 백성은 모두 본성이 같으며, 그 내용은 인예의지(仁禮義智)의 사덕(四德)이다. 군자는 사덕(四德)을 발용(發用)하게 하는 마음이 있어서 자기의 본성을 미루어서 다른 존재에게 베풀게 된다. 그것을 이 부분에서는 혈구(絜矩)의 도(道)로 규정하고 있다.

혈구(絜矩)는 "자로 잼"의 의미이며, 혈구(絜矩)의 도(道)는 자로 재는 방법이다. 군자는 만사(萬事)를 행할 때 자로 길이를 재서 그 적합성을 판단하듯이 지성(智性)을 통하여 시의성(時義性)을 판단하고 인성(仁性)에 의하여 그것을 실천하게 된다. 이처럼 인지(仁智)의 성(性)을 준거(準據)로 헤아리는 것은 마음에 의하여 이루어진다. 그렇기 때문에 내 부모를 사랑하는 마음을 기준으로 남의 자식의 부모를 사랑하는 마음을 미루어 알고, 남의 부모를 내 부모처럼 대하는 것이 바로 혈구의 도인 것이다.

원문을 보면 혈구(絜矩)의 도(道)를 논하면서 효(孝), 제(弟), 자(慈)와 같은 예(禮)의 구체적인 절목들을 논하고 있다. 그런데 효(孝), 제(弟), 자(慈)의 본체는 예(禮)이며, 예(禮)의 본체는 인(仁)이다. 이를 통해서 혈구의 도(道)의 본체가 사덕(四德)임을 알 수 있다. 따라서 혈구의 도는 마음이라는 작용을 중심으로 본체(本體)인 본성(本性)을 언급한 것이라고 할 수 있다.

【원문】

所惡於上으로 毋以使下하며, 所惡於下를 毋以事上하며, 所惡於前으로 毋以先後하며, 所惡於後로 毋以從前하며, 所惡於右로 毋以交於左하며, 所惡於左로 毋以交於右ㅣ 此之謂絜矩之道니라.

【우리말】

윗사람으로부터 싫었던 것으로 아랫사람을 부리지 말며, 아랫사람으로부터 싫었던 것으로 윗사람을 받들지 말며, 앞 사람으로부터 싫었던 것을 뒷사람에게 가하지 말며, 뒷사람으로부터 싫었던 것을 앞 사람에게 하지 말며, 오른 쪽 사람으로부터 싫었던 것으로 왼쪽의 사람과 사귀지 말고, 왼쪽 사람으로부터 싫었던 것으로 오른 쪽 사람과 사귀지 말라. 이것을 일러 혈구의 도라고 한다.

【대학순역】

앞부분에서 평천하의 선결조건이 치국에 있음을 밝히고 있듯이 이 부분에서도 역시 혈구의 도를 중심으로 치국이 평천하의 선결조건임을 밝히고 있다. 다만 앞부분에서는 적극적 관점에서 긍정적 서술을 하고 있는 것과 달리 뒷부분에서는 소극적 관점에서 부정적 서술을 하고 있다.

또한 앞부분에서 통치자와 백성을 중심으로 양자를 상하(上下) 관계로 나타내었는데 이 부분에서는 좀 더 구체적으로 상하(上下), 좌우(左右),

전후(前後)를 중심으로 혈구의 도를 논하고 있다. 상하(上下)는 통치자와 백성을 나타내며, 좌우(左右)는 동등한 관계를 나타내고, 전후(前後)는 역시 동등한 관계를 나타낸다고 할 수도 있지만 시간상에서 앞 시대의 사람과 뒷시대의 사람의 관계를 가리킨다고 할 수 있다.

그런데 치국의 관점에서 보면 혈구의 도를 행함은 군자의 본성인 사덕을 통하여 백성과 하나가 됨을 뜻한다. 군자가 백성과 덕을 합하는 군민(君民)합덕(合德)이 바로 치국인 것이다. 앞부분에서 통치자가 효(孝)를 행하면 백성들 역시 효(孝)를 행한다고 하여 효(孝)를 통하여 통치자와 백성이 하나가 됨을 나타내고 있다.

그리고 좌우를 백성과 백성의 관계로 이해하면 군자의 사덕(四德)을 매개로 백성과 백성들이 하나가 됨을 뜻하며, 전후를 시간상의 전후로 이해하면 사덕(四德)을 주체로 살았던 앞 시대의 성인과 뒷시대의 군자가 하나가 됨을 뜻한다. 그러므로 군자가 나라를 다스림은 단순하게 백성들을 다스리는 것에 그치지 않고, 시대적 관점에서는 성인과 합덕(合德)함을 뜻한다.

『주역』에서는 육십사괘(六十四卦)의 서괘(序卦)가 표상하는 원리를 요약하여 나타내면서 천지와 만물 그리고 남녀를 시간상의 선후 관계로 규정하여 천지가 있고서 만물이 있고, 만물이 있고서 남녀가 있다고 한 후에 부부(夫婦), 부자(父子), 군신(君臣)을 언급하고 있다. 남녀가 있는 연후에 부부가 있고, 부부가 있는 연후에 군신이 있다는 것이다.

천지, 만물, 남녀는 내괘(內卦)가 상징하는 선천의 세계를 나타내며, 부부(夫婦), 부자(父子), 군신(君臣)은 외괘(外卦)가 상징하는 후천의 세계를 나타낸다. 그리고 이어서 군신(君臣)이 있는 연후에 상하(上下)가 있고, 상하(上下)가 있는 연후에 예의(禮義)가 행하여질 바가 있다고 하여 결국 선천과 후천을 상하(上下) 관계로 규정하고 이러한 상하(上下)의 합덕에 의하여 예의(禮義)가 행하여짐을 밝히고 있다.

앞에서 살펴본 바와 같이 치국은 결국 시간적 관점에서는 백성들로 하여금 선천의 세계에서 후천의 세계로 건너가게 하는 것이다. 그것은 곧 형이하적 세계에서 형이상적 세계로 차원을 고양시키는 것이다. 그러므로 『주역』에서 군자가 "천하를 도(道)로 제도(濟渡)한다."[109]고 하여 바다를 건넌다는 표현을 하고 있다. 이를 통하여 천도의 선천에서 후천으로의 변화원리에 근거하여 인도의 군자의 도가 성립됨을 알 수 있다.

선후천(先後天)변화원리는 선천에서 후천으로 변화하는 선후천(先後天)변화원리와 더불어 선후천(先後天)합덕원리를 그 내용으로 한다. 왜냐하면 선천에서 후천으로 변화하지만 선천과 후천이 일체적이기 때문이다. 그러므로 혈구의 도를 통하여 군자가 나라를 다스림은 곧 백성들로 하여금 선천에서 후천으로 변화하게 하는 것인 동시에 선천과 후천을 합덕하게 하는 것이기도 한다.

그러면 사덕(四德)을 중심으로 치국, 평천하 그리고 혈구의 도를 살펴보자. 제가(齊家), 치국(治國), 평천하(平天下)의 주체는 인간 본래성의 자각을 통하여 밝혀지는 인예의지(仁禮義智)의 사덕(四德)이다. 사덕을 실천의 관점에서 논하면 인(仁)이 본체가 되어 예(禮)로 작용하며, 학문의 관점에서 논하면 지(智)가 본체가 되어 의(義)로 작용한다. 그렇기 때문에 제가, 치국, 평천하의 본체는 인(仁)이며, 인(仁)이 본체가 되어 나타난 예(禮)가 언행의 주체가 된다. 예(禮)는 제가의 원리이며, 의(義)는 치국의 원리이다. 그러므로 국가 사회를 운용하는 정치의 관점에서 보면 군자의 도는 인의(仁義)의 도(道)가 된다. 맹자가 왕도정치를 논하면서 그 존재근거를 인의(仁義)로 규정한 까닭이 여기에 있다.

군자(君子)의 도(道)를 인간 관계를 중심으로 나타낸 것이 혈구(絜矩)의 도라고 할 수 있다. 『주역』에서는 "아름답게 만남으로서 예(禮)에 합한다."[110]고 하여 예(禮)를 인격적 존재의 만남 원리로 규정하고 있다. 그러므로 혈구의 도는 예(禮)를 중심으로 군자의 도를 나타낸 것이라고 할

109 『周易』, 繫辭上篇 第四章, "知周乎萬物而道濟天下라."
110 『周易』, 重天乾卦(☰) 文言, "嘉會ㅣ足以合禮ㅣ며"

수 있다. 예(禮)의 내용은 인(仁)이기 때문에 예(禮)를 주체로 사람과 사귈 때는 소극적인 측면에서는 자신이 싫은 것을 남에게 베풀지 않음으로 나타나며, 적극적인 측면에서는 자신이 하고 싶은 일을 남에게 하게 함으로 나타난다.

혈구의 도(道)를 실천하는 구체적인 방법은 나를 통하여 미루어서 남에게 미치게 하는 추기급인(推己及人)이다. 그것을 맹자는 확충(擴充)[111]이라고 하였다. 물론 이는 나와 남이 본래 일체라는 형이상의 관점을 전제로 형이하의 관점에서 논한 것이다. 다시 말하면 본래 통치자와 백성이 둘이 아님을 전제로 통치자가 본성을 주체로 살아가면 백성들 역시 도덕적 삶을 살게 됨을 나타낸다.

【원문】

詩云 樂只君子여 民之父母ㅣ라하니 民之所好를 好之하며, 民之所惡를 惡之ㅣ 此之謂民之父母ㅣ니라.

【우리말】

『시경(詩經)』에서 말하기를 "즐거우신 군자여, 백성들의 부모이다." 고 하였으니 백성들이 좋아하는 것을 좋아하고, 백성들이 싫어하는 것을 싫어하니 이를 일러 백성의 부모라고 한다.

【대학순역】

이 부분에서는 통치자를 덕(德)을 중심으로 군자로 제시하면서 군자는 곧 백성들의 부모(父母)와 같은 존재임을 밝히고 있다. 부모와 자식이라는 말은 물리적 관점에서 언급된 개념이 아니라 형이상의 관점에서 언급된 개념이다. 그러므로 생리적 몸을 중심으로 치자(治者)와 백성(百姓)을

111 『孟子』, 公孫丑章句上, "凡有四端於我者, 知皆擴而充之矣, 若火之始然, 泉之始達. 苟能充之, 足以保四海, 苟不充之, 不足以事父母."

부모와 자식의 관계를 규정하는 것이 아니다.

본래 치자(治者)라는 개념 역시 형이상적 관점에서 언급되는 인격적 개념이다. 형이상적 관점에서 논하면 백성들의 마음과 하나가 되어 그들의 마음을 따르는 존재가 바로 치자(治者)인 것이다.

그러나 부모가 자식의 마음이 원하는 것을 따른다고 할 때 그 마음은 민심(民心)이 천심(天心)이라고 할 때의 마음이다. 그것은 선(善)을 지향하는 타고난 성품(性品)이 발현된 백성들의 마음을 가리킨다. 그러므로 군자가 백성들이 좋아하는 것을 좋아하고 싫어하는 것을 싫어한다는 것은 곧 군자가 선(善)을 좋아하고 불선(不善)을 싫어함을 뜻한다.

군자는 백성들로 하여금 본성을 좇아서 인격적인 존재로 살아가도록 하기 때문에 부모라고 할 수 있는 것이다. 이로부터 군자는 본성을 주체로 살아가는 존재임을 알 수 있는 동시에 군자와 백성은 그 덕(德)을 하나로 해야 할 존재임을 알 수 있다. 그렇기 때문에 군민(君民)이 합덕(合德)된 세계가 유가(儒家)에서 제시하는 최후의 이상적인 세계이다.

【원문】

詩云 節彼南山이여 維石巖巖이로다. 赫赫師尹이여, 民具爾瞻이라하니 有國者ㅣ 不可以不愼이니 辟則爲天下僇矣니라.

【우리말】

『시경(詩經)』에서 말하기를 "깎아지른 듯한 저 남산이여, 바위가 우뚝 솟았구나. 혁혁한 태사(太師) 윤씨(尹氏)여, 백성들이 모두 그대를 바라본다."고 하였다. 나라를 가진 사람은 삼가지 않을 수 없으니 편벽되면 천하의 죽이는 바가 된다.

【대학순역】

이 부분은 삼공(三公) 가운데 하나인 태사(太師) 윤씨(尹氏)를 통하여 통치자의 자세를 다시 논하고 있다. 만약 치자(治者)가 부모의 덕(德)으로 백성들을 다스리지 않고, 백성들의 본성을 거스른 정치를 행하면 백성들에 의하여 거부될 뿐만 아니라 목숨마저 잃을 것임을 밝히고 있다.

그런데 위의 내용을 보면 천하가 죽이는 바가 된다고 하였기 때문에 물리적 생명을 중심으로만 이해할 수도 있다. 그러나 본질적인 의미는 통치자로서의 본질을 상실함을 뜻한다. 일정한 지위를 가진 통치자가 있다면 그 이름에 걸맞게 실다운 통치를 해야 그 이름을 가진 통치자가 존재하는 것이다. 그렇지 못하면 설사 그 이름을 갖고, 그 지위를 갖고 있어도 그 사람은 더 이상 존재하지 않는 것이다.

맹자는 폭군(暴君)인 걸주(桀紂)를 통하여 그 점을 밝히고 있다. 은(殷)나라의 마지막 왕인 주(紂)가 그 이름에 걸맞게 군주다운 군주였다면 무왕(武王)이 그를 정벌(征伐)하는 것은 신하(臣下)가 임금을 시해(弑害)하는 것이 되어 의롭지 못하다. 그러나 주왕이 이름만 군주였을 뿐 실답게 군주노릇을 못하였기 때문에 무왕이 주를 정벌한 것은 하나의 필부(匹夫)를 정벌한 것이지 신하가 군자를 정벌한 것이 아니라고 하였다.[112]

『논어』에서는 정치를 정명(正名)으로 규정하고 있다. 군주라는 이름을 가진 존재가 그 이름에 걸맞게 군주다운 군주노릇을 하고, 신하라는 이름을 가지 존재가 그 이름에 걸맞게 신하다운 신하가 됨으로써 국가사회라는 인격적 세계를 존재하게 하는 것이 정명이며, 그것이 바로 정치라는 것이다. 정치는 국가사회만이 대상이 아니라 가정사회 역시 대상이다. 부모라는 이름을 가진 존재로 하여금 그 이름에 걸맞게 부모노릇을 하여 부모로서 존재하게 하고, 자식이라는 이름을 가진 존재로 하여금 그 이름에 걸맞게 자식 노릇을 하여 자식으로 존재하게 함으로써 가정사회라는 인격적 세계가 존재하게 하는 것이 정명인 것이다.

112 『孟子』, 梁惠王章句下, "齊宣王問曰, 湯放桀 武王伐紂有諸 孟子對曰 於傳有之 曰 臣弑其君可乎 曰 賊仁者謂之 '賊 賊義者謂之殘 殘賊之人謂之一夫 聞誅一夫紂矣 未聞弑君也."

【원문】

詩云 殷之未喪師에 克配上帝러니 儀監于殷이어다 峻命不易라하니 道得衆則得國하고 失衆則失國이니라.

【우리말】

『시경(詩經)』에서 말하기를 "은나라가 백성들을 잃지 않을 때는 능히 상제와 짝하였으니 마땅히 은나라를 거울로 삼으라. 위대한 천명은 따르는 것이 쉽지 않다."고 하였으니 이는 백성들을 얻으면 나라를 얻고, 백성들을 잃으면 나라를 잃음을 말한 것이다.

【대학순역】

성덕된 존재인 군자는 자신의 마음이 따로 있는 것이 아니라 백성들의 마음을 마음으로 한다. 그렇기 때문에 군자는 백성들이 좋아하는 바를 좋아하고, 싫어하는 바를 싫어한다고 하였다.

맹자는 군자의 이러한 삶은 왕도정치의 관점에서 "백성과 더불어 즐거움을 함께 함"으로 규정하고 있다. 맹자는 당시의 제후(諸侯)들이 자신의 사냥을 좋아하고, 재물(財物)을 좋아하며, 여색(女色)을 좋아하는 것을 왕도정치를 행할 수 없는 단점으로 제기하자 그것이 곧 백성들도 함께 갖고 있는 보편적인 마음이라고 말하고 그것을 확충(擴充)하여 백성들과 함께 하라[113]고 하였다.

백성들과 마음을 함께 하는 것이 백성들을 얻는 방법이다. 백성들을 얻으면 나라를 얻고 백성들을 잃으면 나라를 잃게 된다. 이는 백성이 나라의 근본임을 뜻한다. 그렇기 때문에 맹자(孟子)는 "백성들이 가장 귀하며, 사직(社稷)이 그 다음이고, 군주(君主)는 가장 가볍다."[114]고 하여

113 『孟子』, 梁惠王章句下, "今王田獵於此 百姓聞王車馬之音 見羽旄之美 擧疾首蹙頞而相告曰吾王之好田獵 夫何使我至於此極也 父子不相見 兄弟妻子離散 此無他 不與民同樂也."

114 『孟子』, 盡心章句下, "孟子曰 民爲貴 社稷次之 君爲輕 是故 得乎丘民而爲天子 得乎天子爲諸侯 得乎諸侯爲大夫."

국가의 근본이 백성임을 밝히고 있다.

백성들의 마음을 얻는 것은 천심(天心)과 일체가 되는 것이다. 왜냐하면 백성들의 마음이 곧 천심(天心)이기 때문이다. 천심(天心)을 따르는 것은 천시(天時)를 받들어 천명(天命)을 봉행(奉行)하는 것이다. 그렇기 때문에 군자의 도를 실천의 관점에서 논할 때 군자의 사덕(四德)을 주체로 이루어지는 왕도정치를 논하였던 것이다.

【원문】

是故로 君子는 先愼乎德이니 有德이면 此有人이오 有人이면 此有土ㅣ오 有土면 此有財오 有財면 此有用이니라.

【우리말】

그러므로 군자는 먼저 덕을 삼간다. 덕이 있으면 인민이 있고, 인민이 있으면 토지가 있으며, 토지가 있으면 재물이 있고, 재물이 있으면 씀이 있다.

【대학순역】

이 부분에서는 군자가 덕(德)을 쌓음으로써 천명(天命)을 얻게 됨을 밝히고 있다. 군자는 (君子)는 학문(學問)을 통하여 덕(德)을 쌓는 존재로 덕(德)이 군자의 주체가 된다. 그리고 덕(德)이 주체가 되어 이루어지는 언행(言行)이 곧 군자의 언행(言行)이다. 그렇기 때문에 덕(德)이 쌓여야 비로소 하나의 인격적 존재로서의 사람이 존재하게 되는 것이다.

군자가 학문을 통하여 덕을 쌓게 되면 그에게 그것을 주체로 행할 수 있는 천명(天命)이 주어진다. 이 부분에서는 직접 천명을 언급하지 않고 덕이 있으면 그것으로 인하여 사람이 주어지고, 땅이 주어지며, 재물이 주어지고, 재물을 사용할 일이 있게 된다고 하였다.

사람, 국토, 재물은 곧 가정사회, 국가사회를 형성하는 요소이다. 맹자는 제후가 보배로 여겨야할 세 가지를 백성, 토지, 정사(政事)[115]로 규정하여 국가가회를 구성하는 세 가지의 요소가 국민과 국토 그리고 양자를 운용하는 정치(政治)임을 밝히고 있다. 따라서 위의 내용 가운데서 사람과 국토, 재물 그리고 재물을 운용해야할 일이 있다는 것은 곧 국가사회를 경영할 천명이 주어짐을 뜻한다.

군자 개체적 관점에서 원문의 내용을 이해하면 세상을 살아갈 수 있는 자신의 주체를 확립했을 때 비로소 다른 사람과 만나서 인격적 관계인 부자, 부부, 형제, 붕우, 군신 관계를 맺을 수 있으며(此有人), 더 나아가서 모든 존재가 합덕(合德)된 도덕적 세계에 살 수 있다.(此有土) 따라서 이 때의 "토(土)"는 단순한 땅만을 의미하는 것이 아니라 세계, 우주를 의미한다. 그러므로 덕을 쌓은 군자의 삶은 물리적 세계에 한정되어 살아가는 것이 아니라 온 우주를 활보하는 자유인(自由人)으로 살아가는 것이다. 맹자(孟子)는 덕(德)을 쌓은 대인(大人)으로서의 대장부(大丈夫)는 "천하의 넓은 곳에 산다."[116]고 하였다.

천하의 넓은 곳으로서의 형이상과 형이하가 하나가 된 본래의 세계에서 살아가는 군자에게는 덕을 펼칠 수 있는 재물이 있게 되고(此有財), 사용할 수 있는 재물과 사용할 주체인 군자 그리고 대상인 천지가 있기 때문에 재물을 사용하여 재물 자체를 이롭게 하는 것은 물론 더 나아가서 천지를 이롭게 함으로써 천지인의 삼재(三才)와 더불어 합덕(合德)하게 된다(此有用).

덕이 인간다운 삶의 주체이기 때문에 다른 사람뿐만 아니라 사물을 이롭게 다스리는 정치는 먼저 자신의 덕을 쌓는 일이 해결되어야 한다. 그렇기 때문에 맹자는 먼저 천작(天爵)을 닦은 후에 인작(人爵)을 구해야 함[117]을 밝히고 있다. 천작은 사덕을 가리키는 것으로 타고난 본성의 자

115 『孟子』, 盡心章句下, "孟子曰 諸侯之寶三, 土地, 人民, 政事. 寶珠玉者, 殃必及身."

116 『孟子』, 滕文公章句下, "居天下之廣居, 立天下之正位, 行天下之大道, 得志, 與民由之, 不得志, 獨行其道. 富貴不能淫, 貧賤不能移, 威武不能屈, 此之謂大丈夫."

각을 통하여 사덕(四德)을 주체로 하는 것이 바로 천작을 닦는 것이다. 그러므로 덕을 닦은 후에 사람에 의하여 주어지는 벼슬을 얻었을 때 비로소 그 벼슬이 모든 존재를 이롭게 하는 수단이 될 수 있다. 그렇지 않으면 설사 일순간 인작(人爵)을 얻었을지라도 결국은 그것을 잃게 된다.

【원문】

德者은 本也오 財者는 末也ㅣ니, 外本內末이면 爭民施奪이니라. 是故로 財聚則民散하고 財散則民聚니라. 是故로 言悖而出者는 亦悖而入하고, 貨悖而入者는 亦悖而出이니라.

【우리말】

덕은 근본이며, 재물(財物)은 지말(支末)이다. 근본을 밖으로 하고, 지말(支末)을 안으로 하면 백성들을 다투게 하여 겁탈(劫奪)하는 것을 가르치는 것과 같다. 그러므로 재물이 모이면 백성들은 흩어지고, 재물이 흩어지면 백성들이 모인다. 그러므로 말이 도리에 어긋나게 나가면 또한 도리에 어긋나게 들어오고, 재물이 도리에 어긋나게 들어온 것은 또한 도리에 어긋나게 나간다.

【대학순역】

앞에서 군자의 주체가 되어야할 존재가 덕임을 밝혔기 때문에 이 부분에서는 이어서 덕이 주체가 되어 운용해야할 것이 재물임을 밝히고 있다. 덕과 재물이 본말(本末)의 관계라는 것은 양자가 일체적 관계임을 뜻한다. 그렇기 때문에 덕(德)이 주체가 되어 재화(財貨)를 운용하는 경제활동 역시 이루어져야함을 밝힌 것이지 오직 덕(德)만을 숭상하고 재화

117 『孟子』, 告子章句上, "孟子曰 有天爵者 有人爵者 仁義忠信 樂善不倦 此天爵也 公卿大夫 此人爵也 古之人修其天爵 而人爵從之 今之人修其天爵 以要人爵 旣得人爵 而棄其天爵 則或之甚者也 終亦必亡而已矣."

(財貨)는 버려야함을 밝힌 것이 아니다.

비록 본말이 일체적인 관계이지만 그러나 양자가 서로 구분되어지는 관계이다. 지말(支末)은 지말(支末)의 기능이 있고, 근본(根本)은 근본(根本)의 기능이 있기 때문에 지말(支末)이 근본(根本)이 될 수는 없다. 그렇기 때문에 덕(德)과 재물(財物)을 엄격하게 구분하지 않을 수 없다.

덕과 재물이 본말의 관계이기 때문에 재물은 인격적 관계를 맺는 수단이 되어야하며, 덕이 재물의 수단이 되어서는 안 된다. 그러므로 군자는 인격성을 주체로 도덕적으로 모든 존재를 이롭게 하고자 하는 뜻을 가지고 재물을 사용해야 한다. 원문에서 재산을 남에게 베풀면 백성들이 모이지만 재물을 모으면 백성들이 흩어진다고 함도 재산과 인격적 존재인 인간의 관계 역시 본말의 관계임을 밝힌 것이다.

덕과 재물이 본말의 관계임을 다시 밝히고 있는 것이 다음 부분이다. 다음 부분에서는 덕(德)이 재물의 근본이 되어야함을 언어와 재물의 출입을 통하여 밝히고 있다. 재물과 언어의 출입은 곧 재물의 운용과 언어의 사용을 뜻한다. 재물이 의롭지 않게 들어오면 의롭지 않게 나가고, 언어가 의롭지 않게 나가면 역시 의롭지 않게 들어온다는 것은 덕이 주체가 되어 언어가 사용되고, 재물이 운용되지 않으면 그 결과 역시 패륜적(悖倫的)으로 언어가 돌아오고 재물이 돌아감을 밝힌 것이다.

덕이 주체가 되어 재물을 운용하면 재물의 운용이 재물을 이롭게 하는 이물(利物)이 되지만 만약 덕이 없는 존재가 재물을 다스리게 되면 재화 역시 해롭게 된다. 『주역』에서는 천도(天道)에 근거하여 이루어지는 왕도정치를 논하면서 "재물(財物)을 손상하지도 않고, 백성들을 해롭게 하지 않는다."[118]고 하여 이 점을 밝히고 있다.

그런데 군자가 덕을 주체로 하여 재물을 운용한다는 것은 군자와 사물 그리고 그 대상으로서의 다른 사람을 둘로 보아서 그러는 것이 아니다.

---

118 『周易』, 水澤節卦(䷻) 彖辭, "天地節而四時成하나니 節以制度하야 不傷財하며 不害民하나니라."

사람과 사람의 본성이 일체일 뿐만 아니라 사물의 본성 역시 같기 때문에 모든 존재가 함께 존재할 뿐만 아니라 사물도 함께 사용하게 된다. 그것은 어떤 특정한 개인이 특정한 사물을 배타적으로 소유할 수 없음을 뜻한다. 그렇기 때문에 군자는 재물을 소유하는 것이 아니라 다른 존재와 함께 사용하며, 재화를 올바로 사용하여 재화 자체를 이롭게 할 뿐만 아니라 나와 남을 모두 이롭게 하는 것이다.

【원문】

康誥에 曰惟命은 不于常이라하니 道善則得之하고 不善則失之矣니라.

【우리말】

「강고」에서 말하기를 "천명(天命)은 어느 곳에 고정되지 않는다."고 하였으니 선(善)으로 얻고, 불선(不善)으로 잃음을 말한 것이다.

【대학순역】

앞에서 왕도정치의 주체가 되는 덕과 그것을 운용하는 매개인 재물을 중심으로 천명에 대하여 논하였다 그것은 역생도성의 관점에서 덕을 주체로 하였을 때 비로소 천명이 주어짐을 밝힌 것이다.

이 부분에서는 도생역성의 관점에서 천명에 관하여 논하고 있다. 만약 역생도성의 관점에서 덕을 통하여 천명을 얻는 것으로만 생각하면 한번 천명을 자각한 존재는 항상 천명(天命)을 소유하는 것으로 오해하기 쉽다. 폭군(暴君)인 걸왕(桀王)이 자신이 천자(天子)의 위(位)에 있는 것은 하늘의 태양이 있는 것과 같아서 태양이 사라지지 않는 한 자신의 천자의 위가 사라지지 않을 것이라고 생각한 것이 바로 그러한 예이다.[119]

그러나 도생역성의 관점에서 보면 천명은 특정한 개인에게만 항상 머

119 『孟子集註』, 梁惠王章句上, "桀嘗自言 吾有天下 如天之有日 日亡吾乃亡耳."

물러 있지 않는다. 천명은 천도를 인간 주체적으로 자각하였을 때 밝혀지는 존재이다. 그런데 천도의 내용은 시간성으로 그것이 매 시간에 있어서 그 시간의 존재근거인 시의성으로 드러난다. 그렇기 때문에 천도를 인간 주체적으로 자각하였다는 것은 시의성을 천명으로 자각하였음을 뜻한다.

천명이 시의성의 주체적 자각을 통하여 밝혀지는 존재라는 점에서 보면 시간은 그침이 없이 흐르기 때문에 시간의 흐름을 통하여 드러나는 만물의 변화 현상 자체가 모두 천명의 현현이 아님이 없다. 그렇기 때문에 맹자(孟子)는 "명(命)이 아닌 것이 없으니 오직 그 바름을 따를 뿐이다."[120]고 하였다. 이는 정도(正道)를 실천하면 그것이 어떤 일이거나를 막론하고 주어진 일을 처리한 것이 그대로 천명(天命)을 봉행(奉行)함이 됨을 뜻한다.

본성과 관련하여 선과 불선을 이해할 때 그것은 곧 본성을 보존함과 그렇지 못함의 문제이다. "선(善)으로 천명(天命)을 얻는다."는 것은 천명(天命)을 잃지 않고 보존하는 방법을 나타낸 것이다. 본성을 주체로 그것을 실천하는 중용(中庸)이 곧 천명을 잃지 않고 보존하는 방법이다. 그러므로 『주역』에서는 본성을 보존하고 보존하는 것이 도의의 세계에 들어가는 문[121]이라고 하였다.

선(善)을 통하여 천명(天命)을 보존하고 불선(不善)을 통하여 천명(天命)을 잃는다는 것은 중도(中道)를 정도(正道)로 실천하는 집중(執中)과 중용(中庸)이 곧 천명(天命)을 보존하는 방법임을 뜻한다. 인간의 본래성으로서의 지성(智性)과 인성(仁性)을 바탕으로 예(禮)와 의(義)를 실천하는 것이 바로 천명(天命)을 보존(保存)하는 방법인 것이다.

---

120 『孟子』, 盡心章句上, "孟子曰 莫非命也 順受其正 是故 知命者不立乎巖牆之下 盡其道而死者正命也 桎梏死者非正命也."

121 『周易』, 繫辭上篇 第七章, "天地ㅣ設位어든 而易이 行乎其中矣ㅣ니 成性存存이 道義之門이라."

【원문】

楚書에 曰楚國은 無以爲寶ㅣ오 惟善을 以爲寶ㅣ라 하니라. 舅犯이 曰亡人은 無以爲寶ㅣ오 仁親을 以爲寶ㅣ라 하니라.

【우리말】

「초서」에서 말하기를 "초나라에는 보배로 삼을 것이 없으며, 오직 선으로 보배를 삼는다."고 하였다. 구범이 말하기를 "도망 온 사람은 보배로 삼을 것이 없고, 어버이를 사랑함을 보배로 삼는다."고 하였다.

【대학순역】

이 부분에서는 국가사회에서 가장 중요한 존재가 선성(善性), 사덕(四德)임을 밝히고 있다. 『주역』에서는 사상의 하나인 원(元)을 선(善)의 으뜸[122]이라고 하여 인예의지(仁禮義智)의 사덕(四德)을 선(善)으로 규정하고 있다.

국가사회는 인격적 존재인 사람과 사람이 만나서 형성된 인격적 사회이다. 그렇기 때문에 국가 사회의 본질 역시 사람의 본성인 인예의지의 사덕이다. 그러므로 초나라라는 국가사회에서 가장 존귀한 존재는 곧 선이라고 하였다.

가정사회 역시 인격적 존재인 사람과 사람에 의하여 구성된 사회이다. 그러므로 가정사회의 가장 중요한 요소도 역시 인간의 본성이다. 본성은 사람의 육신(肉身)의 근본이 될 뿐만 아니라 나라를 다스리고 가정을 다스리는 주체가 된다.

인간의 본래성이 모든 사람의 존재근거이며, 참된 자기이다. 그러므로 인간의 본래성이 개체적 관점에서는 수신(修身)의 근거이자 언행(言行)의 주체이며, 가정의 관점에서는 제가(齊家)의 근거이고, 국가의 관점에

122 『周易』, 重天乾卦(☰) 文言, "元者는 善之長也ㅣ오."

서는 치국의 원리이며, 천하의 관점에서는 평천하의 원리이다.

【원문】

秦誓에 曰若有一介臣이 斷斷兮오 無他技나 其心休休焉한데 其如有容焉이라 人之有技를 若己有之하며, 人之彦聖을 其心好之ㅣ 不啻若自其口出이면 寔能容之라 以能保我子孫黎民이니 尙亦有利哉인져 人之有技를 媢疾以惡之하며, 人之彦聖을 而違之하야 俾不通이면 寔不能容이라 以不能保我子孫黎民이니 亦曰殆哉인져.

【우리말】

「진서(秦誓)」에서 말하기를 "만약 하나의 신하가 있어서 단단할 뿐 다른 기예가 없으나 그 마음이 아름답고 아름다워 모든 것을 용납함이 있어서 다른 사람의 재주가 있음을 자기가 있는 듯이 여기고, 남의 아름답고 성스러움을 마음에서 좋아함이 자기 입에서 나온 것보다 더하면 이는 능히 남을 포용하여 나의 자손과 백성을 보존할 것이니 더 나아가서 또한 이로움이 있을 것이다. 다른 사람이 재주가 있는 것을 시기하고 미워하며, 남의 아름답고 성스러움을 어겨서 하여금 통하지 못하게 하면 이는 능히 포용함이 없어서 나의 자손과 백성들을 보존할 수 없으니 또한 위태로울 것이다."라고 하였다.

【대학순역】

이 부분에서는 진서(秦誓)를 인용하여 나라를 다스리는 주체가 도덕성(道德性)임을 거듭 밝히고 있다. 본문의 내용을 보면 도덕성이 주체가 되어 살아가는 사람과 그렇지 못한 사람을 서로 비교하여 나타내고 있다.

군자는 자신의 본성을 주체로 살아가는 도덕적 존재이다. 본성은 형이상적 존재로 나와 남의 구분이 없다. 그렇기 때문에 군자는 무아(無我)이며, 무아(無我)이기 때문에 남과 내가 일체임을 알고 모든 존재와 더불어 산다.

군자는 나와 남이 일체임을 알기 때문에 자신이 갖고 있는 재주를 천하를 위하여 사용할 뿐만 아니라 자신이 갖고 있지 않은 남의 재주를 자기가 갖고 있는 것처럼 아낀다. 그리하여 그 재주가 천하의 모든 사람에게 이로울 뿐만 아니라 모든 존재에게 이롭게 쓰이도록 한다.

그러나 소인은 자신의 재주를 오직 자신의 이익을 위하여 사용할 뿐만 아니라 자신에게 없는 재주를 남이 갖고 있을 때도 그 재주를 자신의 이익을 위하여 사용하고자 할 뿐 천하의 백성들과 함께 하고자 하지 않는다.

본래 모든 사람의 본성이 같을 뿐만 아니라 물리적 생명 역시 부모라는 다른 존재로부터 빌려온 것이며, 그러한 물리적 생명의 유지 역시 다른 모든 존재의 사랑으로 유지하게 된다. 그렇기 때문에 자신이 어떤 존재인지를 아는 사람이라면 자신을 자신의 소유로 여기지 않을 뿐만 아니라 그렇기 때문에 온 천하를 위하여 자신의 삶을 살아가게 된다.

또한 시간적으로 자신의 생명을 존재하게 한 부모를 존재하게 한 조상의 은덕을 생각하지 않을 수 없고, 자신의 생명에 의하여 새롭게 존재하는 자식과 그 후손들을 자신과 같이 여기지 않을 수 없다. 그러므로 자신의 본성을 깨달아서 그것을 주체로 살아가는 군자는 공간상으로 천지를 하나로 여기며 살아갈 뿐만 아니라 시간상으로 과거와 미래를 하나로 합덕(合德)하여 살아간다.

원문에서 나와 남을 일체로 여기며 살아가는 사람은 자손과 백성을 보존할 뿐만 아니라 이롭게 할 수 있다고 한 것은 현재 뿐만 아니라 미래에도 영원할 것임을 밝힌 것이다. 인용문이 비록 진나라는 특수한 시공을 배경으로 하지만 그러나 이때의 군신을 보편화하면 군은 곧 천이라고 할 수 있고, 신은 곧 군자라고 할 수 있다. 그러므로 인용문의 내용은 천이 군자에게 이르는 말이라고 할 수도 있다.

내 자손과 백성은 곧 하늘이 낳은 백성으로 천하의 만민을 가리킨다. 따라서 군자라는 인격적 존재만이 천하의 만민을 올바로 이끌 것임을 밝힌 것이다. 그것은 또한 군자에게 주어진 사명이라고 할 수 있다.

【원문】

唯仁人이아 放流之하야 迸諸四夷하야 不與同中國하나니 此謂唯仁人이아 爲能愛人하며 能惡人이니라.

【우리말】

오직 어진 사람이라야 이들을 추방하여 사방 오랑캐의 땅으로 내쫓아서 나라 가운데서 함께 할 수 없게 한다. 이를 일러 오직 어진 사람이라야 능히 다른 사람을 사랑하고 미워한다고 말한다.

【대학순역】

어진 사람(仁人)은 자신의 본성을 자각하여 그것을 주체로 살아가는 사람이다. 그러므로 그 사람의 모든 행위는 곧 다른 사람들을 제도(濟渡)하는 행위가 된다. 그렇기 때문에 소인(小人)을 사방의 오랑캐 나라로 추방하여 중국과 더불어 함께하지 않는 것도 곧 소인 자신을 위하여 그러는 것이어야 한다.

군자는 소인의 인격성 자체를 의심하고 미워하는 것이 아니라 각각의 행위 자체를 미워할 뿐이기 때문에 불선(不善)한 행위를 선(善)으로 돌릴 수 있도록 소인(小人)을 교화하는 것이다. 그것이 바로 일시적인 사회와의 격리인 추방이라는 행위이다. 『주역』에서는 "형벌이 맑으면 백성들이 심복한다."[123]고 하여 형벌 역시 백성들을 위한 군자의 정치임을 밝히고 있다.

『논어』에서도 "어진 사람이라야 능히 사람을 미워하고, 능히 사람을 좋아한다."[124]고 하여 군자라야 『중용』에서 언급된 시의성(時義性)에 적

123 『周易』, 雷地豫卦(䷏) 彖辭, "聖人이 以順動이라 則刑罰이 淸而民이 服하나니."

124 『論語』, 里仁, "子曰 唯仁者能好人 能惡人."

중(的中)하는 언행(言行)을 할 수 있음을 밝히고 있다.

군자의 도를 중심으로 위의 내용을 이해하면 중국(中國)은 중도(中道)의 세계를 가리키며, 사이(四夷)는 정도(正道)에서 벗어난 소인(小人)의 세계, 소인(小人)의 도(道)를 가리킨다. 그러므로 중국(中國)에서 사이(四夷)로 추방한다는 것은 군자(君子)가 소인(小人)의 도(道)를 벗어나서 영원히 멀리하여 성인의 도(道)와 합덕(合德)함을 뜻한다. 그것은 소인(小人)을 버리는 것이 아니라 소인(小人)의 도(道)를 버리는 것이다. 그렇기 때문에 『주역』에서는 "소인(小人)은 멀리하되 미워하지 말고 엄하게 대하라."[125]고 하여 소인의 도를 버릴 뿐 소인을 버리지 않음을 밝히고 있다.

【원문】

見賢而不能擧하며, 擧而不能先이 命也ㅣ오, 見不善而不能退하며, 退而不能遠이 過也ㅣ니라.

【우리말】

어진 사람을 보고 능히 천거(薦擧)하여 등용(登用)하지 못하며, 천거(薦擧)하여 등용(登用)하되 먼저 하지 못함은 명(命)이나 불선(不善)을 보고 능히 물러나지 못하며, 물러나서 능히 멀리하지 못함은 과실이다.

【대학순역】

이 부분에서는 어진 사람을 천거하여 천하를 이롭게 하는 일을 들어서 어진 사람이라야 사람을 능히 좋아하고 능히 미워할 수 있음을 밝히고 있다. 그것은 다시 말하면 어진 사람이라야 비로소 다른 존재와 더불어 조화를 이루며 살아갈 수 있음을 밝힌 것이다.

자신의 본성을 자각하여 사덕(四德)을 주체로 살아가는 군자라야 다른

125 『周易』, 天山遯卦(䷠) 大象, "天下有山이 遯이니 君子以하야 遠小人호대 不惡而嚴하나니라."

사람의 어진 덕을 능히 볼 수 있는 지혜와 천하를 위하여 다른 사람의 어진 덕을 사용하게 할 수 있는 자비(慈悲:仁)를 갖고 살아간다. 그렇기 때문에 시의성(時義性)에 따라서 행도(行道)를 하게 된다.

군자가 다른 사람의 어짐을 보고 그로 하여금 천하를 위하여 사용하고자 군주(君主)에게 천거(薦擧)할 수도 있고, 등용(登用)이 되지 않거나 등용이 될지라도 자신 보다 상위(上位)의 자리에 등용이 되지 않을 수도 있다. 그러나 그것은 천거된 사람과 군자 그리고 백성들과 관련된 천명(天命)에 의하여 나타나는 현상이므로 그것이 군자 자신의 허물이라고 할 수는 없다.

그러나 정치를 행함에 있어서 불선(不善)을 보고서도 물러나지 않으며, 물러나서도 불선(不善)을 멀리하지 않는 것은 자신의 허물이다. 왜냐하면 통치자의 불선을 보고 그것을 고치고자 하여도 불가능 함에도 불구하고 물러나지 않거나 물러나서도 멀리하지 않음은 시의성을 아는 지혜가 없거나 시의성을 알면서도 지위와 권력에 대한 욕심을 버리지 못하였기 때문에 일어나는 일이기 때문이다.

군자는 천지의 마음을 자신의 마음으로 삼고, 천지를 자신의 몸으로 삼고 살아가는 존재로 그것을 『주역』의 지산겸괘(地山謙卦:䷎)에서는 겸덕(謙德)으로 규정하고 그것이 천지인(天地人) 삼재(三才)의 세계를 일관함을 밝히고 있다.[126] 그러므로 군자는 자신에게는 엄격하고 남에게는 관용을 베풀며, 자신은 낮추고 상대방을 공경한다. 겸손은 남을 공경하는 동시에 자신을 낮추는 것으로 그것이 허물을 대할 때 남에게는 관용을 베풀고 자신에게는 엄격한 태도로 나타나는 것이다.

앞에서는 도생역성의 관점에서 실천을 중심으로 본문을 이해하였다. 그러나 역생도성의 관점에서 군자의 학문을 중심으로 위의 내용을 이해

126 『周易』, 地山謙卦(䷎) 彖辭, "彖曰 謙亨은 天道ㅣ下濟而光明하고 地道ㅣ卑而上行이라 天道는 虧盈而益謙하고 地道는 變盈而流謙하고 鬼神은 害盈而福謙하고 人道는 惡盈而好謙하나니 謙은 尊而光하고 卑而不可踰ㅣ니 君子之終也ㅣ라."

하면 다음과 같다. 군자는 오직 학문을 통하여 덕을 쌓을 뿐 다른 사람에 의하여 등용의 여부나 관직의 낮고 높음에 연연해서는 안 된다. 『주역』에서는 학문을 통하여 덕을 쌓는 군자를 세상과 그 뜻을 바꾸지 않고 세상에서 멀리 떠나서 오직 학문에 매진하여 그릇됨을 보고도 번민하지 않으며, 즐거우면 행하고 근심스러우면 어겨서 확고하여 뽑아버릴 수 없는 잠룡(潛龍)[127]으로 규정하고 있다.

학문을 통하여 덕을 쌓는 과정에 있는 군자는 만약 불선(不善)을 보면 당연히 그것으로부터 물러나야 하며, 물러나서도 멀리하여 다시 불선(不善)을 행하는 일이 없어야 한다. 『논어』에서는 안자(顏子)를 유일한 학문을 좋아하는 제자로 논하고 있는데, 『주역』에서는 호학(好學)의 방법을 구체적으로 "허물이 있으면 반드시 알 뿐만 아니라 한 번 행한 잘못은 반드시 고쳐서 다시 반복하지 않아서 후회하는 지경에 이르지 않고 본성을 회복함"[128]으로 밝히고 있다.

【원문】

好人之所惡하며, 惡人之所好ㅣ 是謂拂人之性이라 災必逮夫身이니라. 是故로 君子는 有大道하니 必忠信以得之하고 驕泰以失之니라.

【우리말】

남의 미워하는 것을 좋아하며, 남이 좋아하는 것을 싫어하는 것을 일러 사람의 성품을 거스른다고 한다. 이러한 사람은 반드시 재앙이 몸에 미칠 것이다. 그러므로 군자는 대도가 있으니 반드시 충신(忠信)으로 얻고, 교만(驕慢)과 방자(放恣)함으로 잃는다.

127 『周易』, 重天乾卦(䷀) 初爻 文言, "不易乎世 不成乎名 遯世无悶 不見是而无悶 樂則行之 憂則違之 確乎其不可拔潛龍也"

128 『周易』, 繫辭下篇 第五章, "子曰 顏氏之子ㅣ 其殆庶幾乎ᆫ뎌有不善이면 未嘗不知하며 知之ㅣ면 未嘗復行也하나니 易曰不遠復이라 无祗悔니 元吉이라하니라."

【대학순역】

이 부분은 자신의 본성을 자각한 군자라야 중화(中和)를 이룸을 밝힌 것이다. 그것은 어떤 외적인 조건에도 마음이 흔들림이 없이 항상 정도(正道)를 행할 수 있는 존재가 군자임을 밝힌 것이다.

사람의 좋아하고 싫어하는 것은 모두 본성의 발현이다. 그렇기 때문에 모든 사람의 본성이 같은 점에서 보면 다른 사람이 좋아하는 선(善)을 좋아하고, 다른 사람이 싫어하는 불선(不善)을 싫어하는 것이 옳다.

그러나 소인은 본성을 주체로 살아가지 않고 이익을 주체로 살아가는 존재이다. 그렇기 때문에 다른 사람이 좋아하는 선(善)을 싫어하고, 다른 사람이 싫어하는 불선(不善)을 좋아한다고 할 수 있다. 그렇기 때문에 소인은 사람의 본성을 거스른 것이라고 할 수 있다.

소인(小人)들이 본성을 거스르기 때문에 좋아하고 싫어하는 것이 모두 마음에 흔적으로 남아서 훗날 그것이 새로운 언행(言行)을 낳는 원인이 된다. 그렇기 때문에 본인은 물론 타인에게 갈등을 야기하게 되는 것이다. 그러므로 위의 원문에서 본성을 거스르게 되면 반드시 재앙(災殃)이 미친다고 하였다.

그러나 군자는 본성을 주체로 살아가는 존재이다. 그렇기 때문에 미워하면서도 마음에 그 흔적이 남아 있지 않을 뿐만 아니라 그 상대방에게는 그것이 그대로 인(仁)의 실천이 된다. 그것을 『중용』에서는 중화(中和)를 이룬다고 하였을 뿐만 아니라 시의성(時義性)에 적중(的中)하는 시중(時中)이라고 하였고, 중도(中道)와 계합(契合)하는 중용(中庸)이라고 하였다.

군자가 본성을 주체로 살아가기 위해서는 학문을 통하여 자기를 닦는 수기치인(修己治人)의 과정이 필요하다. 자기를 닦는 방법은 본성을 보존하는 하는 것이다. 『주역』에서는 "갖추어진 본성을 보존하고 보존하는 것이 도의(道義)의 문(門)이다."[129]고 하여 이 점을 밝히고 있다.

---

129 『周易』, 繫辭上篇 第七章, "天地ㅣ設位어든 而易이 行乎其中矣ㅣ니 成性存存이 道義之門이라."

본성을 보존하는 방법인 충신(忠信)이다. 그렇기 때문에 『주역』에서는 "충신(忠信)이 덕(德)에 나아가는 길이다."[130]고 하였을 뿐만 아니라 『논어』에서는 학문은 충신(忠信)을 위주로 해야 함[131]을 밝히고 있다.

【원문】

生財ㅣ 有大道하니 生之者ㅣ 衆하고 食之者ㅣ 寡하며, 爲之者ㅣ 疾하고 用之者ㅣ 舒하면 則財恒足矣리라.

【우리말】

재물을 생산하는 데는 큰 도가 있으니 생산하는 사람은 많고, 그것을 소비하는 사람은 적으며, 만드는 것이 빠르고, 사용하는 것이 느리면 재물이 항상 풍족할 것이다.

【대학순역】

이 부분은 일견(一見)하면 단순하게 경제(經濟)의 측면에서 수요와 공급을 중심으로 언급한 것으로 생각할 수 있다. 일차적으로 생산자, 제조업자가 재화를 소비하는 소비자 보다 많아서 생산량이 소비량보다 많으면 항상 재화가 풍족할 것이며, 재화의 생산이 빠르고 재화의 소비가 느리면 역시 재화가 항상 풍족할 것은 자명하다.

그러나 이 부분에서 논하고자 하는 것은 재화의 수요와 공급에 의하여 이루어지는 재화 자체의 가치에 그 관점이 있는 것이 아니다. 다시 말하면 이 부분에서 언급하고 자하는 것은 경제 활동 자체의 문제가 아니라 덕을 주체로 이루어지는 경제활동에 관하여 언급하고 있는 것이다.

앞에서 언급된 바와 같이 재화는 사람의 삶을 위한 수단일 따름이다.

---

130 『周易』, 重天乾卦(☰) 文言, "子ㅣ曰 君子ㅣ進德修業하나니 忠信이 所以進德也ㅣ오 修辭立其誠이 所以居業也ㅣ라."

131 『論語』, 子罕, "子曰 主忠信 毋友不如己者 過則勿憚改."

그러므로 덕이 근본이며, 재화는 지말이라고 하였다. 사람이 살아가는 과정에서 물리적 생명을 보존하고, 그것을 바탕으로 본질적 생명인 도덕성을 시공에서 확충하기 위하여 재화를 운용하게 된다. 그러므로 재화의 운용은 오직 인격성의 현현이라는 목적에서만 이루어져야 한다.

재화의 운용이 인간의 본성인 지성과 인성을 주체로 예의를 실천하는 수단으로 사용되기 때문에 재물의 사용 자체가 모든 존재를 이롭게 하는 목적에서 사용되어지는 것이다. 물론 그 가운데는 재화를 운용하는 주체나 대상 그리고 재화 역시 포함된다. 그러므로 덕을 주체로 재화를 운용하는 사람은 반드시 재화를 올바로 사용하여 재화 역시 이롭게 사용한다.

덕을 주체로 하여 재화를 사용함으로써 재화를 이롭게 함은 곧 재화를 그 본질인 용도성에 따라서 사용함으로서 그것이 그것으로 존재하게 하여주는 것이다. 용도성에 맞게 재화를 사용하는 것이 이른바 근검절약이다. 재화를 반드시 사용해야할 때 사용하고, 사용하지 말아야할 때 사용하지 않음으로써 그 존재 가치를 높여주는 것이 근검절약이다.

원문의 내용을 바탕으로 요즈음의 우리 사회를 돌아보면 시사점이 많다. 오늘날의 우리 사회에서 빈부(貧富)의 격차(隔差)가 심해지는 현상은 절대빈곤(絶對貧困)에서 비롯되는 경우보다도 오직 부(富)의 축적이라는 경제활동이 중심이 되고 본성(本性)이라는 근본을 버렸기 때문에 일어나는 현상이다. 만약 나라는 개인의 이익만을 위하여 재화(財貨)를 사용하지 않고 공익(共益)을 위하여 사용하고, 근검절약(勤儉節約)한다면 빈부(貧富)의 격차(隔差)로 인하여 발생하는 사회적인 불만(不滿)이나 갈등(葛藤), 더 나아가서 보다 많은 재화(財貨)의 획득(獲得)을 통한 이익의 추구로 인하여 자연을 파괴함으로써 자연으로부터 받는 재앙(災殃)은 사라질 것이다.

【원문】

仁者는 以財發身하고 不仁者는 以身發財니라.

【우리말】

어진 사람은 재물을 사용하여 사람을 일으키고, 어질지 못한 사람은 몸을 버려서 재물을 일으킨다.

【대학순역】

근본유학에서는 인간의 모든 활동의 주체를 사덕(四德)으로 규정하고 있다. 따라서 인간의 모든 활동은 도덕이 기준이 되어야 한다. 오늘날의 경제 활동 역시 그 주체가 인간이기 때문에 항상 도덕을 기준으로 이루어져야 한다. 경제 활동 자체만을 따로 떼어 내어 적은 투자로 최대한의 이윤만을 남기려는 사고는 그릇된 것이다.

경제 활동과 군자의 도(道)인 인의원리(仁義原理)가 무관하지 않음을 밝힌 것이 뒷부분이다. 자신의 본성을 주체로 살아가는 사람은 재물을 매개로 자신의 도덕성을 천하에 밝히지만 소인은 자신의 본성을 버려서 재화를 얻고자 한다.

재화는 본래 인간의 삶의 수단이지 그것 자체가 목표가 될 수는 없다. 그렇기 때문에 오직 인격적인 만남의 수단으로서 만이 재화가 사용되어야 한다. 맹자가 이익을 앞세우고 의를 뒤로 하는 양혜왕(梁惠王)을 향하여 오직 인의(仁義)만이 있을 따름[132]이라고 외친 까닭이 여기에 있다.

그러나 그것이 재화를 배격하라는 것은 아니다. 맹자(孟子)가 선의후리(先義後利)[133]하라고 한 것과 같이 재물이 근본이 되어서는 안 되며, 도덕성이 근본이 되어야함을 밝힌 것이다. 그것이 바로 재물을 올바로 다스리는 방법이다. 그것은 의(義)를 본체(本體)로 하였을 때 비로소 진정한 의미의 이(利)로움이 생하게 됨을 밝힌 것이다. 왜냐하면 형이상적 존재인 의(義)는 형이하적 존재인 이(利)를 포함할 수 있지만 이(利)는 의

132 『孟子』, 梁惠王章句上, "孟子見梁惠王 王曰 叟不遠千里而來 亦將有以利吾國乎 孟子對曰 王何必曰利 亦有仁義而已矣."

133 『孟子』, 梁惠王章句上, "苟爲後義而先利 不奪不饜 未有仁而遺其親者也, 未有義而後其君者也 王亦曰仁義而已矣 何必曰利"

(義)를 포함할 수 없기 때문이다.

【원문】

未有上好仁而下不好義者也ㅣ니, 未有好義오 其事不終者也ㅣ며, 未有府庫財ㅣ 非其財者也ㅣ니라.

【우리말】

윗사람이 인을 좋아하는데 아랫사람이 의를 좋아하지 않음이 없으며, 의를 좋아하고서 일이 마쳐지지 않는 경우가 없으며, 부고(府庫)의 재물이 그 사람의 재물이 아닌 경우가 없다.

【대학순역】

이 부분에서는 인의원리가 사람이 재물을 다스리는 원리일 뿐만 아니라 사람과 사람의 만남의 원리임을 다시 강조하고 있다. 백성을 다스리는 사람이 인(仁)을 좋아하면 아랫사람들도 역시 인의(仁義)를 좋아하게 된다. 그렇기 때문에 『주역』에서는 "인(仁)을 체득(體得)하여 그것을 주체로 살아가야 비로소 다른 사람의 윗사람이 될 수 있다."[134]고 하였다.

또한 의(義)를 좋아하는 사람은 반드시 자신에게 주어진 일을 마무리하게 된다. 왜냐하면 자신에게 주어진 모든 사건은 곧 천명(天命)이기 때문이다. 맹자(孟子)는 "명(命)이 아닌 것이 없으니 오직 정도(正道)를 따를 뿐이다."[135]고 하여 일상의 모든 일이 자신에게 주어진 역사적 사명임을 자각하고 항상 정도(正道)를 행하여야함을 밝히고 있다.

재화의 창고에 있는 모든 재물이 자기의 것이 아님이 없다는 것은 자신의 이익을 위하여 재화를 사용하고자 하는 것이 아니라 백성들을 위하

---

134 『周易』, 重天乾卦(䷀) 文言, "君子 體仁足以長人"

135 『孟子』, 盡心章句上, "孟子曰 莫非命也, 順受其正, 是故知命者不立乎巖牆之下. 盡其道而死者, 正命也, 桎梏死者, 非正命也."

여 사용하고자 할 때 그것이 모두 자신의 것이 아님이 없음을 뜻한다.

본래 천지 사이의 만물은 다스리는 사람과 백성들이 공유(共有)한다. 뿐만 아니라 시간적으로도 과거의 사람들과 공유(共有)할 뿐만 아니라 미래의 사람들과도 공유하는 것이다. 그런 점에서 보면 본래 재물은 특정한 개체가 소유할 수 있는 것이 아니라 오직 모든 존재의 이익을 위하여 사용할 수 있을 따름이다.

다스리는 사람이 백성과 재물(財物)을 공유(共有)한다는 것은 모든 존재가 함께 존재(共存)하기 때문에 더불어 살아가며(共生), 그렇기 때문에 함께 사용(共用)하는 것이다. 이처럼 공생, 공용, 공존이 가능한 것은 모든 존재가 일체(共體)일 뿐만 아니라 마음 역시 일체(共心)이기 때문이다.

【원문】

孟獻子ㅣ 曰畜馬乘은 不察於鷄豚하고, 伐氷之家는 不畜牛羊하고, 百乘之家는 不畜聚斂之臣하나니, 與其有聚斂之臣으론 寧有盜臣이라하니, 此謂國不以利爲利오 以義爲利也ㅣ니라.

【우리말】

맹헌자가 말하기를 "마승을 기르는 사람은 닭과 돼지를 기르는 것에 관심을 갖지 않고, 얼음을 사용하는 집안에서는 소와 양을 기르지 않고, 백승의 집안에서는 취렴하는 가신을 기르지 않으니 취렴하는 신하를 기르기보다는 차라리 도둑질하는 신하를 두라."고 하였으니 이것을 일러 "나라는 이익으로써 이로움을 삼지 않고, 의(義)를 이로움으로 삼는다."는 것이다.

【대학순역】

이 부분에서는 의(義)와 리(利)의 관계를 통하여 이상적인 정치가 의(義)를 근거로 이루어지는 왕도정임을 밝히고 있다. 나라가 의(義)를 이로움으로 여길 뿐 이로움을 이로움으로 여기지 않는다는 것은 의(義)를 체(體)로 할 때 이(利) 역시 작용하게 됨을 밝힌 것이다. 다시 말하면 의(義)와 리(利)가 체용(體用)의 관계임을 밝힌 것이다.

『맹자』에서는 양혜왕(梁惠王)이 오직 이로움(利)을 중심으로 정치를 행하고자 함을 비판하고, 만약 이로움을 앞세우고 의를 뒤로 하는 선리후의의 태도로 정치를 행하면 국가가 위태롭다고 하여 의와 리가 선후의 관계임을 밝히고 있다. 이는 의체리용(義體利用)의 관계를 선후(先后)를 통하여 나타낸 것이라고 할 수 있다.

『주역』에서는 인도(人道)의 내용을 인의(仁義)[136]로 규정하고 있을 뿐만 아니라 정치를 행하는 원리를 의(義)[137]로 규정하고 있다. 이는 정치가 인(仁)을 주체로 하여 이루어지는 인정(仁政)이며, 그것이 백성들을 위하여 이루어지는 의(義)로운 정치임을 밝힌 것이다.

상위(上位)의 관리가 하급 관리와 백성들을 다스릴 때 백성들을 착취(搾取)하는 신하보다는 자신의 재물을 훔치는 신하를 둔다는 것은 모든 관리가 자신의 이로움을 위하여 정치를 할 것이 아니라 의(義)를 주체로 해야 함을 밝힌 것이다.

【원문】

長國家而務財用者는 必自小人矣니 彼爲善之하여 小人之使爲國家ㅣ면 災害竝至라 雖有善者ㅣ나 亦無如之何矣니 此謂國은 不以利爲利오 以義爲利也ㅣ니라.

【우리말】

국가의 어른이 되어서 재용을 힘쓰는 사람은 반드시 소인으로부터 시

136 『周易』, 說卦 第二章, "昔者聖人之作易也는 將以順性命之理니 是以立天之道曰陰與이오 立地之道曰柔與剛이오 立人之道曰仁與義니"

137 『周易』, 繫辭下篇 第一章, "理財하며 正辭하며 禁民爲非曰義라."

작되니 소인으로 하여금 국가를 다스리게 하면 천재(天災)와 인재(人災)가 함께 닥쳐서 비록 잘하는 사람이 있어도 또한 어쩔 수 없는 것이다. 이것을 일러 "나라는 이(利)를 이익(利益)으로 여기지 않고 의(義)를 이로움으로 여긴다."고 말한다.

【대학순역】

이 부분은 『대학』의 끝 부분으로 치국의 문제를 중심으로 대학의 도(道)를 요약하여 나타내고 있다.

국가사회를 다스리는 치국원리는 의(義)이다. 그렇기 때문에 이 부분에서는 치국원리가 의(義)임을 다시 강조하는 것으로 끝을 맺고 있다. 의(義)가 주체가 되었을 때 나타나는 것이 이(利)이다. 그것은 의(義)와 리(利)가 체용(體用)의 관계임을 뜻한다. 그렇기 때문에 맹자는 의(義)와 리(利)를 선후관계를 통하여 선의후원리(先義後利)[138]라고 하였다.

의(義)는 사물을 다스리는 원리이다. 사물을 그 본질인 용도성에 따라서 다스리는 것이 바로 의(義)를 주체로 사물을 다스리는 것이다. 『주역』에서는 "사물을 이롭게 함으로써 족히 의(義)와 부합한다."[139]고 하였다. 이를 통하여 의(義)와 리(利)가 체용의 관계임을 알 수 있을 뿐만 아니라 의(義)가 사물을 이롭게 하는 이물(利物)로 나타남을 알 수 있다.

그런데 사물의 본질을 알기 위해서는 지성(知性)이 열려야 한다. 또한 사물을 그 본질인 용도성에 따라서 다스리는 문제 역시 시의성(時義性)을 전제로 한다. 사물의 본질이 무엇인가를 아는 것과 더불어 다스림의 때를 아는 것이 필요한 것이다.

그러나 앎의 실천은 인성(仁性)을 주체로 할 때 비로소 이루어진다. 인성(仁性)에 의하여 사물에까지 예(禮)가 확충(擴充)됨으로써 사물을 이

138 『孟子』의 梁惠王章句上에서는 "苟爲後義而先利, 不奪不饜. 未有仁而遺其親者也, 未有義而後其君者也. 王亦曰仁義而已矣, 何必曰利"라고 하여 先義後利해야함을 밝히고 있다.

139 『周易』, 重天乾卦(☰) 文言, "利物足以和義"

롭게 하는 의(義)가 실천되는 것이다. 인성(仁性)은 사물과 인격적 존재인 내 본성을 일체로 여기는 애물(愛物)로 나타난다. 그렇기 때문에 사물을 다스리더라도 사물을 아끼는 마음에서 그 본질에 따라서 다스리되 시의성(時義性)에 적중하게 다스리는 것이다. 그것을 일러 사물을 이롭게 한다고 한다.

『주역』에서는 의(義)를 주체로 하여 사물을 그 본질인 용도성에 따라서 다스림으로써 사물을 이롭게 하는 것은 물론 더 나아가서 모든 존재가 이롭게 하는 것을 유만물지정(類萬物之情)[140]으로 규정하고 있다. 이는 의(義)를 중심으로 군자의 명(命)인 예의(禮義)를 함께 논한 것이라고 할 수 있다.

의(義)가 비록 국가사회를 다스리는 치국원리이지만 그 가운데는 가정과 타인은 물론 자신이 포함될 뿐만 아니라 그렇기 때문에 예(禮)와 인(仁) 그리고 지성(知性)이 모두 전제된다는 점에서 인간의 본성을 세계를 향하여 확충(擴充)하는 것이 인정(仁政)으로서의 왕도정치(王道政治)원리임을 알 수 있다. 그런 점에서 의(義)를 중심으로 인간의 본성의 세계를 나타낸 것이 국가사회이자 천하라고 할 수 있다.

주회암은 이 부분까지를 전(傳)의 제십장(第十章)으로 규정하고 그 내용을 치국(治國), 평천하(平天下)를 풀이하였다고 하였다. 그리고 전십장(傳十章)의 내용을 정리하여 다음과 같이 밝히고 있다.

> 무릇 전 십장 가운데서 앞의 네 장(章)은 강령(綱領)의 지취(指趣)를 통합(統合)하여 논하였고, 뒤의 여섯 장(章)은 조목(條目)의 공부를 자세하게 논하였다. 제5장은 선(善)을 밝히는 요체(要諦)이며, 제6장은 자신을 성실하게 하는 근본으로 초학자(初學者)들에게는 더욱 마땅히 힘써야할 급선무(急先務)이다. 그러므로 (그것을) 읽는 사람들은 천근(淺近)하다고 여겨 소홀(疎忽)하게 대해서는 안 된다.[141]

140 『周易』, 繫辭下篇 第二章, "以通神明之德하며 以類萬物之情하니"

141 朱晦菴, 『大學章句』, "凡傳十章 前四章 統論綱領指趣 後六章 細論條目工夫 其第五章 乃明善之要 第六章 乃誠身之本 在初學 尤爲當務之急 讀者不可以其近而忽之也."

위의 내용을 보면 경전에서 밝힌 강령과 조목에 대한 부연설명이 네 장과 여섯 장으로 구성되었음을 알 수 있다. 이를 통하여 『대학』의 내용이 크게 "명명덕(明明德), 친민(親民), 지어지선(至於至善)"의 강령과 "격물(格物), 치지(致知), 성의(誠意), 정심(正心), 수신(修身), 제가(齊家), 치국(治國), 평천하(平天下)"의 조목(條目)으로 구성되었음을 알 수 있다.

강령과 조목을 크게 나누면 수기치인(修己治人)으로 강령(綱領)의 명명덕(明明德)과 조목(條目)의 격물치지(格物致知)로부터 수신(修身)에 이르는 부분은 수기(修己)를 나타내고, 강령(綱領)의 친민(親民)과 조목(條目)의 제가(齊家), 치국(治國), 평천하(平天下)는 치인(治人)을 나타낸다고 할 수 있다. 그리고 수기치인(修己治人)을 함께 나타낸 것이 강령(綱領)의 지어지선(至於至善)이라고 할 수 있다. 이를 한마디로 나타내면 곧 "대학(大學)"이다.

"대학"을 도생역성의 관점에서 살펴보면 "학(學)"은 배우는 사람의 측면에서는 "효(效)"로 곧 "본받아 행하다."의 의미가 된다. 따라서 "대학"은 글자그대로 "크게 행하다."가 된다. 그런데 "대(大)"는 천도(天道)를 나타낼 때 주로 지칭하는 개념이다. 대인(大人)이 천도적(天道的) 존재인 성인(聖人)을 가리키는 것도 같은 맥락이다. 따라서 "대학(大學)"은 곧 "천도(天道)를 행(行)함"의 의미가 된다.

그런데 주회암은 전십장을 각각 강령과 조목 부분으로 나누고 그 가운데서 중심의 제5장과 제6장은 초학자들이 가장 힘써야할 부분으로 규정하고 있다. 제5장과 제6장은 격물치지(格物致知)와 성의(誠意)에 관한 부분이다. 이를 통하여 주회암이 격물치지(格物致知)와 성의(誠意)를 중시하였음을 알 수 있다. 그는 조목의 내용을 치지와 성의로 집약하여 다음과 같이 나타내고 있다.

치지와 성의는 곧 배우는 사람들이 투과(透過)해야 할 두 개의 관문(關門)이다. 치지는 곧 꿈과 깨우침의 관문(關門)이며, 성의는 악(惡)과 선(善)의 관문이다. 치지의 관문을 투득(透得)하면 깨어나고, 그렇지 못하면 꿈속이다. 성의의 관문을 투득(透得)하면 선(善)하고, 그렇지 못하면 악(惡)하다.[142]

위의 내용을 보면 주회암이 치지와 성의를 둘로 보고 있으며, 그 결과 역시 서로 달리 규정하고 있음을 알 수 있다. 그것은 앎과 실천의 문제, 가치의 문제를 둘로 보고 있음을 뜻한다. 배움과 실천, 앎과 실천, 말과 실천을 일치시켜나가는 것이 학문의 일이다. 그렇기 때문에 학문을 이룬 존재인 성인과 군자 그리고 학문을 시작하지 아니 하였거나 아직 학문을 이루지 못한 존재인 소인은 엄격하게 구분되지 않을 수 없다. 그러므로 치지와 성의의 결과인 지지(至知)와 의성(意誠)은 곧 성인과 일상의 사람을 구분하는 경계가 될 수밖에 없다. 그러므로 주회암은 지지(至知)와 의성(意誠)을 사람과 관련하여 다음과 같이 밝히고 있다.

지지(至知)와 의성(意誠)은 곧 범인과 성인의 경계를 구분하는 관애(關隘)이다. 이 관문(關門)을 지나지 않으면 비록 작은 선(善)이 있으나 이는 검은 것 가운데 흰 것과 같으며, 이미 이 관문을 투과하면 비록 작은 허물이 있을지라도 그것은 곧 흰 것 가운데 검은 것과 같다. 이 관문을 투과하였다면 바로 힘써 한 걸음을 내딛기에 좋은 때이다.[143]

위의 내용을 보면 주회암이 『대학』을 하학이상달(下學而上達)의 관점에서 이해하였음을 다시 확인할 수 있다. 『대학』을 역생도성의 관점에서 살펴보면 그 내용이 처음 학문하는 사람들에게 그 대체(大體)를 제시하는 것으로 이해할 수 있다. 주회암은 정자(程子)의 말을 그대로 인용하여 『대학』을 초학자(初學者)들이 덕(德)의 세계에 들어가는 문(門)[144]으로

142 『朱子語類』, 卷第十四 15:86, "致知 · 誠意, 是學者兩箇關. 致知乃夢與覺之關, 誠意乃惡與善之關. 透得致知之關則覺, 不然則夢; 透得誠意之關則善, 不然則惡."

143 『朱子語類』 卷第十四 15:87, "知至 · 意誠 是凡聖界分關隘. 未過此關, 雖有小善, 猶是黑中之白; 已過此關, 雖有小過, 亦是白中之黑. 過得此關, 正好著力進步也."

144 朱晦菴, 『大學章句』, "子程子曰大學孔氏之遺書而初學入德之門也"

규정하고 있다. 초학자들은 학문을 마친 존재가 아니라 시작하는 존재이기 때문에 형이하의 세계를 바탕으로 학문을 통하여 형이상의 세계에 도달하는 것이 바로 그가 『대학』을 이해한 관점이다.

그러나 도(道) 자체의 관점에서 보면 도생역성(倒生逆成)과 역생도성(逆生倒成)이 일체(一體)일 따름이다. 그러므로 『대학』의 이해는 단순하게 역생도성의 관점에서 이해하는 것에 그칠 것이 아니라 도생역성의 관점 역시 함께 살펴보는 것이 필요하다. 도생역성의 관점에서 보면 『대학』은 도(道) 자체를 그대로 드러내어 밝히고 있는 경전으로 그 구체적인 내용인 강령(綱領)과 조목(條目)의 내용 역시 형이하(形而下)의 세계에서 형이상(形而上)의 세계에 도달하는 데 관점이 있는 것이 아니라 형이상(形而上)의 세계에서 형이하(形而下)의 세계를 향하여 나아가는 관점이라고 할 수 있다.

『대학』을 도생역성의 관점에서 보면 일마다 격물하여 치지를 이루는 하학이상달의 관점 역시 내 본성이자 내재화한 천리인 양지를 사물에 확충하는 치양지이다. 그러므로 『대학』의 내용을 한마디로 요약하여 나타내면 천도(天道)를 인간 주체적으로 자각(自覺)하여 천명(天命)으로 자각하고 그것을 자신과 가정 그리고 국가와 천하에서 실천하는 의미의 '대학(大學)' 곧 대행(大行)이라고 하지 않을 수 없다. 그것을 중도(中道)를 중심으로 나타내면 집중(執中)인 동시에 중용(中庸)이다.

집중이면서 중용인 관점에서 보면 하학이상달의 관점에서 사물에 나아가서 그 이치(理致)를 궁구함이 오래되어 활연(豁然)히 관통(貫通)하여 심과 리를 일치시키고자 하는 주회암의 관점이나 내 본성이자 내재화한 천리(天理)인 양지(良知)를 사물에 확충(擴充)하여 사물을 바로잡는 치양지(致良知)를 주장하는 왕양명(王陽明)이 모두 같은 내용을 다른 관점에서 나타낸 것이기 때문에 모두 타당함을 알 수 있다.

『대학』에 대하여 전혀 상반된 것처럼 보이는 주회암과 왕양명의 주장이 모두 옳을 수 있는 것은 주회암(朱晦菴)와 왕양명은 물론 『대학』이라는 전적의 저서 역시 모두 근원(根源)이 본성에 있기 때문이다. 다시 말하면 만물의 존재근거는 도(道)이며, 도(道)는 곧 인간의 본성을 통하여 밝혀지기 때문에 인간 본래성(本來性)을 주체로 살아가면 언제나 모든 존재를 이롭게 하며 살아갈 수 있는 것이다. 그러므로 어떤 주장이나 가르침을 막론하고 자신의 본성(本性)인 지성(智性)과 인성(仁性)을 바탕으로 시의성(時義性)에 맞게 사용함으로써 모든 존재를 이롭게 하면 그것이 바로 지혜롭고 자비로운 일 뿐 그 자리에 시비(是非)가 존재할 여지가 없는 것이다.

찾아보기